FiNALE
Prüfungstraining

Nordrhein-Westfalen
Zentrale Prüfung 10
Gymnasium
2010

Deutsch

Marina Dahmen
Dr. Wolfgang Fehr
Helmut Lindzus

D1720431

westermann

Liebe Schülerin, lieber Schüler,

unter www.finaleonline.de findest du interaktive Testaufgaben, mit denen du vorab deinen Leistungsstand ermitteln kannst. Das Testergebnis verweist dann auf bestimmte Seiten in diesem Buch, mit denen du zu deinem Fehlerschwerpunkt üben kannst.

Außerdem findest du hier die Original-Prüfungsaufgaben 2009 mit ausführlichen Lösungen. Sobald die Prüfungsaufgaben zur Veröffentlichung freigegeben sind, kannst du die Materialien mit folgendem Codewort kostenlos herunterladen: **NRW2010-dezp10**.

© 2009 Bildungshaus Schulbuchverlage
Westermann Schroedel Diesterweg Schöningh Winklers GmbH,
Braunschweig
www.westermann.de

Druck A[1]/Jahr 2009
Alle Drucke der Serie A sind im Unterricht parallel verwendbar.

Redaktion: Dr. Christine Steinhoff
Herstellung: Dirk von Lüderitz
Satz: KCS GmbH, Buchholz/Hamburg / Irene Walter-von Lüderitz, Meinersen
Druck und Bindung: westermann druck GmbH, Braunschweig
Umschlaggestaltung nach einem Entwurf von Idee Design, Edgar Rüttger, Langlingen

ISBN 978-3-14-**171012**-0

Inhaltsverzeichnis

Vorwort: Arbeiten mit Finale 5

1 Informationen und Tipps zur Prüfung

Verbindliche Vorgaben.. 6
Tipps zur Arbeitsorganisation 7
Liste der Operatoren.. 8

2 Original-Prüfungsaufgaben 2008

Erster Prüfungsteil 10
Zweiter Prüfungsteil 13
Lösungshinweise 16

3 Beispiele für Prüfungsaufgaben

3.1 Erster Prüfungsteil **21**

Aufgabenformate 21
Basiskompetenzen 21
Aufgabenbeispiele 22
Lösungen 33

3.2 Zweiter Prüfungsteil **35**

Rahmenthema 1: Massenmedien
Böll, Haus ohne Hüter .... Aufgabentyp 4a, epischer Text................... 35
Bachmann, Reklame.. Aufgabentyp 4a, lyrischer Text.................. 38
Karrierekiller Internet.. Aufgabentyp 4a, Sachtext 40
Spickmich.de .... Aufgabentyp 3, Sachtext........................... 43

Rahmenthema 2: Recht und Gerechtigkeit
Jugendgewalt... Aufgabentyp 4a, Sachtext 47
Von der Grün, Kinder sind immer Erben .... Aufgabentyp 4a, epischer Text................... 50
Heine, Die schlesischen Weber .... Aufgabentyp 3, lyrischer Text 54
Kopfnoten.. Aufgabentyp 3, Sachtext........................... 58
Vorfahrt der Gerechtigkeit! .... Aufgabentyp 3, medialer Text.................... 62

4 Basiswissen

4.1 Schreiben.. **65**

Richtig Zitieren **65**
Inhaltsangabe – Textwiedergabe... **66**
Inhaltsangabe zu literarischen Texten 66
Textwiedergabe zu einem Sachtext 69
Argumentieren **70**
Schriftliches Argumentieren 71
Argumentation zu einem Sachverhalt... 72
Textbasierte Argumentation 78

4.2 Lesen – Umgang mit Texten und Medien **81**

Lyrische Texte **81**
Merkmale lyrischer Texte 81
Sprachliche Bilder und deren Bedeutung.. 86
Gedichte untersuchen und interpretieren 88
Epische Texte **93**
Merkmale epischer Texte 93
Das erzählte Geschehen erfassen und wiedergeben 95
Erzählweisen beschreiben 98
Gattungen und Formen 103
Lösungen beurteilen, Aufgabenstellungen bearbeiten 105
Sachtexte **109**
Lesestrategien und -methoden.. 109
Einen Sachtext analysieren 115
Informationen aus Grafiken entnehmen und auswerten 121
Mediale Texte **124**
Analyse von Werbeanzeigen.. 125
Analyse von Zeitungstexten 131

4.3 Reflexion über Sprache.. **133**

Grammatik: Wortarten 134
Grammatik: Der Satz 140
Selbstdiagnose: Rechtschreibung 143
Selbstdiagnose: Zeichensetzung 148

Stichwortverzeichnis.. 151
Quellenverzeichnis.. 152

Vorwort: Arbeiten mit Finale

Wie du weißt, wird im Mai 2010 in Nordrhein-Westfalen wieder eine **Zentrale Prüfung** am Ende der Jahrgangsstufe 10 durchgeführt. Das gilt nicht nur für die Haupt- und Realschulen, sondern auch für die Gymnasien und Gesamtschulen. Jede der genannten Schulformen hat eigene Prüfungsaufgaben mit speziell zugeschnittenem Anforderungsniveau. Gemeinsam ist den Abschlussarbeiten, dass sie sich an den in den Kernlehrplänen genannten Kompetenzen (→ S. 7) orientieren. Identisch für alle Abschlussarbeiten in den Jahrgangsstufen 10 der verschiedenen Schulformen ist auch der zweiteilige Aufbau dieser Arbeiten.

Im Anschluss an diese Einleitung wird Dir der Grundaufbau anhand der **Original-Prüfungsaufgaben 2008** vorgestellt. So erhältst du einen Überblick darüber, welchen Umfang und welchen Schwierigkeitsgrad die Texte haben und welche **Aufgabenformate** vorkommen können. Die zentrale Prüfung 2009 ist zum Zeitpunkt der Drucklegung dieses Arbeitsheftes noch nicht geschrieben worden. Sobald diese Prüfungsaufgaben zur Veröffentlichung freigegeben worden sind, können sie zusammen mit ausführlichen Lösungen kostenlos im Internet unter www.finaleonline.de heruntergeladen werden. Dazu musst du folgendes Codewort eingeben: NRW2010-dezp10.

Finale ist nicht so angelegt, dass du das ganze Buch von vorne nach hinten durcharbeiten musst. Du kannst gezielt Teile auswählen, um bereits vorhandenes Wissen zu festigen und zu vertiefen bzw. noch bestehende Lücken durch geeignete Informationen und passende **Übungen** zu schließen.

Für die Vorbereitung auf die Abschlussprüfung schlagen wir folgende Arbeitsweise vor:
- Um einen Überblick über die verschiedenen Möglichkeiten der Aufgabenstellung zu erhalten, solltest du dir erst einmal die in dem Kapitel „Beispiele für Prüfungsaufgaben" angebotenen Beispielaufgaben anschauen, um zu entscheiden, in welchem Bereich für dich der größte Übungsbedarf besteht.
- Wenn du dich entschieden hast, in welchem Bereich für dich der größte Handlungsbedarf besteht, bieten sich grundsätzlich zwei Möglichkeiten zur weiteren Arbeit an:
  - In Form eines Selbsttests versuchst du, sofort die Aufgaben selbst zu lösen, bevor du dir ansiehst, welche Erwartungen mit den Aufgaben verbunden sind.
  - Nach dem Lesen der Texte und Aufgabenstellungen beschäftigst du dich intensiv mit dem Erwartungshorizont und den Übungen, die zu den Aufgaben jeweils angeboten werden. Zusätzlich kannst du dein Wissen und deine Fertigkeiten durch die Bearbeitung der entsprechenden Kapitel im Teil „Übungen" vertiefen, bevor du eine eigene Lösung der Beispielaufgabe versuchst.
- Das Kapitel „Basiswissen" lässt sich außerdem wie ein Nachschlagewerk benutzen, wenn du auf das ausführliche Stichwortregister am Ende des Buches zugreifst. Solltest du z. B. nicht mehr genau wissen, wie eine ‚Inhaltsangabe' zu schreiben ist, wie die ‚indirekte Rede' gebildet wird oder was die ‚Erzählerrede' von der ‚Figurenrede' in epischen Texten unterscheidet, findest du die entsprechenden Stellen leicht durch das Nachschlagen der entsprechenden Begriffe.

Bei diesen Vorschlägen zur Arbeitsweise mit *Finale* handelt es sich nur um Anregungen, die du nach eigenen Vorstellungen variieren kannst.

Unbedingt lesen solltest du auch das Teilkapitel *Tipps zur Arbeitsorganisation* (→ S. 7). Dort werden wichtige Hinweise und gute Anregungen für deine persönliche Vorbereitung auf den **Prüfungstag** gegeben, damit du so entspannt wie möglich und doch voll konzentriert die optimale Leistung erzielen kannst.

Mit dem Kauf von *Finale* hast du auf jeden Fall bereits einen wichtigen Schritt getan, um dich gezielt auf diese Prüfung vorbereiten zu können.

Wir wünschen dir schon an dieser Stelle viel Erfolg!

1 Informationen und Tipps zur Prüfung

Verbindliche Vorgaben

Die Aufgaben, die bei der Zentralen Prüfung gestellt werden, beruhen auf verbindlichen Vorgaben zu den Rahmenthemen, den Textsorten und den Aufgabentypen. Für die Zentrale Prüfung 2010 gelten folgende Vorgaben:

- **Verbindliche Textsorten:** epische Texte (Kurzgeschichten, Erzählungen), lyrische Texte sowie Sachtexte (kontinuierliche und diskontinuierliche)[1] sowie Texte der Massenmedien (Zeitungen, Zeitschriften)
- **Verbindliche Aufgabentypen:**
  Aufgabentyp 3: Eine (ggf. auch textbasierte) Argumentation zu einem Sachverhalt erstellen.
  Aufgabentyp 4a: Einen Sachtext, medialen Text analysieren, einen literarischen Text analysieren und interpretieren.
- **Zwei verbindliche Rahmenthemen:**

Rahmenthema 1:	Rahmenthema 2:
„Massenmedien"	*„Recht und Gerechtigkeit"*
• *Jugendliche als Leser und Mediennutzer*	• *Recht und Gerechtigkeit im Alltag Jugendlicher*
• *Einfluss der Medien auf Wahrnehmung und Gestaltung von Wirklichkeit*	• *Recht und Gerechtigkeit: im Einklang?*
• *Sprache und Bilder in Massenmedien*	• *Rechte – Pflichten*

Vor dem Hintergrund dieser Vorgaben ist es möglich, ganz unterschiedliche Prüfungsarbeiten zu erstellen, auch wenn der Grundaufbau (Erster und Zweiter Prüfungsteil) identisch bleibt.

Erster Prüfungsteil – Leseverstehen
Im Teil I werden ausgehend von einer Textvorlage Basiskompetenzen im Leseverstehen durch einzelne Teilaufgaben überprüft. Diese Teilaufgaben orientieren sich an den **Aufgabenformaten**, die du schon von den Lernstandserhebungen in der Jahrgangsstufe 8 kennst. Mehr zu den Aufgabenformaten erfährst du auf Seite 21. Es werden also Basiskompetenzen überprüft, die du im Laufe der Jahrgangsstufen 5 – 10 erworben haben solltest.

Zweiter Prüfungsteil
Im Teil II werden im Anschluss an eine Textvorlage durch eine komplexe Aufgabenstellung Kompetenzen in den Lernbereichen: – Lesen – Umgang mit Texten und Medien, – Schreiben und – Reflexion über Sprache überprüft. (z. B. „Analysiere den Text von Max Frisch.") Es werden Aufgaben gestellt, die aus dem Unterricht der Jahrgangsstufen 9 und 10 erwachsen.

---

1 *Im Gegensatz zu kontinuierlichen Sachtexten, die aus einem zusammenhängenden Text bestehen, werden Grafiken, Schaubilder und Tabellen als diskontinuierliche Sachtexte bezeichnet. Häufig kommen beide Formen auch in Kombination vor, da in vielen Sachtexten Text, Grafiken, Tabellen usw. sich gegenseitig ergänzen.*

Folgende **Kompetenzen** in den oben genannten Lernbereichen werden am Ende der Jahrgangsstufen 10 erwartet:

- **Lesen – Umgang mit Texten und Medien**
  - die Informationen eines Textes erfassen und wiedergeben können, z. B. den Argumentationsgang eines Sachtextes oder den Handlungsverlauf einer Kurzgeschichte
  - die Aussageabsicht eines Textes benennen können
  - Texte auf ihren historischen Kontext beziehen können
  - die Textsorte (z. B. Zeitungsartikel, Kurzgeschichte, Gedicht) benennen und analysieren können
  - die Gestaltung eines Textes beschreiben können (z. B. Stilmittel, Struktur)
  - Fachterminologie verstehen und anwenden können

- **Schreiben**
  - den Inhalt eines Textes strukturiert und zusammenfassend darstellen können
  - Textbeschreibungen und -deutungen begründen können
  - sachlich angemessen und flexibel schreiben können
  - Argumente nach Gewichtigkeit ordnen und belegen können
  - die Schreibsituation und den Adressatenbezug beim argumentativen Schreiben angemessen berücksichtigen können

- **Reflexion über Sprache**
  - Funktion und Funktionswandel von Wörtern kennen und für das Untersuchen oder Schreiben von Texten nutzen
  - bildlichen Sprachgebrauch erkennen und beschreiben können
  - Rechtschreibung beherrschen (vor allem Fremdwörter, Zusammen- und Getrenntschreibung, Groß- und Kleinschreibung, Zeichensetzung)
  - Grammatik beherrschen (vor allem Satzbau)
  - eigene Texte überarbeiten und selbstständig die eigenen Fehler analysieren können

Da niemand vorher wissen kann, welche Kombinationen schließlich in der Zentralen Prüfung gewählt werden, musst du dich auf alle Möglichkeiten vorbereiten. *Finale* ist so angelegt, dass es zu allen möglichen Kombinationen aus Textsorten, Rahmenthemen und Aufgabentypen Aufgabenbeispiele, Basisinformationen und Übungen enthält.

Tipps zur Arbeitsorganisation

A Phase des gezielten Übens (einige Monate vor der Prüfung)

- Schau dir die Aufgaben der Lernstandserhebung in der Jahrgangsstufe 8 noch einmal an, da die Aufgabenformate und -typen sehr ähnlich sind. Solltest du sie nicht mehr haben, können deine Lehrerin oder dein Lehrer bestimmt für dich die Aufgabenzettel besorgen.
- Du solltest nicht zu spät mit der Vorbereitung beginnen. Am günstigsten und effektivsten ist es, wenn du deine Vorbereitung auf den Prüfungstag parallel zum Unterricht in der Jahrgangsstufe verlaufen lässt. <u>Konzentrierte Aufmerksamkeit im Unterricht ist meistens die beste Vorbereitung!</u>
- Vergiss nicht den Stoff zu wiederholen, den ihr zu den beiden Rahmenthemen (→ S. 6) im Unterricht durchgenommen habt.
- Spätestens im Januar solltest du einen Arbeitsplan für die vertiefende Wiederholung aufstellen. Dieser Plan sollte zeitlich so gestaffelt sein, dass zuerst die Themenbereiche ausführlich bearbeitet werden, bei denen du den größten Handlungsbedarf festgestellt hast.
- Achte auf eine sinnvolle Verteilung der Übungsphase im Verlauf der Vorbereitungphase. Mehrere regelmäßige und kurze Übungsphasen sind erwiesenermaßen günstiger als wenige und dafür sehr umfangreiche.

7

B Phase der vertiefenden Wiederholung (ca. 2–3 Wochen vor der Prüfung)
- Wiederhole wichtige Arbeitstechniken und -methoden:
  - Aufgabenstellungen richtig verstehen: Welche Arbeitsschritte erfordern bestimmte Operatoren? (→ S. 8 f.)
  - einen Text inhaltlich zusammenfassen (→ S. 66 ff.)
  - Strategien zur Informationsentnahme (→ S. 109 ff.)
  - wichtige rhetorische Figuren und ihre Funktion (→ S. 126)
  - wesentliche Merkmale lyrischer und epischer Texte sowie kontinuierlicher und diskontinuierlicher Sachtexte (→ S. 81 ff.)
- Überprüfe die Aufgaben, die du zur Übung bereits in Phase A gelöst hast, und überarbeite sie gegebenenfalls, da dies einen hohen Lerneffekt hat. **Überarbeiten** bedeutet nicht nur die Vervollständigung inhaltlicher Details, sondern vor allem auch die Verbesserung der Qualität des Ausdrucks. Zur Überarbeitung gehört ebenso die Kontrolle der sprachlichen Richtigkeit. Lass eventuell deine schriftlichen Ausführungen von einem anderen gegenlesen, der sicher im Ausdruck und in der Rechtschreibung ist.
- Sorge in den letzten Tagen vor der Prüfung für ausreichend Entspannung und Schlaf. Wenn der Prozessor überhitzt und der Arbeitsspeicher ausgelastet ist, sinkt auch beim besten PC die Leistung deutlich!

C Am Tag der Prüfung
- Überlege dir schon am Tag vorher, was du an diesem Tag anziehen willst. Wähle die Kleidung aus, die bequem ist und in der du dich besonders wohl fühlst.
- Überprüfe spätestens am Tag zuvor deine Schreibutensilien, damit nicht eine fehlende Tintenpatrone zu vermeidbarem Stress führt. Zur Arbeit mitbringen solltest du: *Füller bzw. Kugelschreiber* und *Ersatzstift, Bleistift, Textmarker* in verschiedenen Farben, *Radiergummi, Anspitzer* und *Lineal*.
- Nimm etwas zum Essen und zum Trinken mit, denn die Bearbeitungszeit beträgt gut 150 Minuten.
- Studiere zu Beginn der Bearbeitungszeit sehr gründlich die Vorschläge und Aufgabenstellungen, bevor du eine endgültige Entscheidung triffst. Lass dich also nicht allein vom ersten flüchtigen Eindruck lenken.
- Erstelle eine Gliederung und einen Zeitplan für die Bearbeitung des zweiten Prüfungsteils, damit dir genügend Zeit für die Erledigung aller Arbeitsschritte bleibt.
- Plane ausreichend Zeit (mindestens 10 Minuten) für die Kontrolle der sprachlichen Richtigkeit ein, da die Darstellungsleistung gesondert bewertet wird

Liste der Operatoren

Operatoren geben an, welche Tätigkeiten bei der Lösung von Prüfungsaufgaben verlangt werden.

analysieren interpretieren	einen literarischen Text, einen Sachtext oder anderes Material sachgemäß analysieren und auf der Basis methodisch reflektierten Deutens zu einer schlüssigen Gesamtauslegung gelangen; Teilleistungen: Texterfassung, Textbeschreibung und Textdeutung bzw. -untersuchung
erörtern	die Vielschichtigkeit eines Beurteilungsproblems erkennen und darstellen, dazu Thesen aufstellen, Argumente formulieren und eine begründete Schlussfolgerung erarbeiten
formulieren darstellen verfassen	einen Sachverhalt, Zusammenhang, eine methodische Entscheidung oder eine Problemstellung strukturiert und fachsprachlich formulieren
(be)nennen	aus einem Text entnommene Informationen, Aspekte eines Sachverhalts, Fakten zusammenstellen
beschreiben	Textaussagen oder Sachverhalte in eigenen Worten strukturiert und fachsprachlich richtig darstellen

wiedergeben	Inhalte, Zusammenhänge in eigenen Worten sachlich und fachsprachlich richtig formulieren
zusammenfassen	die Kernaussagen eines Textes komprimiert, strukturiert und fachsprachlich richtig darstellen
untersuchen erschließen	an Texten, Textaussagen, Problemstellungen, Sachverhalten aspektgeleitet arbeiten
einordnen zuordnen	einen Inhalt, eine Aussage, eine Problemstellung oder einen Sachverhalt in einen vorgegebenen bzw. selbst gewählten Zusammenhang stellen oder die Position eines Verfassers bezüglich einer bestimmten Religion, Denkrichtung etc. unter Verweis auf Textstellen und in Verbindung mit Vorwissen bestimmen
vergleichen	Inhalte bzw. Sachverhalte unter vorgegebenen oder selbst gewählten Aspekten gegenüberstellen, um Unterschiede oder Ähnlichkeiten zu ermitteln
erläutern erklären	einen Sachverhalt, eine These etc. differenziert darstellen und ggf. mit zusätzlichen Informationen und Beispielen nachvollziehbar veranschaulichen
in Beziehung setzen	Zusammenhänge zu vorgegebenen oder selbst gewählten Gesichtspunkten begründet herstellen
deuten	formale Besonderheiten eines Textes bzw. die erfasste Textstruktur in einen Erklärungszusammenhang mit dem Textganzen bringen, um den Wechselbezug von Textstrukturen, Funktionen und Intentionen zu verdeutlichen
erörtern	die Vielschichtigkeit eines Beurteilungsproblems erkennen und darstellen, dazu Thesen verfassen bzw. aufstellen, Argumente formulieren und dabei eine begründete Schlussfolgerung erarbeiten
beurteilen	zu einem Sachverhalt unter Verwendung von Fachwissen und Fachmethoden ein begründetes Sachurteil formulieren (ohne eigene Wertung)
bewerten	wie Operator „beurteilen", jedoch mit begründeter Darstellung eigener Wertmaßstäbe
(kritisch) Stellung nehmen	zu einer Problemstellung bzw. einem Sachverhalt nach sorgfältiger, kritischer Prüfung eine Wertung formulieren
begründen	Ergebnisse einer Analyse bzw. Wertungen fachlich und sachlich durch Belege und Beispiele absichern
sich auseinandersetzen mit	zu einer Problemstellung oder These eine Argumentation entwickeln, die zu einem begründeten und nachvollziehbaren Ergebnis führt
prüfen überprüfen	eine Meinung, Aussage, These, Argumentation nachvollziehen, kritisch hinterfragen und auf der Grundlage erworbener Fachkenntnisse begründet beurteilen
entwerfen	vor dem Hintergrund einer Textvorlage und unter Berücksichtigung einer vorgegebenen Aufgabenstellung einen eigenen Text planen, dabei die Entscheidungskriterien und Arbeitsschritte benennen
gestalten	vor dem Hintergrund einer Textvorlage einen eigenen Text nach vorgegebenen Kriterien erarbeiten

2 Original-Prüfungsaufgaben 2008

Erster Prüfungsteil

Mehrgenerationenhäuser: Miteinander von Jung und Alt

(1) Ein Erfolgserlebnis für alle Beteiligten: Seitdem sie die Hausaufgabenhilfe ehrenamtlich engagierter Senioren[1] im Mehrgenerationenhaus Wildeshausen besuchen, haben sich die Deutschnoten vieler Schülerinnen und Schüler deutlich verbessert. Gerade für Kinder und Jugendliche nichtdeutscher Herkunftssprache ist die Unterstützung durch Senioren eine große Hilfe. Der Austausch der Generationen und die gegenseitige Unterstützung – das macht den Alltag im Mehrgenerationenhaus „Haus der Begegnung" in Wildeshausen in Niedersachsen aus. Träger[2] ist das Deutsche Rote Kreuz. Früher war hier ein Seniorenbüro – mit Angeboten zu Gymnastik und Gedächtnistraining. Seitdem das „Haus der Begegnung" vor zwei Jahren zum Mehrgenerationenhaus geworden ist, geht es hier lebhaft zu: Kinder, Mütter, Jugendliche und Ältere frühstücken und basteln gemeinsam.

(2) Wildeshausen ist nur der Anfang, denn Mehrgenerationenhäuser soll es schon bald an vielen Orten in Deutschland geben: Die Bundesministerin für Familie, Senioren, Frauen und Jugend, Ursula von der Leyen, hat den Austausch der Generationen zu einem familienpolitischenSchwerpunkt[3] gemacht. In allen Landkreisen und kreisfreien Städten Deutschlands sollen deshalb Mehrgenerationenhäuser eingerichtet werden. Dafür stehen in den kommenden fünf Jahren 88 Millionen Euro zur Verfügung. Mit den Mehrgenerationenhäusern will von der Leyen die Vorteile der Großfamilie in moderne Sozialstrukturen[4] übertragen. Sie will Alt und Jung unter einem Dach zusammenbringen. Es geht dabei ausdrücklich nicht um gemeinsames Wohnen in einem Haus, sondern um Begegnung und Austausch – zum Vorteil für Jung und Alt. [...]

(3) Kinder, Eltern und Großeltern wohnen häufig weit voneinander entfernt: In nur 282.000 der 39 Millionen Privathaushalte leben drei oder mehr Generationen zusammen. „Wir spüren es ja alle: Die Anforderungen nach Mobilität[5] auf der einen Seite und der Wunsch nach Fürsorge innerhalb der Familie auf der anderen Seite – das geht nicht immer auf", so von der Leyen. [...] Eltern, die tagsüber arbeiten, und insbesondere Alleinerziehende – fast jedes siebte Kind wächst bei nur einem Elternteil auf – haben häufig nicht die Möglichkeit, ihre Kinder auch nachmittags zu betreuen und sie bei den Hausaufgaben zu unterstützen. Andererseits

vereinsamen viele ältere Menschen und sehen für sich keine sinnvollen Beschäftigungsperspektiven[6] mehr, denn ihre Kinder und Enkel leben häufig in einer anderen Stadt. Bisher gibt es zwar zahlreiche Angebote wie Schülerläden und Seniorenfreizeitheime, aber dort ist jede Generation unter sich. Um neue soziale Netze[7] zu schaffen und ein neues gesellschaftliches Verantwortungsgefühl füreinander entstehen zu lassen, ist ein Austausch der Generationen notwendig. [...]

(4) Im Mittelpunkt des Mehrgenerationenhauses steht der Offene Treff – der Begegnungsraum, zu dem ein Café, geeignete Räume für Kinder, Schülerinnen und Schüler und für ältere Menschen gehören. Dabei werden Dienstleistungen und Aktivitäten wie Gesprächskreise und Kinderbetreuung angeboten. Über allem steht der Gedanke der Selbsthilfe. Das Mehrgenerationenhaus ist offen für alle Menschen im Umkreis. Träger können zum Beispiel Kommunen, Wohlfahrtsverbände, Initiativen, Vereine, Kirchen, Bildungsträger, Träger der Jugend- oder Altenhilfe sein. [...]

(5) Im „Haus der Begegnung" in Wildeshausen beispielsweise gibt es einen Offenen Treffpunkt im Café, Frühstücks- und Mittagsangebote für die ganze Familie, Bastelangebote, Hausaufgabenbetreuung und gemeinsame Tagesausflüge. Darüber hinaus bestehen generationenspezifische[8] Angebote wie Gedächtnistraining für Ältere und eine Mutter-Kind-Gruppe. Das Mehrgenerationenhaus kooperiert auch mit einem nahe gelegenen Altenheim: Zu Weihnachten etwa führen Schülerinnen und Schüler dort ein Theaterstück für die Senioren auf.

(6) Die Jüngsten können sich mit der Großelterngeneration austauschen und finden in sozial engagierten älteren Menschen im Idealfall Ersatz-Großeltern, die Ansprechpartner für alle kleinen und großen Freuden und Sorgen des Lebens sind. Älteren helfen Mehrgenerationenhäuser, soziale Kontakte zu Jüngeren zu knüpfen, weiterhin mitten im Leben zu stehen und ihre Erfahrungen und Kompetenzen sinnvoll einzubringen. [...]
Es braucht ein ganzes Dorf, um ein Kind großzuziehen. Nimmt man diese afrikanische Spruchweisheit wörtlich, könnten Mehrgenerationenhäuser die Dörfer unserer modernen Lebenswelt sein.

http://www.erfahrung-ist-zukunft.de/nn_104190/Webs/EiZ/Content/DE/Artikel/Monats
themen/20060127-mehrgenerationenhaeuser-miteinander-von-jung-und-alt.html (Seitenaufruf vom 22.10.2007)

1 *ehrenamtlich engagierte Senioren: ältere und alte Menschen, die freiwillig anderen Menschen helfen*
2 *Träger: Betreiber*
3 *familienpolitischer Schwerpunkt: besonders wichtig für die Familienpolitik*
4 *Sozialstrukturen: hier: Formen des Zusammenlebens*
5 *Mobilität: hier: Beweglichkeit (durch den Beruf bedingt den Wohnort zu wechseln)*
6 *sinnvolle Beschäftigungsperspektiven: hier: Aussicht auf eine sinnvolle Alltagsgestaltung*
7 *soziale Netze: feste Verbindungen zwischen den Menschen*
8 *generationsspezifisch: hier: der jeweiligen Generation angemessen*

Aufgaben zum Leseverstehen

1. Kreuze die richtige Antwort an. Der erste Abschnitt des Textes handelt ...

a)	von der Notengebung der Deutschlehrer im Fach Deutsch.	
b)	von der Hausaufgabenhilfe durch bezahlte Senioren.	
c)	von dem besonderen Erfolg der Schülerinnen in allen Fächern.	
d)	von der freiwilligen Unterstützung von Kindern und Jugendlichen durch ältere Menschen.	

2. Welche der folgenden Aussagen passt zum Text? Kreuze die richtige Antwort an.

Seitdem sie die Hausaufgabenhilfe im Mehrgenerationenhaus Wildeshausen besuchen, ...

a)	haben die Kinder und Jugendlichen Freude an der Schule gewonnen.	
b)	haben sich die Noten vieler Kinder im Fach Deutsch verbessert.	
c)	hat sich besonders die Leistung im Lesen der Schüler wesentlich verbessert, deren Muttersprache nicht Deutsch ist.	
d)	erhalten die Senioren die Zusage für weitere Unterstützungen.	

3. Welche der folgenden Aussagen passt zum Text? Kreuze die richtige Antwort an.

a)	Gemeinsame Mahlzeiten von Kindern, Müttern, Jugendlichen und Älteren sind ein Beispiel für den Austausch der Generationen.	
b)	Gegenseitige Unterstützung erfolgt durch das Gedächtnistraining der Älteren einerseits und Spielen mit den Kleinen andererseits.	
c)	Der Austausch der Generationen wurde immer schon durch das Rote Kreuz gefördert.	
d)	Besonders durch das gemeinsame Wohnen in einem Haus wird die gegenseitige Unterstützung gefördert.	

4. Welche der folgenden Aussagen passt zum Text? Kreuze die richtige Antwort an.

a)	Das Ziel der Ministerin für Familie ist die Errichtung zusätzlicher Mehrgenerationenhäuser in den neuen Bundesländern.	
b)	Mehrgenerationenhäuser sollen vor allem in den Großstädten eingerichtet werden.	
c)	Familien sollen durch die Mehrgenerationenhäuser wieder zusammengebracht werden.	
d)	Mehrgenerationenhäuser knüpfen an alte Familienstrukturen an.	

5.–6. Der Text handelt von den Problemen des heutigen Familienlebens, besonders von Problemen
   a) „der Eltern, die tagsüber arbeiten, und insbesondere Alleinerziehende(r)" (Z. 41/42),
   b) „viele(r) ältere(r) Menschen" (Z. 46).

   Gib jeweils ein Beispiel für a) und für b) aus dem Text mit Zeilenangabe an.
   a) _____ (Z. ___)
   b) _____ (Z. ___)

7. „Sie (die Ministerin) will Alt und Jung **unter einem Dach** zusammenbringen." (Z. 29/30)

   Was bedeutet im Zusammenhang des Textes „unter einem Dach" zusammenbringen?
   Formuliere in einem Satz.

   _____

8. Die folgende Skizze soll den Grundgedanken des Mehrgenerationenhauses wiedergeben. Erkläre
   die Skizze. Beziehe dich dabei auf den Text. Es kommt darauf an, **wie ausführlich** du erklärst.

11

Mehrgenerationenhaus
Generationen

Eltern/ ◄············· ·············► Jugendliche/
Alleinerziehende ◄─────────► Senioren ◄─────────► Kinder

Erklärung: _____

_____

_____

_____

9. Welche der folgenden Aussagen passt zum Text? Kreuze die richtige Antwort an.

a)	Cafés kann man in der Nähe eines Mehrgenerationenhauses schnell finden.	
b)	Der Begegnungsraum ist besonders wichtig in einem Mehrgenerationenhaus.	
c)	Gesprächskreise werden von den Senioren jederzeit angeboten.	
d)	Eigene Räume für Kinder und Jugendliche sind noch nicht vorgesehen.	

10.–14. Der Text hat sechs Abschnitte. Vier der folgenden Überschriften lassen sich auf vier Abschnitte des Textes beziehen. Eine Überschrift passt nicht. Ordne die Überschriften den entsprechenden Abschnitten zu. Schreibe bei der unpassenden Überschrift eine „0" in die rechte Spalte.

	Überschrift	passt zu Abschnitt
10.	Mehrgenerationenhäuser: das Konzept	(_____)
11.	Alt und Jung- das gemeinsame Fest	(_____)
12.	Mehrgenerationenhäuser: moderne Dörfer	(_____)
13.	Kinder, Eltern, Großeltern: immer seltener in der Nähe	(_____)
14.	Mehrgenerationenhäuser: eine politische Entscheidung	(_____)

15. In dem vorliegenden Text werden Gründe für die Errichtung des Mehrgenerationenhauses genannt. Welcher der folgenden Gründe passt zum Text? Kreuze die richtige Antwort an.

a)	Die Familienmitglieder haben sich in den letzten Jahren nichts mehr zu sagen.	
b)	Kinder und Jugendliche leiden unter wechselnden Beziehungspersonen in der Familie.	
c)	Familiensituationen haben sich so geändert, dass die räumliche Ferne zwischen der Eltern- und Großelterngeneration oft sehr groß geworden ist.	
d)	In einem Mehrgenerationenhaus wohnen mehrere Generationen, wodurch wieder freier Wohnraum in den Städten und kreisfreien Gemeinden geschaffen wird.	

16. Der Text endet mit den folgenden Sätzen: „*Es braucht ein ganzes Dorf, um ein Kind großzuziehen. Nimmt man diese afrikanische Spruchweisheit wörtlich, könnten Mehrgenerationenhäuser die Dörfer unserer modernen Lebenswelt sein.*" Prüfe, ob diese Sätze eine angemessene Schlussfolgerung für den vorliegenden Text darstellen. Du kannst zustimmen, ablehnen oder eine vermittelnde Position einnehmen. Wichtig ist, wie ausführlich du deine Position begründest. Beziehe dich dabei auf den Text.

❏ Ich bin der Meinung, dass die Sätze eine angemessene Schlussfolgerung darstellen.

❏ Ich bin nicht der Meinung, dass die Sätze eine angemessene Schlussfolgerung darstellen.

❏ Ich meine, dass die Sätze teilweise eine angemessene Schlussfolgerung darstellen.

Begründung: _____

_____

_____

_____

Zweiter Prüfungsteil

Der zweite Prüfungsteil enthält zwei Wahlaufgaben, aus denen eine ausgewählt werden muss. Du musst nur eine Aufgabe bearbeiten.

Wahlaufgabe 1

Aufgabenstellung:

Analysiere den vorliegenden Auszug aus dem Roman „Crazy" von Benjamin Lebert.
Gehe dabei folgendermaßen vor:

- **Formuliere** eine Einleitung (Autor, Titel, Erscheinungsjahr, Textsorte, erstes Textverständnis).
- **Gib** kurz den Inhalt der Textpassage **wieder.**
- **Stelle dar**, welche Empfindungen gegenüber den erwachsenen Personen und im Blick auf seine Umgebung der Ich-Erzähler auf direkte und indirekte Weise vermittelt.
- **Untersuche**, in welcher Form (Tempusgebrauch, Satzbau, Wortwahl, Gedankengang) die Empfindungen des Ich-Erzählers vermittelt werden, und **deute** deine Ergebnisse.
- In deiner Klasse soll eine Textsammlung zum Thema „Generationskonflikte" erstellt werden. **Begründe**, warum der vorliegende Text in die Sammlung aufgenommen werden könnte. Beziehe dich dabei auf deine Analyse-Ergebnisse

Benjamin Lebert: *Crazy* (Textauszug) (1999)

Hier soll ich also bleiben. Wenn möglich bis zum Abitur. Das ist der Vorsatz. Ich stehe auf dem Parkplatz des Internats Schloß Neuseelen und schaue mich um. Meine Eltern stehen neben mir. Sie haben mich hierher gebracht. Vier
5 Schulen habe ich nun hinter mir. Und diese soll meine fünfte werden. Diese fünfte soll es dann endlich schaffen, aus meinem verfluchten Mathematik-Sechser einen Fünfer zu machen. Ich freue mich schon darauf.
Schon im voraus haben sie Briefe und Ermutigungen
10 geschickt. Allesamt nach dem Motto: *Lieber Benjamin, komm nur zu uns, da wird es schon besser. Viele vor dir haben es auch schon geschafft.*
Natürlich haben sie das. Es sind immer genug Schüler da, als daß es nicht der ein oder andere doch schaffen würde.
15 Das kenne ich schon. Bei mir ist das ein bißchen anders. Ich bin sechzehn Jahre alt und wiederhole gerade die achte Klasse. Und so, wie es aussieht, schaffe ich es schon wieder nicht. Meine Eltern sind beide angesehene Leute. Heilpraktikerin und Diplomingenieur. Die können es sich nicht
20 leisten, eine Feier zum qualifizierten Hauptschulabschluß zu geben. Das muß mehr sein. Nun gut. Deswegen bin ich also hier. Mitten im Schuljahr. Vor den Toren eines Internats. Meine Mutter reicht mir einen Brief. Ich soll ihn später dem Internatsleiter geben. Zur genaueren Erklä-
25 rung meiner Person. Ich nehme einen Koffer und warte auf meinen Vater. Er steht noch hinten beim Auto und sucht irgendetwas. Ich glaube, ich werde ihn vermissen. Natürlich haben wir uns auch oft gestritten. Aber nach einem anstrengenden Schultag war er auch der erste, der
30 mich mit einem Lächeln empfing. Wir gehen hoch ins Sekretariat. Von innen ist das Internat fast noch unfreundlicher als von außen. Unendlich viel Holz. Unendlich alt. Unendlich Rokoko[1] oder so. In Kunstgeschichte bin ich ebenso schwach wie in Mathematik. Meine Eltern mögen
35 das Gebäude. Sie sagen, der Klang der Schritte auf dem Holzbelag sei schön.
Was weiß ich schon davon. Im Sekretariat erwartet uns eine dicke Frau – Sie heißt Angelika Lerch. Pausbacken[2] und mächtig steht sie vor mir. Ich fürchte mich. Sie schenkt
40 mir ein paar Aufkleber vom Internat. Überall ist ein Adler abgebildet, der lacht und einen Schulranzen trägt. Darunter steht in kursiv gedruckter Schrift: *Internat Neuseelen – Beginn einer neuen Schulära.*
Ich werde sie meinen Eltern schenken. Sollen sie sie in
45 die Küche pappen oder... ach, weiß Gott wohin. Angelika Lerch reicht mir die Hand und heißt mich im Schloß willkommen. Sie sei selbst schon dreißig Jahre hier und habe sich noch nie beklagt. Ich beschließe, darauf nicht zu antworten. Neben meinen Eltern nehme ich auf einem
50 rotbraunen Canapé[3] Platz und schmiege mich ungewöhnlich nah an sie heran. So etwas habe ich schon lange nicht mehr gemacht. Doch es tut gut, sie warm, und ich fühle mich beschützt. Ich nehme die Hand meiner Mutter. Der Internatsleiter sei gleich persönlich hier, um mich
55 in Empfang zu nehmen, sagt Frau Lerch. Sie kneift sich dabei die Nasenflügel zu. Nun ist es also nicht mehr zu ändern. Nun sitze ich hier und werde bald abgeholt. In meinem Verdruß[4] schaue ich auf den Boden. Doch ich sehe den Boden nicht. Ich sehe ... ach, ist ja eigentlich
60 auch egal. Knapp fünf Minuten sitze ich hier. Dann kommt der Internatsleiter. Jörg Richter ist ein junger Mensch, um die dreißig schätze ich ihn, vielleicht auch ein bißchen älter. Ungefähr 1,85 m groß. Sein schwarzes Haar ist in der Mitte gescheitelt, sein Gesicht sieht freundlich aus. Er
65 kommt herein und läßt sich auf den nächstbesten Stuhl fallen. Dann, als hätte er es vergessen, springt er wieder auf, um uns zu begrüßen. Seine Hand ist feucht. Er bittet uns, mit in sein Büro zu kommen. Es ist nicht weit vom Sekretariat entfernt. Unterwegs achte ich auf den Klang
70 des Holzbelags. Ich finde ihn nicht schön. Aber wen interessiert das.
Kaum in seinem Büro schenkt mir Herr Richter ein paar Aufkleber vom Internat. Sie sind moderner als die von Frau Lerch. Der Adler ist besser gezeichnet und wirkt dreidimen-
75 sionaler. Auch der Schulranzen ist schöner.
Trotzdem kann ich nichts mit ihnen anfangen. Ich stecke sie in die Handtasche meiner Mutter. Jörg Richter bittet uns, Platz zu nehmen. Sein Büro ist groß. Größer als die Zimmer, die ich bisher hier gesehen habe. Größer noch als
80 das Zimmer von Frau Lerch. An der Wand hängen teure

Bilder. Die Möbel sind prächtig. Hier drinnen läßt es sich aushalten. „Na Benjamin, schon gespannt, dein Zimmer zu sehen?" fragt Herr Richter und hebt seine Stimme. Ich überlege, wie ich antworten soll. Lange sage ich nichts.
85 Dann entflieht meinen Lippen ein sprödes Ja. Meine Mutter tippt mich an. Ach ja, ich habe den Brief vergessen. Zögernd ziehe ich ihn aus der Tasche.

„Ich habe ein paar Zeilen an Sie geschrieben", sagt meine Mutter an den Internatsleiter gewandt. „Sie sind sehr
90 wichtig. Und da mein Sohn nur selten darüber spricht, hielt ich es für das beste, Ihnen zu schreiben." Wie jedes Mal. Egal, an welcher Schule ich bin, hält es meine Mutter für das beste, zu schreiben. Als ob man so seine Probleme beseitigen könnte. [...] Ich werfe einen Blick auf den Brief-
95 umschlag:
Betrifft Halbseitenlähmung meines Sohnes Benjamin Lebert ist darauf zu lesen. Wie oft habe ich diesen Umschlag schon in die Hand eines Lehrers gedrückt? Bestimmt schon ein Dutzend Mal. Jetzt tue ich es wieder. Jörg Richter greift
100 hastig nach dem Umschlag. In seinen Augen blitzt Neugierde. Er öffnet den Brief, zu meinem Entsetzen liest er laut vor [...]:

Sehr geehrter Herr Richter!
Mein Sohn hat seit seiner Geburt einen Halbseitenspasmus 10
links. Das bedeutet, die Funktion der linken Seite seines Körpers, speziell von Arm und Bein, ist eingeschränkt. Praktisch bedeutet dies, er kann feinmotorische Arbeiten wie Schuhe binden, mit Messer und Gabel umgehen, geometrische Figuren zeichnen, mit der Schere schneiden etc. nicht oder nur eingeschränkt durchführen. Außerdem hat er dadurch Probleme beim Sport, 11
kann nicht Fahrrad fahren und hat bei allen Bewegungen, die den Gleichgewichtssinn betreffen, Schwierigkeiten. Ich hoffe, Sie können ihn dadurch unterstützen, indem Sie diese Dinge berücksichtigen. Vielen Dank.
Mit freundlichen Grüßen 11
Jutta Lebert

Als das letzte Wort gesprochen ist, schließe ich die Augen. Ich sehne mich nach einem Ort, wo Erklärungen nicht vonnöten sind. Langsam gehe ich zu meinen Eltern zurück. Sie stehen am Rand des Büros und halten sich an den Hän- 12
den. Man sieht, sie sind zufrieden, die Dinge geklärt zu haben. [...]

Aus: Benjamin Lebert: Crazy. Roman. München: Goldmann, 18. Auflage 2001, S. 9–13. Der Text wurde nach den Regeln der alten Rechtschreibung verfasst.

1 *Rokoko: Epoche der Kunstgeschichte im 18. Jahrhundert*
2 *Pausbacken: mit dicken Wangen*
3 *Canapé: hier: eine Art von Sofa*
4 *Verdruß: Kummer, Ärger*

Wahlaufgabe 2

Die folgenden Materialien M 1 bis M 3 befassen sich auf unterschiedliche Art und Weise mit dem Zusammenhang zwischen der städtischen Umgebung und der kindlichen Entwicklung. Lies bitte zunächst die Texte, bevor du die Aufgaben bearbeitest.

Aufgabenstellung:

1. Ermittle die in M 1 und M 2 getroffenen Aussagen über Stadtentwicklung und Kindheit und **stelle** sie zusammenfassend **dar**.
2. **Stelle** das Schweriner Bauspielplatz-Projekt zusammenfassend **dar** (M 3).
3. **Setze** die Absichten und Ziele, die mit dem Schweriner Projekt – ausgesprochen oder unausgesprochen – verfolgt werden (M 3), **in Beziehung** zu den Aussagen aus M 1 und M 2.
4. **Setze dich** ausführlich mit folgender Aussage **auseinander**:
   „Heutzutage drohen in den großen Städten von allen Seiten Gefahren. Deshalb sollten Kinder immer unter Aufsicht sein."
   Beziehe bei deinen Ausführungen die Aussagen von M 1 bis M 3 mit ein.

M 1
Veränderte Lebensbedingungen für Kinder in der Stadt

Durch äußere Bedingungen werden Bewegungs- und Wahrnehmungserfahrungen immer weiter eingeschränkt.

Früher konnten Kinder ohne Aufsicht durch Erwachsene auf der Straße und in Hinterhöfen spielen. Dort bauten
5 sie sich ihre Erfahrungswelten. Sie gestalteten viel mit Materialien, die sie auf der Straße fanden. Ihre Phantasie konnte sich frei entfalten, ohne dass sie von Autos und gefährlichem Straßenverkehr gestört wurden. Erwachsene mussten bei ihrem Handeln nicht dabei sein, so dass sie
10 in ihrer Phantasie nicht gestört wurden und sie Grenzerfahrungen machen konnten, ohne dass ein Erwachsener gleich einschritt. Regeln für Spiele wurden erfunden, an die sich alle halten mussten. Mit daraus entstehenden Konflikten mussten sie lernen umzugehen.

Heute sieht das etwas anders aus. Die Kinder können sich 1
in ihrer Umwelt nicht mehr ohne weiteres frei bewegen. Wenn sie Glück haben, gibt es für sie vorgesehene Räume wie Spielplätze und Jugendzentren, wo sie aber immer auf Erwachsene stoßen, die sie nicht alleine dorthin gehen lassen können. Der Weg ist zu gefährlich oder zu weit. 2
Jugendzentren werden von Erwachsenen betreut, in denen sie ein Angebot für die Kinder und Jugendlichen schaffen. Unter der Aufsicht von Erwachsenen ist das Spielen aber nur halb so schön, da sie häufig miteinbezogen werden, sei es wegen Auseinandersetzungen oder weil Grenzsituati- 25
onen durch sie entschärft werden. Straßen und Hinterhöfe können heute ebenso nicht mehr wie früher genutzt werden, da Straßen durch Autos genutzt werden und Hinterhöfe mit Schildern wie „Spielen verboten", „Rasenfläche nicht betreten", „Eltern haften für ihre Kinder" gepflastert 30

sind. Die natürliche Spielumwelt der Kinder hat sich hin zu vorgegebenen Räumen und Plätzen geändert. Diese vorgegebenen Plätze und Räume, die natürlich an verschiedenen Orten und noch lange nicht in jedem Stadtteil vorhanden sind, führen dazu, dass die Eltern die Chauffeure ihrer Kinder werden, da die Kinder zur Musikschule, zum Turnen etc. gebracht werden müssen. In diesem Zusammenhang spricht man von „Verinselung".

Ein weiterer Punkt der veränderten Kindheit ist die gegebene Wohnsituation. Viele Kinder wohnen in Wohnungen, in denen ihr Kinderzimmer einen kleinen Raum einnimmt und kein Garten vorhanden ist. Häufig sind die Woh-

nungen so hellhörig, dass sich die Kinder leise zu verhalten haben, damit sich die Nachbarn nicht gestört fühlen. Aufgrund der veränderten Situation auf der Straße finden viele Spielsituationen in den Wohnungen statt. Zu den veränderten Wohnbedingungen kommt die Mediatisierung[1] durch den Fernseher und Computer. Auch dies ist eine Freizeitbeschäftigung mit wenig Bewegungsmöglichkeiten. Zudem können die Kinder Informationen, die sie durch diese Medien visuell aufnehmen, nicht in Bewegungen umsetzen, um sie zu verarbeiten, da ihnen die Raummöglichkeiten fehlen und die Informationen über die Medien schnell auf sie einwirken.

www.ipe-ev.de/main/mehr_psychomotorik.htm, Seitenaufruf vom 18.01.08

1 *Mediatisierung: hier: intensive Beschäftigung mit Unterhaltungsmedien*

M 2
Die ganze Stadt als kindlicher Aktionsraum

Spielen kann für Kinder [...] als ein elementarer Bildungsprozess verstanden werden, für den ausreichender und geeigneter Raum zur Verfügung stehen muss. Der Kinderspielplatz, der „aus dem zunehmenden Dilemma[1] zwischen Gefährdung draußen und Isolation drinnen erwuchs" [...], ist nur einer von vielen Orten für kindliche Aktivitäten außerhalb der Wohnung. Der gesamte Stadtraum ist kindlicher Aktionsraum. Informelle, nicht explizit[2] für das Spiel ausgewiesene Orte stellen für die Entwicklung der Kinder sehr bedeutsame Räume dar, weil sie zur Erwachsenenwelt gehören und somit den über das Spiel eingeleiteten Integrationsprozess[3] der Kinder in die Erwachsenenwelt erst ermöglichen können. Zu diesen öffentlichen „Spielräumen" gehören Hinterhöfe und Gärten genauso wie Gehwege und öffentliche Verkehrsmittel sowie ungenutzte Plätze und Gebäude, die von den Kindern zweckentfremdet und dadurch zu Spielorten gemacht werden.

Kinderspielplätze oder sonstige, für Kinder ausgewiesene Räume stellen, seien sie auch noch so pädagogisch durchdacht eingerichtet und optimal gepflegt, Schutzräume dar, die kindliche Bildungsprozesse durch eine „selbstverständliche" Integration in die Erwachsenenwelt verlangsamen oder sogar behindern können. Die Erkundung und Aneig-

nung der Erwachsenenwelt wird den Kindern erschwert, da solche offiziellen Spielflächen aufgrund ihres Anspruches, gefahrlos zu sein, ein Kennenlernen der realen Welt erschweren. Straßen und öffentliche Plätze, als Welt der Erwachsenen, haben also eine wichtige Bildungsfunktion [...]. Kinder müssen lernen, mit der Straße umzugehen. Sie beobachten dort Leute, benutzen öffentliche Verkehrsmittel, lernen sich im städtischen Raum zu orientieren, kaufen ein, bummeln. Kinder müssen in der Straßenöffentlichkeit vielfältige körperliche, kognitive und soziale Fähigkeiten ausbilden. Zudem organisieren Kinder ihren freien Kontakt auf der Straße [...]. Diese von den Kindern selbst organisierten Begegnungen können von Institutionen wie z. B. Kindergarten oder Schule nicht ersetzt werden, weil dort das Spiel immer unter Einschränkungen stattfindet, ein volles Austesten der eigenen Fähigkeiten der Kinder eher behindert als gefördert wird.

Der öffentliche Raum und nicht die für Kinder ausgewiesenen und durchorganisierten Räume stellen somit zentrale Bereiche der Aneignung der Welt dar und bilden den für die Selbständigkeitsentwicklung von Kindern so wichtigen „Spielraum".

http://www.uni-koblenz.de/sempaed/soz_pae/Spielraumbericht/Kapitel%203_pdf, Seitenaufruf vom 18.01.08

1 *Dilemma: hier: Konflikt*   2 *nicht explizit: nicht ausdrücklich*   3 *Integrationsprozess: Vorgang der Eingliederung*

M 3
Ein Spielplatz-Projekt

Im Schweriner Stadtteil Mueßer Holz wurde im Mai 1999 als Ergebnis einer langen Diskussion zwischen Politik, Verwaltung sowie engagierten Mitstreiterinnen und Mitstreitern des neu gegründeten „Bauspielplatz Schwerin e.V." ein pädagogisch betreuter Bau- und Abenteuerspielplatz eröffnet. Hier können Kinder und Jugendliche, Mädchen wie Jungen, auf einer rund 4 000 m² großen Fläche am Rande des Stadtteils zwischen einem Betriebsgelände und einem Wald ihre Hütten bauen, Erdhöhlen graben oder anderen „Abenteuern" nachgehen. Durch die Größe des Geländes und durch die zahlreichen Nischen und Winkel finden die Kinder hier im Unterschied zu vorgefertigten Spielräumen das Provisorium[1], das ein ursprüngliches und unbeobachtetes Spiel zulässt. Hier gilt

es, selbst Fantasie zu entwickeln und die eigenen Grenzen zu erfahren. Nicht allein, weil die Fläche nur eine begrenzte Zahl an Hütten und anderen Bauten zulässt, werden diese auch wieder eingerissen. Auf dem Bauspielplatz gehören Zerstörung und der Umgang mit den damit verbundenen Emotionen zum täglichen Geschehen. Vor allem, wenn eine Hütte mal ohne Vorabsprache eingerissen wird, schlagen die Wogen hoch. Doch frei nach dem Motto „Was des einen Leid, ist des anderen Freud" lernen die Kinder und Jugendlichen mit ihren Emotionen umzugehen und ihre Arbeit gegenseitig zu schätzen und zu respektieren.
Auf dem Bauspielplatz werden Konflikte grundsätzlich ohne Gewalt in gemeinsamen Gesprächen ausgetragen.

http://www.sozialestadt.de/veroeffentlichungen/newsletter/DF5804-info8.pdf, Seitenaufruf vom 18.01.08

1 *Provisorium: hier Übergangszustand*

Lösungshinweise

Erster Prüfungsteil

Aufgabe	Lösung
1	d)
2	b)
3	a)
4	d)
5	Der Prüfling nennt eines der folgenden Beispiele: • *fehlende Betreuung der Kinder am Nachmittag (Z. 43/44)* • *fehlende Unterstützung der Hausaufgaben der Kinder (Z. 45)*
6	Der Prüfling nennt eines der folgenden Beispiele: • Ältere Menschen können vereinsamen (Z. 46). • Ältere Menschen haben wenig Aussicht auf eine sinnvolle Beschäftigung (Z. 46/47).
7	Zum Beispiel: *An einem gemeinsamen Ort für Jung und Alt finden viele Aktivitäten statt.*
8	**Niveau 1** Der Prüfling **erklärt** die Skizze, indem er das Verhältnis der Mitglieder verschiedener Generationen in einem Mehrfamilienhaus unter impliziter Berücksichtigung der Skizze **darstellt**. **Niveau 2** Der Prüfling **erklärt** die Skizze, indem er differenziert das Verhältnis der Mitglieder verschiedener Generationen in einem Mehrfamilienhaus zueinander unter expliziter Berücksichtigung der Skizze **erläutert**. (Beispiel: *das Schaffen einer sozialen Gemeinschaft, die sich an der Familienstruktur orientiert / in der sich die Mitglieder der älteren und der jüngeren Generation gegenseitig helfen*)
9	b)
10–14	10) 4 11) 0 12) 6 13) 3 14) 2
15	c)
16	**Niveau 1** Der Prüfling **begründet** seine Wahl, indem er sich auf eine Aussage bezieht. **Niveau 2** Der Prüfling **begründet** seine Wahl schlüssig und differenziert, indem er sich auf mehrere Aussagen im Text bezieht oder eine Aussage mit Textbezug differenziert ausführt.

Zweiter Prüfungsteil: Wahlaufgabe 1

zu Aufgabe 1:

Formuliere eine Einleitung (Autor, Titel, Erscheinungsjahr, Textsorte, erstes Textverständnis).

– Bei der Textvorlage handelt es sich um einen Auszug aus dem autobiographischen Roman „Crazy" (München 2001) von Benjamin Lebert.

– In diesem Auszug stellt der Ich-Erzähler seine Aufnahme in einem Internat dar.

– Dabei stehen die Gefühle und Erwartungen des Ich-Erzählers in Bezug auf sein Leben in dieser neuen Umgebung sowie sein Verhältnis zu den Eltern und den anderen Erwachsenen im Mittelpunkt.

zu Aufgabe 2:

Gib kurz den Inhalt der Textpassage wieder.

- In dem Ausschnitt berichtet der Ich-Erzähler, dass er nun schon in die fünfte Schule geschickt werden soll, um seine Leistungen vor allem in Mathematik zu verbessern.
- Seine Eltern wünschen, dass er das Abitur als Schulabschluss schafft.
- Das Internatsgebäude wirkt auf ihn wenig ansprechend.
- Der Ich-Erzähler und seine Eltern gehen in das Sekretariat, wo sie zunächst von einer Sekretärin und dann vom Schulleiter empfangen werden.
- Benjamin übergibt dem Schulleiter einen Brief von seiner Mutter, in dem diese die halbseitige Lähmung ihres Sohnes und die daraus folgenden Behinderungen beschreibt.
- Benjamin ist diese laut vorgelesene Darstellung unangenehm.

zu Aufgabe 3:

Stelle dar, welche Empfindungen gegenüber den erwachsenen Personen und im Blick auf seine Umgebung der Ich-Erzähler auf direkte und indirekte Weise vermittelt.

- Benjamin betritt die neue Schule und das Internat mit gemischten Gefühlen.
- Er ist sich unsicher, was ihn hier erwartet.
- Er hat von der neuen Umgebung eher negative Eindrücke.
- Den Vater nennt er als jemanden, den er vermissen werde.
- Die Nähe der Eltern gibt ihm einerseits Sicherheit.
- Andererseits vermutet er bei ihnen einen besonderen Ehrgeiz.
- Die Sekretärin wirkt auf ihn eher bedrohlich, der Schulleiter einerseits sympathisch, aber auch etwas distanziert.

An folgenden Textstellen werden Benjamins Empfindungen **direkt benannt**:
- „ich werde ihn [den Vater] vermissen" (Z. 27)
- „von innen ist das Internat fast noch unfreundlicher als von außen" (Z. 31 f.)
- „mächtig steht sie [Frau Lerch] vor mir" (Z. 39)
- „Ich fürchte mich" (Z. 39)
- „ich fühle mich beschützt" (Z. 52 f.)
- „in meinem Verdruss schaue ich auf den Boden" (Z. 57/58)
- „ich finde ihn [den Klang des Holzbelags] nicht schön" (Z. 70)
- „hier drinnen lässt es sich aushalten" (Z. 81 f.)
- „zu meinem Entsetzen..." (Z. 101)
- „Ich sehne mich nach einem Ort, wo Erklärungen nicht vonnöten sind" (Z. 118 f.)

Folgende Empfindungen Benjamins können **aus dem Textzusammenhang erschlossen** werden:
- die Skepsis und Angst gegenüber der Zukunft im Internat, die im ironisch zu verstehenden Satz „Ich freue mich schon darauf" (Z. 8) ausgedrückt werden,
- die Hoffnungslosigkeit, die durch den Satz vermittelt wird: „Und so, wie es aussieht, schaffe ich es schon wieder nicht" (Z. 17 f.),
- das Gefühl, dem Ehrgeiz seiner Eltern ausgesetzt zu sein: „Die können es sich nicht leisten, eine Feier zum qualifizierten Hauptschulabschluss zu geben." (Z. 19 ff.),
- die Sehnsucht nach Nähe zu den Eltern, die sich z.B. daran zeigt, dass Benjamin nahe an seine Eltern heranrückt und die Hand seiner Mutter nimmt,
- das Gefühl von Fremdheit und Verlorenheit, das zum Beispiel dadurch erkennbar wird, dass er – im Gegensatz zu seinen Eltern – seine Umgebung als unfreundlich und abweisend empfindet,
- das zwiespältige Verhältnis zum Internatsleiter (vgl. zum Beispiel „Sein Gesicht sieht freundlich aus", Z. 64 f., und „zu meinem Entsetzen liest er laut vor", Z. 101 f.),
- die Ablehnung gegenüber dem Internat, die sich etwa an den Reaktionen auf die Schul-Aufkleber ablesen

lässt („Ich werde sie meinen Eltern schenken. Sollen sie sie in die Küche pappen oder … ach, weiß Gott wohin.", Z. 44 ff., „Trotzdem kann ich nichts mit ihnen anfangen", Z. 76 f.),
– die Scham über die Behinderung, die durch das Zögern beim Herausziehen des Briefes deutlich wird,
– das Missfallen über den Brief seiner Mutter, das in dem Satz „als ob man so seine Probleme beseitigen könnte" (Z. 93 f.) indirekt ausgedrückt wird,
– das Gefühl, in seinen Bedürfnissen und Interessen nicht ernst genommen zu werden, wie es zum Beispiel in der Aussage „Aber wen interessiert das" (Z. 70 f.) zum Ausdruck gebracht wird.

zu Aufgabe 4:
Untersuche, in welcher Form (Tempusgebrauch, Satzbau, Wortwahl, Gedankengang) die Empfindungen des Ich-Erzählers vermittelt werden, und deute deine Ergebnisse.
– Beim **Tempusgebrauch** fällt auf, dass das Geschehen in der Gegenwartsform (Präsens) erzählt wird, Rückblicke werden im Perfekt formuliert.
– Dies vermittelt den Eindruck, als sei das Geschehen gegenwärtig und der Ich-Erzähler habe keinen Abstand zu dem Geschehen.
– In Hinblick auf den **Satzbau** fallen besonders die fast immer kurzen Aussagesätze auf, d. h. es gibt kaum Über- und Unterordnungen (Hypotaxe), sondern meist nebenordnende Reihungen (Parataxe).
– Oft finden sich elliptische Bildungen: „Mitten im Schuljahr. Vor den Toren eines Internats." (Z. 22 f.), „Unendlich viel Holz. Unendlich alt. Unendlich Rokoko oder so." (Z. 32 f.), „Ich sehe … ach, ist ja eigentlich auch egal." (Z. 59 f.), „Als ob man so seine Probleme beseitigen könnte." (Z. 93 f.) usw.
– Im Gegensatz dazu steht der Satzbau des Briefes, der komplexer ist („Das bedeutet, die Funktion der linken Seite seines Körpers, speziell von Arm und Bein, ist eingeschränkt.", Z. 105 f.).
– Der Satzbau der Erzählung wirkt so, als ob der Ich-Erzähler direkt aus der Situation heraus spricht und die verschiedenen Eindrücke nur wiedergibt, ohne sie zu ordnen oder zu überdenken.
– Bei der **Wortwahl** fallen umgangssprachliche Formulierungen auf („aus meinem verfluchten Mathematik-Sechser einen Fünfer zu machen", Z. 7 f., „Unendlich Rokoko oder so.", Z. 33).
– Im Gegensatz dazu steht die gewählte Sprache des Briefes („feinmotorische Arbeiten … durchführen", Z. 107 ff.).
– Der Sprachgebrauch deutet auf die Sicht des jugendlichen Erzählers hin, der seine Empfindungen unmittelbar zum Ausdruck bringt.
– Der **Gedankengang** des Ich-Erzählers entspricht der Abfolge der Situationen: offener Anfang mit Ausgangssituation – Rückblick auf die Vorgeschichte – Bedeutung der Eltern – Warten im Sekretariat – Internatsleiter – der Brief – Schlusssatz.
– Der Gedankengang des Ich-Erzählers zeigt dessen gemischte und widersprüchliche Empfindungen sowie dessen genaue, scheinbar zufällige Beobachtungen.
– Benjamin wirkt verletzlich, mit feinem Gespür, aber auch unsicher, er fühlt sich fremdbestimmt und sehnt sich nach Nähe und Geborgenheit.

zu Aufgabe 5:
In deiner Klasse soll eine Textsammlung zum Thema „Generationskonflikte" erstellt werden. Begründe, warum der vorliegende Text in die Sammlung aufgenommen werden könnte. Beziehe dich dabei auf deine Analyse-Ergebnisse.
– Das Thema des Textes spricht für eine Aufnahme in die Sammlung, denn es geht hier vor allem um das Verhältnis des jugendlichen Ich-Erzählers zu den Erwachsenen.
– Die Beziehung Benjamins zu den Erwachsenen ist gespannt, denn diese sehen nur die äußere Seite seines Lebens: Den Eltern scheint vor allem der Schulerfolg wichtig, die Sekretärin und der Internatsleiter verteilen Werbematerial für ihre Schule, und auch die Behinderung und ihre Folgen für das Leben Benjamins werden nur von der äußeren Seite her betrachtet.
– Das Lebensgefühl eines Jugendlichen im Verhältnis zu den Erwartungen der Erwachsenen wird in diesem Text als inneres Geschehen Benjamins vermittelt und der Sicht der Erwachsenen gegenübergestellt.

Zweiter Prüfungsteil: Wahlaufgabe 2

zu Aufgabe 1:
Ermittle die in M 1 und M 2 getroffenen Aussagen über Stadtentwicklung und Kindheit und stelle sie zusammenfassend dar.

M 1:
- Der Text befasst sich mit den veränderten Lebensbedingungen für Kinder in der Stadt.
- In dem Text wird die These aufgestellt, dass durch die Stadtentwicklung der letzten Zeit die Bewegungs- und Wahrnehmungserfahrungen für Kinder sehr eingeschränkt werden.
- Begründet wird die These mit Aussagen über „frühere" Verhältnisse in der Stadt, die den gegenwärtigen Einschränkungen durch die besonderen Räume für Kinder, die Gegenwart der Erwachsenen, den Straßenverkehr, die Gefahren und die Notwendigkeit der Aufsicht durch Erwachsene gegenübergestellt werden.
- Auch die Wohnsituation der Stadtkinder und ihr Medienverhalten führe zu weniger Bewegungsmöglichkeiten.

M 2:
- Der Text handelt von der Stadt in ihrer Bedeutung als Lebensraum für Kinder.
- In dem Text wird die These formuliert, dass die ganze Stadt als ein Aktionsraum für Kinder anzusehen sei.
- Zur Begründung wird die Problematik von Kinderspielplätzen als einem Ort, an dem die Kinder von der „realen Welt" abgesondert werden, beschrieben.
- In solchen Schutzräumen könnten die Kinder nicht lernen, sich in die Welt der Erwachsenen hineinzufinden.
- Der gesamte öffentliche Raum in der Stadt müsse als Möglichkeit der Erfahrung und Aneignung von Wirklichkeit angesehen werden.

zu Aufgabe 2:
Stelle das Schweriner Bauspielplatz-Projekt zusammenfassend dar (M 3).
- Es handelt sich um ein Projekt zur Gestaltung eines Bau- und Abenteuerspielplatzes in Schwerin.
- Es wurde im Mai 1999 nach langen Auseinandersetzungen verwirklicht.
- Der Spielplatz umfasst 4000 Quadratmeter und liegt zwischen einem Betriebsgelände und einem Wald im Schweriner Stadtteil Mueßer Holz.
- Auf dem Gelände können unter anderem Hütten gebaut und Höhlen gegraben werden.
- Ein freies und unbeobachtetes Spielen ist möglich.
- Da aus Platzgründen das von den Kindern Erbaute irgendwann wieder eingerissen werden muss, lernen die Kinder, mit Frustrationen und Konflikten umzugehen.

zu Aufgabe 3:
Setze die Absichten und Ziele, die mit dem Schweriner Projekt – ausgesprochen oder unausgesprochen – verfolgt werden (M 3), in Beziehung zu den Aussagen aus M 1 und M 2.
Die Absichten und Ziele, die mit dem Schweriner Projekt ausdrücklich verfolgt werden, sind:
- Die Kinder spielen frei und können so ihren „Abenteuern" nachgehen, dabei entwickeln sie eigene Ideen, die sie erproben.
- Sie erfahren die eigenen Grenzen und lernen, mit Emotionen umzugehen, ihre Arbeiten gegenseitig zu schätzen und zu respektieren.
- Konflikte werden von den Kindern gewaltfrei ausgetragen.
- Diese ausdrücklich genannten Ziele können ergänzt werden durch indirekt angesprochene Ziele, wie etwa die Selbstständigkeit im Umgang miteinander und im Umgang mit Materialien, das Ausprobieren in nicht vorgefertigten Spielräumen, die Erfahrungen im Aufbauen und Zerstören.

Punkte aus M 1 und M 2, die sich auf das in M 3 dargestellte Projekt beziehen lassen, sind zum Beispiel:

M 1: Der sonst verloren gegangene Spielraum ist hier gegeben, denn die Kinder sind nicht ausschließlich auf Erwachsene angewiesen und können selbst wählen, was und mit wem sie spielen wollen. Sie haben einen eigenen Spielraum und keinen von den Erwachsenen künstlich hergestellten Spielplatz. Dadurch können eigene Ideen entwickelt werden, die Kinder werden angeregt sich zu bewegen und sind nicht von den jeweiligen Wohnverhältnissen abhängig.

M 2: Kinder bestimmen ihre Begegnungen selbst, sie sind auf sich selbst angewiesen und können ihre eigenen Fähigkeiten erproben und weiterentwickeln.

Die Ziele und Absichten des Spielplatzprojektes decken sich unter anderem in folgenden Punkten *nicht* mit denen in M 1 und M 2 formulierten Forderungen:

M 1: Der Spielplatz bleibt ein Ort für sich, die Kinder werden von den Erwachsenen auf diesen Ort verwiesen; auch wird der Raum zur Bewegung nicht insgesamt erweitert und die Kinder stehen unter der Aufsicht von Erwachsenen; der Einfluss der Medien wird nicht unmittelbar eingeschränkt.

M 2: Aus Sicht der Autoren von M 2 ist auch der Schweriner Spielplatz ein isolierter, geschützter Raum für Kinder und erfüllt nicht die Forderung, dass der gesamte Stadtraum ein kindlicher Aktionsraum zu sein habe.

zu Aufgabe 4:

Setze dich ausführlich mit folgender Aussage auseinander:

„Heutzutage drohen in den großen Städten von allen Seiten Gefahren. Deshalb sollten Kinder immer unter Aufsicht sein." Beziehe bei deinen Ausführungen die Aussagen von M 1 bis M 3 mit ein.

Die Forderung nach Aufsicht über Kinder wird mit Gefahren von allen Seiten begründet, die jedoch nicht weiter bestimmt werden.

Dieser Forderung stehen zentrale Aussagen der Materialien gegenüber, etwa die allgemeinen Gefahren gegen die Forderung nach Möglichkeiten,

- Kreativität und eigene Ideen zu entwickeln,
- die reale Welt kennenzulernen,
- in die Welt der Erwachsenen hineinzuwachsen,
- das kindliche Bedürfnis nach Abenteuern zu befriedigen,
- den Umgang mit Gleichaltrigen in selbstgewählten Gruppen einüben zu können,
- und die eigenen Fähigkeiten erproben zu können.

Das Für und Wider von Schutz und Freiraum für Kinder muss abgewogen werden und miteinander vereinbart werden.

3 Beispiele für Prüfungsaufgaben
3.1 Erster Prüfungsteil

Aufgabenformate

Im ersten Teil der schriftlichen Leistungsüberprüfung werden Basiskompetenzen im Leseverstehen überprüft. Die Art der Aufgaben entspricht den Aufgabenformaten im ersten Teil der Lernstandserhebungen in der Jahrgangsstufe 8.

Die Aufgaben, die im ersten Teil zu einem Text gestellt werden, können offen, halboffen oder auch geschlossen sein.

a	**Offene Aufgaben**	Eine Frage muss selbstständig schriftlich beantwortet werden.	*(vgl. Aufgabe 5, S. 23)*
b	**Geschlossene Aufgaben**	Zu einer Frage werden bestimmte Antworten bereits vorgegeben, sodass die richtige Antwort bzw. die richtigen Antworten ausgewählt werden müssen oder zwischen richtig und falsch unterschieden werden muss.	*(vgl. Aufgaben 1 / 2 / 3, S. 23)*
c	**Halboffene Aufgaben**	Dabei handelt es sich um eine Mischform aus a) und b). Zunächst muss eine geschlossene Aufgabe (b) beantwortet werden. Im Anschluss daran ist eine weitere Aufgabenstellung im Sinne einer offenen Aufgabe (a) zu lösen. Das kann z. B. eine schriftliche Begründung für die zuvor getroffene Entscheidung sein.	*(vgl. Aufgabe 8, S. 27)*

Basiskompetenzen

Die Aufgaben im Ersten Teil der Leistungsüberprüfung beziehen sich vor allem auf Basiskompetenzen in den Lernbereichen *Lesen – Umgang mit Texten und Medien* und *Reflexion über Sprache*. Fragen und Aufgaben zum Lernbereich *Lesen – Umgang mit Texten und Medien* überprüfen in erster Linie das inhaltliche Verständnis des Textes. Fragen und Aufgaben zum Lernbereich *Reflexion über Sprache* beziehen sich stärker auf die Wirkung der sprachlichen und gedanklichen Gestaltung.

Da im Verlauf des Teils *Beispiele für Prüfungsaufgaben* sehr ausführlich Aufgaben und Übungen zu den Basiskompetenzen im Lernbereich *Lesen – Umgang mit Texten und Medien* angeboten werden, konzentrieren wir uns hier vor allem auf mögliche Fragen und Aufgaben zum Lernbereich *Reflexion über Sprache*.

Im Lernbereich *Reflexion über Sprache* sollen am Ende der Jahrgangsstufe 10 folgende **Basiskompetenzen** vorhanden sein:

- Kenntnisse in Bezug auf Funktion, Bedeutung und Funktionswandel von Wörtern; entsprechende Beobachtungen am Text reflektieren und bewerten können. Dazu gehört vor allem: *Formen privaten und öffentlichen Sprachgebrauchs unterscheiden, Erscheinungen des Sprachwandels kennen und bewerten (z. B. Bedeutungswandel, fremdsprachliche Einflüsse) sowie Fachvokabular bei der Sprachanalyse korrekt verwenden.*
- Kenntnisse im Bereich der Syntax (Satzbau) anwenden können. Dazu gehört vor allem: *Wirkungen von Satzbau-Varianten, Gliedsatz-Varianten unterscheiden und ausprobieren.*
- Fähigkeit, zwischen begrifflichem und bildlichem Sprachgebrauch unterscheiden zu können. Dazu gehört vor allem: *ausgewählte rhetorische Mittel kennen und richtig anwenden* (→ Siehe den Überblick über rhetorische Figuren im „Basiswissen", S. 128 f.)
- Kenntnisse zu Sprachvarianten. Dazu gehört vor allem: *Standard-, Fach-, Umgangs-, Jugend-, Frauen-, Männersprache, Dialekte.*
- Einblick in die Sprachentwicklung. Dazu gehört vor allem: *Bedeutungswandel von Begriffen, sprachliche Trends, political correctness.*

Aufgabenbeispiele

Allmorgendlich   *Michaela Seul*

Jeden Morgen sah ich sie. Ich glaube, sie fiel mir gleich bei der ersten Fahrt auf. Ich hatte meinen Arbeitsplatz gewechselt und fuhr vom Ersten des Monats an mit dem Bus um 8.11 Uhr.

Es war Winter. Jeden Morgen trug sie den kirschroten Mantel, weiße, pelzbesetzte Stiefel, weiße Handschuhe, und ihr langes, dunkelbraunes, glattes Haar war zu einem ungewöhnlichen, aber
5   langweiligen Knoten aufgesteckt. Jeden Morgen stieg sie um 8.15 Uhr zu und ging mit hocherhobenem Kopf auf ihren Stammplatz, vorletzte Reihe rechts, zu.

Das Wort mürrisch passte gut zu ihr. Sie war mir sofort unsympathisch. So geht es mir oft: Ich sehe fremde Menschen, wechsle kein Wort mit ihnen, fühle Ablehnung und Ärger bei ihrem bloßen Anblick. Ich wusste nicht, was mich an ihr so störte, denn ich fand sie nicht schön; es war
10 also kein Neid.

Sie stieg zu, setzte sich auf ihren seltsamerweise immer freien Platz, holte die Zeitung aus ihrer schwarzen Tasche und begann zu lesen. Jeden Morgen ab Seite drei. Nach der dritten Station griff sie erneut in die Tasche holte ohne den Blick von der Zeitung zu wenden zwei belegte Brote hervor. Einmal mit Salami und einmal mit Mettwurst. Lesend aß sie. Sie schmatzte nicht, und
15 trotzdem erfüllte mich ihr essender Anblick mit Ekel. Die Brote waren in einem Klarsichtbeutel aufbewahrt, und ich fragte mich oft, ob sie täglich einen neuen Beutel benutzte oder denselben mehrmals verwendete.

Ich beobachtete sie ungefähr zwei Wochen, als sie mir gegenüber das erste Mal ihre mürrische Gleichgültigkeit aufgab. Sie musterte mich prüfend. Ich wich ihr nicht aus. Unsere Feindschaft
20 war besiegelt. Am nächsten Morgen setzte ich mich auf ihren Stammplatz. Sie ließ sich nichts anmerken, begann wie immer zu lesen. Die Stullen packte sie allerdings erst nach der sechsten Station aus.

Jeden Morgen vergrämte sie mir den Tag. Gierig starrte ich zu ihr hinüber, saugte jede ihrer mich persönlich beleidigenden, sich Tag für Tag wiederholenden Hantierungen auf, ärgerte mich, weil
25 ich vor ihr aussteigen musste und sie in den Vorteil der Kenntnis meines Arbeitsplatzes brachte. Erst, als sie einige Tage nicht im Bus saß und mich dies beunruhigte, erkannte ich die Notwendigkeit des allmorgendlichen Übels. Ich war erleichtert, als sie wieder erschien, ärgerte mich doppelt über sie, den Haarknoten, der ungewöhnlich und trotzdem langweilig war, den kirschroten Mantel, das griesgrämige Gesicht, die Salami, die Mettwurst und die Zeitung.

30 Es kam so weit, dass sie mir nicht nur während der Busfahrten gegenwärtig war; ich nahm sie mit nach Hause, erzählte meinen Bekannten von ihrem unmäßigen Schmatzen, dem Körpergeruch, der großporigen Haut, dem abstoßenden Gesicht. Herrlich war es mir, mich in meine Wut hineinzusteigern; ich fand immer neue Gründe, warum ihre bloße Gegenwart mich belästigte.

Wurde ich belächelt, beschrieb ich ihre knarzende Stimme, die ich nie gehört hatte, ärgerte mich,
35 weil sie die primitivste Boulevardzeitung las und so fort. Man riet mir, einen Bus früher, also um 8.01 Uhr zu fahren, doch das hätte zehn Minuten weniger Schlaf bedeutet. Sie würde mich nicht um meinen wohlverdienten Schlaf bringen!

Vorgestern übernachtete meine Freundin Beate bei mir. Zusammen gingen wir zum Bus. SIE stieg wie immer um 8.15 Uhr zu und setzte sich auf ihren Platz. Beate, der ich nie von IHR erzählt hatte,
40 lachte plötzlich, zupfte mich am Ärmel und flüsterte: „Schau mal, die mit dem roten Mantel, die jetzt das Brot isst, also ich kann mir nicht helfen, aber die erinnert mich unheimlich an dich. Wie sie isst und sitzt und wie sie schaut."

Aufgaben

1. Die Erzählerin nennt nicht den Namen der Frau im Bus, sondern spricht nur von „sie" und später auch „ihr".
   Wie nennt man die Wortart, die sie zur Bezeichnung benutzt?

2. Kreuze die Aussage zum Satzbau des Textes an, die deiner Meinung nach richtig ist.

a	Der Text besteht ausschließlich aus Satzreihen.	○
b	Im Text wechseln Abschnitte, in denen überwiegend Satzreihen verwendet werden, mit Abschnitten, in denen längere Satzgefüge verwendet werden.	○
c	Bis auf wenige Ausnahmen besteht der Text aus Satzgefügen.	○
d	Satzreihen und Satzgefüge wechseln sich im Text regelmäßig ab.	○

3. Gib die Zeitformen der Prädikate in den folgenden drei Sätzen an:

Satz	Zeitform des Prädikats
„Jeden Morgen *sah* ich sie."	
„... ihre knarzende Stimme, die ich nie *gehört hatte* ..."	
„Man *riet* mir ..."	

4. Der Text ist weitgehend im Präteritum geschrieben. Begründe diese Tempuswahl.

5. „So geht es mir oft: Ich sehe fremde Menschen, wechsle kein Wort mit ihnen, fühle Ablehnung und Ärger bei ihrem bloßen Anblick." – Dieser Satz stellt im Text eine Ausnahme dar, da in ihm das Präsens verwendet wird. Begründe die Sonderstellung dieses Satzes im Text.

Üben

Wenn du Schwierigkeiten mit der Bestimmung von Wortarten oder Zeitformen hast, solltest du diese noch einmal wiederholen. Entsprechende Hilfen findest du im Kapitel → *Grammatik: Wortarten*, S. 134 ff., sowie in deinem Deutschbuch.

„Jeden Morgen sah ich sie. Ich glaube, sie fiel mir gleich bei der ersten Fahrt auf. Ich hatte meinen Arbeitsplatz gewechselt und fuhr vom Ersten des Monats an mit dem Bus um 8.11 Uhr.
Es war Winter. Jeden Morgen trug sie den kirschroten Mantel, weiße, pelzbesetzte Stiefel, weiße Handschuhe, und ihr langes, dunkelbraunes, glattes Haar war zu einem ungewöhnlichen, aber langweiligen Knoten aufgesteckt. Jeden Morgen stieg sie um 8.15 Uhr zu und ging mit hocherhobenem Kopf auf ihren Stammplatz, vorletzte Reihe rechts, zu."

1. Bestimme zur Übung im oben abgedruckten Textauszug die → Wortarten. Gibt es Wortarten, die sehr häufig verwendet werden? Gibt es Wortarten, die nur wenig oder gar nicht verwendet werden?

2. Welches → Tempus wird verwendet? Verändere den Textauszug, indem du ein anderes Tempus wählst, und überprüfe, wie sich die Wirkung verändert.

„Das Wort mürrisch passte gut zu ihr. Sie war mir sofort unsympathisch. So geht es mir oft: Ich sehe fremde Menschen, wechsle kein Wort mit ihnen, fühle Ablehnung und Ärger bei ihrem bloßen Anblick. Ich wusste nicht, was mich an ihr so störte, denn ich fand sie nicht schön; es war also kein Neid.
Sie stieg zu, setzte sich auf ihren seltsamerweise immer freien Platz, holte die Zeitung aus ihrer schwarzen Tasche und begann zu lesen."

3. Beschreibe den Satzbau in diesem Textauszug möglichst genau, indem du → Haupt- und Nebensätze sowie → Satzreihen und → Satzgefüge unterscheidest.

4. Im Text wird des Öfteren → parataktischer Satzbau (vgl. Info, siehe unten) verwendet. Welche Wirkung wird dadurch erzielt? Verändere entsprechende Textpassagen, indem du aus Parataxen Satzgefüge bildest. Auf diese Weise lässt sich die unterschiedliche Wirkung gut erkennen.

INFO

Im Gegensatz zur **Satzreihe**, die **Hauptsätze** miteinander verbindet (Komma möglich, aber nicht vorgeschrieben), handelt es sich beim **Satzgefüge** um eine Kombination eines Hauptsatzes mit einem oder mehreren **Nebensätzen** (Komma vorgeschrieben).
Nebensätze teilt man in zwei Gruppen ein: die **Gliedsätze** und die **Attributsätze**. Gliedsätze stehen an der Stelle eines Satzgliedes, Attributsätze sind Teil eines Satzgliedes.
Satzreihen sind **parataktisch** gebaut, d. h., es liegt eine **Nebenordnung** der Teilsätze vor. Bei Satzgefügen spricht man vom **hypotaktischen** Satzbau, d. h., es liegt eine **Unterordnung** der Teilsätze vor.
Weitere Infomationen zum Wiederholen und Üben findest du im Kapitel „*Grammatik: Der Satz*", S. 140 ff.)

Die Tochter   *Peter Bichsel*

Abends warteten sie auf Monika. Sie arbeitete in der Stadt, die Bahnverbindungen sind schlecht. Sie, er und seine Frau, saßen am Tisch und warteten auf Monika. Seit sie in der Stadt arbeitete, aßen sie erst um halb acht.

Früher hatten sie eine Stunde eher gegessen. Jetzt warteten sie täglich eine Stunde am gedeckten
5 Tisch, an ihren Plätzen, der Vater oben, die Mutter auf dem Stuhl nahe der Küchentür, sie warteten vor dem leeren Platz Monikas. Einige Zeit später dann auch vor dem dampfenden Kaffee, vor der Butter, dem Brot, der Marmelade.

Sie war größer gewachsen als sie, sie war auch blonder und hatte die Haut, die feine Haut der Tante Maria. „Sie war immer ein liebes Kind", sagte die Mutter, während sie warteten.
10 In ihrem Zimmer hatte sie einen Plattenspieler und sie brachte oft Platten mit aus der Stadt, und sie wusste, wer darauf sang. Sie hatte auch einen Spiegel und verschiedene Fläschchen und Dös- chen, einen Hocker aus marokkanischem Leder, eine Schachtel Zigaretten.

Der Vater holte sich seine Lohntüte auch bei einem Bürofräulein. Er sah dann die vielen Stempel auf einem Gestell, bestaunte das sanfte Geräusch der Rechenmaschine, die blondierten Haare des
15 Fräuleins, sie sagte freundlich „Bitte schön", wenn er sich bedankte.

Über Mittag blieb Monika in der Stadt, sie aß eine Kleinigkeit, wie sie sagte, in einem Tearoom. Sie war dann ein Fräulein, das in Tearooms lächelnd Zigaretten raucht.

Oft fragten sie sie, was sie alles getan habe in der Stadt, im Büro. Sie wusste aber nichts zu sagen.
20 Dann versuchten sie wenigstens, sich genau vorzustellen, wie sie beiläufig in der Bahn ihr rotes Etui mit dem Abonnement aufschlägt und vorweist, wie sie den Bahnsteig entlanggeht, wie sie sich auf dem Weg ins Büro angeregt mit Freundinnen unterhält, wie sie den Gruß eines Herrn lächelnd erwidert.

Und dann stellten sie sich mehrmals vor in dieser Stunde, wie sie heimkommt, die Tasche und
25 ein Modejournal unter dem Arm, ihr Parfum; stellten sich vor, wie sie sich an ihren Platz setzt, wie sie dann zusammen essen würden.

Bald wird sie sich in der Stadt ein Zimmer nehmen, das wussten sie, und dass sie dann wieder um halb sieben essen würden, dass der Vater nach der Arbeit wieder seine Zeitung lesen würde, dass es dann kein Zimmer mehr mit Plattenspieler gäbe, keine Stunde des Wartens mehr. Auf dem
30 Schrank stand eine Vase aus blauem schwedischem Glas, eine Vase aus der Stadt, ein Geschenk- vorschlag aus dem Modejournal.

„Sie ist wie deine Schwester", sagte die Frau, „sie hat das alles von deiner Schwester. Erinnerst du dich, wie schön deine Schwester singen konnte."

„Andere Mädchen rauchen auch", sagte die Mutter.
35 „Ja", sagte er, „das habe ich auch gesagt."

„Ihre Freundin hat kürzlich geheiratet", sagte die Mutter.

Sie wird auch heiraten, dachte er, sie wird in der Stadt wohnen.

Kürzlich hatte er Monika gebeten: „Sag mal etwas auf französisch." –

„Ja", hatte die Mutter wiederholt, „sag mal etwas auf französisch." Sie wusste aber nichts zu
40 sagen.

Stenographieren kann sie auch, dachte er jetzt. „Für uns wäre das zu schwer", sagten sie oft zueinander.

Dann stellte die Mutter den Kaffee auf den Tisch. „Ich habe den Zug gehört", sagte sie.

Aufgaben

1. Der Text ist überwiegend im Erzähltempus Präteritum geschrieben. An einigen Stellen wird aber auch das Präsens bzw. das Futur I verwendet. Markiere im Text Passagen, in denen das Präsens bzw. das Futur verwendet wird: Präsens = einfach unterstreichen; Präteritum = doppelt unterstreichen.

2. Begründe die Verwendung des Präsens bzw. des Futur I.

_____

_____

_____

3. „Sie war größer gewachsen als sie, sie war auch blonder und hatte die Haut, die feine Haut der Tante Maria." (Z. 8 f.) – Welche der folgenden Aussagen trifft am besten die Bedeutung, die dieser Satz im Kontext des Textes besitzt?

a	Der Erzähler will zur besseren Vorstellung einige körperliche Merkmale Monikas genauer beschreiben.	○
b	Der Erzähler will durch die Auswahl einiger äußerlicher Merkmale herausstellen, dass Monika anders als ihre Eltern ist.	○
c	Durch den Hinweis auf die „blonden" Haare und die „feine Haut" will der Erzähler verdeutlichen, wie hübsch Monika ist.	○
d	Der Erzähler will an dieser Stelle andeuten, dass Monika ihrer Tante Maria sehr ähnlich sieht.	○

4. Während die Tochter im Text einen Namen hat, werden die Eltern nur „Vater" und „Mutter" genannt. Begründe diesen Unterschied.

_____

_____

_____

5. Beschreibe die Bedeutung der Aussage der Mutter „Sie war immer ein liebes Kind" (Z. 9). Achte dabei auf das verwendete Tempus.

_____

_____

_____

_____

6. „Oft fragten sie sie, was sie alles <u>getan habe</u> in der Stadt, im Büro." (Z. 18) – Entscheide durch Ankreuzen, um welche grammatikalische Form es sich beim unterstrichenen Satzteil handelt.

a	3. Person, Singular, Perfekt, Indikativ	○
b	3. Person, Singular, Perfekt, Konjunktiv (indirekte Rede)	○
c	3. Person, Plural, Perfekt, Konjunktiv (indirekte Rede)	○

7. Die Eltern bitten ihre Tochter einmal etwas auf Französisch zu sagen. „Sie wusste aber nichts zu sagen" (Z. 39 f.) – Welche der folgenden Aussagen trifft am besten die Aussage dieses Satzes?

a	Es kommt heraus, dass Monika gar nicht die französische Sprache beherrscht.	○
b	Monika schämt sich, etwas in der fremden Sprache vor den Eltern zu sagen.	○
c	Monika weiß nicht, über was sie mit ihren Eltern sprechen soll, da ihr Leben mittlerweile ganz anders verläuft.	○

8. Kurzgeschichten haben häufig ein offenes Ende. Entscheide, ob das Ende eher offen oder geschlossen ist, und begründe deine Meinung.

○ offen   ○ geschlossen

_____

_____

_____

Üben

Die folgenden Proben sind gute Methoden, um die Besonderheiten der sprachlichen Gestaltung eines Textes richtig zu beurteilen.

Umstellprobe

Jetzt warteten sie täglich eine Stunde am gedeckten Tisch, an ihren Plätzen, der Vater oben, die Mutter auf dem Stuhl nahe der Küchentür, sie warteten vor dem leeren Platz Monikas. (Z. 4 ff.)
Täglich eine Stunde warteten sie jetzt am gedeckten Tisch, an ihren Plätzen, der Vater oben, die Mutter auf dem Stuhl nahe der Küchentür, sie warteten vor dem leeren Platz Monikas.

Bei der Umstellprobe werden einzelne Satzglieder eines Satzes umgestellt. Durch sie kann ermittelt werden, aus wie vielen Satzgliedern ein Satz besteht. Mit Ausnahme der Frage- und Imperativsätze kann immer nur *ein* Satzglied vor dem Prädikat (bzw. dem ersten Teil des Prädikats) stehen.

Weglassprobe

Auf dem Schrank stand eine Vase aus blauem schwedischem Glas, eine Vase aus der Stadt, ein Geschenkvorschlag aus dem Modejournal. (Z. 29 ff.)
Auf dem Schrank stand eine Vase aus Glas, eine Vase aus der Stadt, ein Geschenkvorschlag aus dem Modejournal.

Das Weglassen eines Satzgliedes oder auch eines Nebensatzes macht manchmal deutlich, wie wichtig oder unwichtig diese Bestandteile für den Kontext und damit für das Verständnis sind.

Ergänzungsprobe

Abends warteten sie auf Monika. (Z. 1)
Abends warteten sie beim Fernsehen auf Monika.

Die Ergänzung einzelner Satzglieder kann deutlich machen, auf welche Angaben im Text ganz bewusst verzichtet worden ist.

Ersatzprobe
Sie war dann ein Fräulein, das in Tearooms <u>lächelnd</u> Zigaretten raucht. (Z. 17) *Sie war dann ein Fräulein, das in Tearooms <u>gelangweilt</u> Zigaretten raucht.*
Bei der Ersatzprobe werden Satzglieder durch vergleichbare ausgetauscht. Dabei wählt man Satzglieder, die ähnliche oder sogar konträre Bedeutungen haben, die aber zum Prädikat des Satzes passen.

„Dann stellte die Mutter den Kaffee auf den Tisch." (Z. 43)	
Die Mutter stellte dann den Kaffee auf den Tisch.	
Den Kaffee stellte dann die Mutter auf den Tisch.	
Auf den Tisch stellte die Mutter dann den Kaffee.	

1 Probiere aus, wie sich der Schwerpunkt der Aussage jeweils verschiebt, wenn man den Ausgangssatz oben umstellt.

Diese Methode ist gut geeignet, um herauszuarbeiten, welche Wirkung mit der Gestaltung des Ausgangssatzes beabsichtigt ist.

2 Wende einzelne dieser Methoden auch auf andere Sätze des Textes an.

Mitschüler mobbten Mädchen krank

Nach dem ‚Rütli-Schwur' der Berliner Lehrer, sich Polizei-Schutz zu besorgen für ihre Rütli-Hauptschule, haben die Politiker ein neues Lieblingsthema entdeckt. So, als ob es 1.) bis dato herzlich wenig Gewalt an Schulen gegeben, und 2.) sich niemand vorbeugend darum geschert hätte. Michael Sch. ist deshalb schwer angesäuert.

5 Der 39-jährige Diplom-Sozialpädagoge in der Beratungsstelle des Sozialen Zentrums an der Westhoffstraße – mit Schwerpunkt Jugendberatung – schimpft: „Jetzt tun die Politiker so, als sei nie etwas passiert. Und dabei kürzen sie seit Jahren scheibchenweise Mittel für Prävention. Setzen sie das weiter um, steigt die Gewalt an Schulen. Das sagen alle Experten voraus."
Über Gewalt erfuhr der Pädagoge viel während seiner Beratungsarbeit. Elf- und Zwölfjährige
10 berichteten ihm von den brutalsten Porno- und Gewaltvideos, die man sich nicht mal vorstellen mag. An einer Schule wurde ein Junge mit dem Leben bedroht, eine andere Klasse mobbte ihre Mitschülerin bulimie-krank und therapiereif. Auch in Dortmund ist nichts mit Friede, Freude, Eierkuchen.
Zum Glück gibt's Gegenbeispiele, dank gut funktionierender Netzwerkarbeit in unserer Stadt.
15 Und hierin sieht Sch. den womöglich größten Unterschied zu Berlin, denn die Ausgangssituation, um die Saat für Gewalt aufgehen zu lassen, ist in Dortmund die gleiche: weiterhin hohe Arbeitslosigkeit, vielfach berufliche Perspektivlosigkeit für Berufsanfänger, vor allem, wenn sie aus Migrantenfamilien kommen.

Aufgaben

1. Bei Zeitungstexten werden grundsätzlich zwei Kategorien journalistischer Stilformen unterschieden. Kreuze an, zu welcher Kategorie der vorliegende Zeitungstext gehört:

a	informierende, sachbetonte Formen	○
b	meinungsäußernde, wertende Formen	○

2. Welche Aussage zum Aufbau des Zeitungstextes trifft zu? Kreuze an.

Der Zeitungstext entspricht den Aufbauprinzipien für die Stilform *Nachricht*		
voll ○	mit Einschränkungen ○	überhaupt nicht ○

Begründe deine Meinung:

_____

_____

_____

_____

3. Ergänze folgende Tabelle zum Zeitungstext:

Informationskern	
Erläuternde Details	
Ergänzende, weniger wichtige Einzelheiten	
Schlagzeile	
Untertitel	

4. Für den Text sind andere Überschriften denkbar. Kreuze die Überschrift an, die nicht zum Zeitungstext passt, und begründe deine Meinung.

a	Gewalt an Dortmunder Schulen kann weiter steigen	○
b	Elf- und Zwölfjährige sind besonders gewaltbereit	○
c	Ausgangssituation für Jugendliche in Dortmund und Berlin gleich	○

Begründung:

_____

_____

_____

29

5. In Zeile 12 verwendet der Verfasser mit der Redewendung „Friede, Freude, Eierkuchen" eine recht saloppe Ausdrucksweise. Kreuze zunächst an, um welche rhetorische Figur es sich handelt, und begründe dann, was mit der Redewendung ausgedrückt werden soll.

○ Vergleich   ○ Klimax   ○ Antiklimax

_____

_____

_____

_____

6. Im Text werden einmal einfache Anführungszeichen verwendet (Z. 1). Kreuze an, welche Funktion sie in diesem Text haben.

a	Hervorhebung einer wichtigen Textstelle	&#9675;
b	Hinweis auf Akzentsetzung beim Lesen	&#9675;
c	Kennzeichnung eines bekannten Namens bzw. Begriffs	&#9675;

Üben

Für die Auseinandersetzung mit Zeitungstexten (→ S. 131), die im Ersten Teil der Leistungsüberprüfung als Textgrundlage gewählt werden können, ist es wichtig, dass du sie aufgrund spezifischer Merkmale der jeweiligen journalistischen Stilform zuordnen kannst. Stil, Aufbau und sprachliche Gestaltung werden durch die jeweilige Stilform wesentlich bestimmt.

Journalistische Stilformen	
Nachricht	Unter dem Begriff *Nachricht* werden die *Meldung* und der *Bericht* zusammengefasst. *Nachricht* ist auch der umfassende Begriff für Sachinformation.
Meldung (ca. 15–20 Zeilen)	Die Meldung ist eine knappe Notiz zu einem Ereignis, sie enthält in kurzer Form die wichtigsten Informationen. Die 7 W-Fragen werden in der Regel beantwortet.
Bericht (ca. 60 Zeilen)	Der Bericht gibt ausführlicher als eine Meldung Tatsachen, Ereignisse und deren Ablauf wieder. Im Vorspann werden die Fragen: wer, was, wann und wo beantwortet, auf die anderen W-Fragen (warum, wie, wozu, mit welchen Folgen) geht der Hauptteil ein. Der Bericht enthält keine persönlichen Meinungen, bietet aber im Gegensatz zur Meldung mehr Hintergrundinformationen und Zusammenhänge.
Reportage (ca. 120 Zeilen)	Die Reportage schildert ein Ereignis aus persönlicher Sicht, sie will den Leser bis zum Ende fesseln. Sinneseindrücke werden beschrieben, um dem Leser das Gefühl zu geben, er wäre dabei gewesen. Der Reporter versucht, das Geschehen möglichst anschaulich zu beschreiben. Es werden zusätzlich Hintergrundinformationen geliefert, die Zusammenhänge deutlich machen sollen.
Interview	Im Interview wird die Befragung einer Person oder Personengruppe durch einen Journalisten wiedergegeben.

Kommentar	In einem Kommentar nimmt der Journalist zu wichtigen und aktuellen Themen Stellung und bewertet Ereignisse. Der Autor liefert Argumente für seine eigene Sicht und will zur kritischen Auseinandersetzung mit dem Thema anregen.
Kritik (Rezension)	Kritiken beziehen sich überwiegend auf kulturelle Ereignisse, z. B. die Premiere eines Filmes. Der Journalist fasst den Inhalt kurz zusammen und bewertet ihn nach seiner persönlichen Einschätzung – positiv oder negativ.

1 Die oben genannten journalistischen Stilformen werden grundsätzlich in zwei Kategorien unterschieden. Ergänze die Tabelle:

informierende, sachbetonte Formen	
meinungsäußernde, wertende Formen	

Im Lernbereich *Reflexion über Sprache* wird durch Aufgaben und Fragen auch überprüft, ob du das zur Analyse nötige Fachvokabular beherrscht. Neben der Kenntnis der zuvor genannten Bezeichnungen für journalistische Stilformen benötigst du im Zusammenhang mit Zeitungstexten folgende Grundbegriffe, um das Layout (die grafische Gesamtgestaltung) beschreiben zu können:

2 Überprüfe dein Fachvokabular, indem du möglichst präzise Aufbau und Gestaltung ausgewählter Zeitungsartikel aus Tageszeitungen beschreibst.

31

> ## INFO
>
> Im Zusammenhang mit den meinungsäußernden und wertenden journalistischen Stilformen kommt es besonders darauf an, dass gedankliche Strukturen und deren sprachliche Verknüpfung richtig erkannt werden. Grundsätzlich ist dabei zu unterscheiden, ob es sich bei einzelnen Aussagen um eine **These** bzw. **Behauptung**, eine **Begründung** zur These oder um belegende **Beispiele** handelt.
> Die Beurteilung einer → Argumentation hängt ganz wesentlich davon ab, wie viele Argumente zu einem Sachverhalt genannt werden und ob sie vollständig sind.

Alltäglicher Rassismus

Schwarze sind als „äußerlich erkennbare Minderheit" in Deutschland besonders häufig und in besonderem Ausmaß mit Rassismus konfrontiert. Dies stellte der Bericht der Europäischen Kommission gegen Rassismus und Intoleranz (ECRI) 2003 fest. Unter den mehr als hundert Todesopfern

5 rechter Gewalt seit 1990 befinden sich fünfzehn dunkelhäutige Opfer und etwa ebenso viele aus der Türkei und Südeuropa (die Angaben der Bundesregierung – bis März 2003 39 anerkannte Todesfälle – und die von Zeitungen und Vereinen – mindestens 99 Fälle – gehen allerdings weit auseinander; vgl. „Frankfurter Rundschau" vom 6. März 2003). Bekannt

10 wurden einige Fälle brutalster Gewaltanwendung: Alberto Adriano aus Mozambik starb am 14. Juni 2000 in Dessau an den Folgen rechter Gewalt; Farid Guendoul zog sich, von Rechtsextremisten verfolgt, am 13. Februar 1999 in Guben tödliche Verletzungen zu. Die Täter stammten aus Skinhead- und Neonazigruppen wie der „Weißen Offensive" oder

15 den „White Aryans", deren Namen schon auf ihren programmatischen Rassismus hinweisen.
Fälle offener Gewalt bilden jedoch nur die Spitze des Eisbergs eines alltäglichen Rassismus. Schwarze Bürgerinnen und Bürger beklagen, dass man sie nicht respektiert, sondern mit ihnen wie mit Kindern redet,

20 sich überrascht zeigt, wenn sie gut Deutsch können, ungeniert mit dem Finger auf sie zeigt oder herabsetzende Gesten macht. Sie berichten von „nicht böse gemeinten" Fragen wie „Sie haben doch sicher Rhythmus im Blut bei Ihrer Abstammung" und Wünschen, einmal durch die dunklen Locken des Gegenübers fahren zu dürfen (Die Zeit vom 7. September

25 2000). Härter äußert sich die feindselige Stimmung in offenen Beleidigungen (wie „Nigger" oder „Bimbo") und Benachteiligungen, die Farbige bei der Wohnungs- und Arbeitssuche, in Geschäften, Diskotheken, Behörden, Krankenhäusern und öffentlichen Verkehrsmitteln über sich ergehen lassen müssen. Die Übergriffe reichen bis hin zu Schikanen und

30 Gewalt durch die Polizei und andere Behörden, die Schwarze manchmal von vornherein wie Kriminelle behandeln, wobei dieser Machtmissbrauch zumeist unbekannt oder ungesühnt bleibt. Es hat vom Europarat und den Vereinten Nationen wiederholt Kritik an den Übergriffen der deutschen Polizei auf Ausländer gegeben (vgl. die Dokumentation der

35 Aktion Zivilcourage, Polizeiübergriffe auf Ausländerinnen und Ausländer in Deutschland 2000–2003). Die Beleidigten oder gar Angegriffenen beklagen, dass man ihnen nur selten zu Hilfe kommt.

Behauptung: *Schwarze werden in Deutschland in besonderem Ausmaß mit Rassismus konfrontiert.*

Begründung: *Häufigkeit der Gewalt gegen schwarze Bürgerinnen und Bürger*

Beispiele: *Zahlen und Fakten zu gewalttätigen Übergriffen in Deutschland seit 1990*

③ Ergänze Markierungen und Legenden im Text, um den gedanklichen Aufbau des Textauszugs zu verdeutlichen.

④ Der Text enthält drei → Thesen zu Formen des alltäglichen Rassismus. Erkläre, durch welche sprachlichen Besonderheiten zu erkennen ist, dass es sich um Thesen handelt.

Zum Beleg von Begründungen sollten in argumentativen Texten **Beispiele** angeführt werden, z. B. als allgemeingültig vorausgesetzte Aussagen und Sachverhalte, aktuelle Daten und Fakten, Zitate aus renommierten Zeitschriften und Büchern, persönlich Erlebtes …

⑤ Überprüfe im Text, welche Art von Beispielen verwendet werden.

> ## INFO
>
> **Werbeanzeigen** aus Zeitungen oder Illustrierten können im Ersten Teil der *Zentralen Prüfung* auch als medialer Text ausgewählt werden. Ein besonderer Schwerpunkt der Fragen betrifft dabei die Sprache des Bildes und das Text-Bild-Verhältnis. Nähere Informationen dazu findest du im Kapitel *Mediale Texte* (→ S. 124 ff.).

Lösungen

Lösungen zu Michaela Seul *Allmorgendlich*, S. 22

Aufgabe 1	Pronomen
Aufgabe 2	Aussage b) ist zuftreffend
Aufgabe 3	a) Präteritum b) Plusquamperfekt c) Präteritum
Aufgabe 4	Der Text beschreibt im Rückblick eine bereits zurückliegende Begebenheit, die durch die Einsicht im Schlusssatz beendet wird.
Aufgabe 5	Im Gegensatz zum übrigen Text, der über Vergangenes berichtet, beschreibt dieser Satz eine Aussage, die für die Erzählerin immer zutreffend ist.

Lösungen zu Peter Bichsel *Die Tochter*, S. 25

Aufgabe 1	Präsens: Z. 21–23; Z. 41 Futur I: Z. 27; Z. 37
Aufgabe 2	Präsens wird verwendet, um die Gedanken an das wiederzugeben, was die Tochter gegenwärtig tut. Mit dem Futur I wird dargestellt, wie die Eltern sich die Zukunft der Tochter vorstellen.
Aufgabe 3	Aussage b) trifft zu.
Aufgabe 4	Die Tochter ist die Person, die in der Erzählung und in den Gedanken der Eltern ganz im Mittelpunkt steht. Während sie genauer charakterisiert wird, erfährt man von den Eltern nur, dass sie auf ihre Tochter warten und was sie dabei denken und tun.
Aufgabe 5	Durch die Verwendung des Präteritums betont die Mutter, dass Monika jetzt kein Kind mehr ist. Nicht eindeutig zu entscheiden ist, ob die Mutter damit meint, dass sie auch heute noch lieb ist oder dass sie nicht mehr lieb ist.
Aufgabe 6	b) ist zutreffend.
Aufgabe 7	Aussage c) trifft zu, denn Monika weiß auch in ihrer eigenen Sprache nichts zu sagen (vgl. Z. 18 f.)

| Aufgabe 8 | Das Ende ist offen, da unklar bleibt, ob Monika mit dem Zug wirklich kommt, den die Mutter hört (Z. 43). Vieles im Text spricht dafür, dass die Eltern schon irgendwie damit rechnen, dass sie bald nicht mehr nach Hause kommen wird. |

Lösungen zu *Mitschüler mobbten Mädchen krank*, S. 28

Aufgabe 1	a) ist zutreffend.
Aufgabe 2	„mit Einschränkungen" ist zutreffend, da der Text zwar im Aufbau der Textsorte *Nachricht* entspricht, aber wertende Passagen enthält, da die Meinung des Dortmunder Diplom-Sozialpädagogen Michael Sch. wiedergegeben wird.
Aufgabe 3	*Informationskern* = Der Dortmunder Diplom-Sozialpädagoge Michael Sch. befürchtet eine weitere Steigerung der Gewalt an den Schulen, wenn weiter die Mittel für die Prävention gestrichen werden. *Erläuternde Details* = Beispiele für Gewalt an Schulen durch Berichte 11- und 12-Jähriger. *Ergänzende Einzelheiten* = Vergleich der Ausgangssituation Jugendlicher in Dortmund mit der in Berlin.
Aufgabe 4	Schlagzeile b) ist richtig, da der Diplom-Sozialpädagoge nicht von der Gewaltbereitschaft der Elf- und Zwölfjährigen spricht, sondern sich nur auf ihre Berichte über Gewalt an ihrer Schule bezieht.
Aufgabe 5	Es handelt sich um eine Antiklimax, da eine fallende Steigerung (vom Allgemeinen zum Besonderen) vorliegt. Es soll zum Ausdruck gebracht werden, dass in Dortmund überhaupt nicht von einer Entspannung der Situation die Rede sein kann, sondern dass man mit einem weiteren Anstieg der Gewalt rechnen muss.
Aufgabe 6	c) ist zutreffend.

34

3.2 Zweiter Prüfungsteil

Rahmenthema 1: Massenmedien
- Jugendliche als Leser und Mediennutzer
- Einfluss der Medien auf Wahrnehmung und Gestaltung von Wirklichkeit

Böll, Haus ohne Hüter

Aufgabentyp 4a

Einen literarischen Text analysieren und interpretieren

Aufgaben

1. Gib das erzählte Geschehen des folgenden Textes in eigenen Worten wieder und benenne Thematik und Textsorte.
2. Untersuche die Erzählweise des Textes und beschreibe die besonderen erzählerischen und sprachlichen Mittel.
3. Interpretiere die Bedeutung des Kinos für Martin, indem Du sie mit der für Jugendliche von heute vergleichst.

Martin im Kino (Haus ohne Hüter)   *Heinrich Böll*

Text in alter Rechtschreibung

Der Roman „Haus ohne Hüter" erzählt von zwei elfjährigen Jungen, die in der Nachkriegszeit der 1950er-Jahre ohne Väter aufwachsen. Im folgenden Ausschnitt geht einer der beiden, Martin, nach der Schule an einem Kino, dem „Atrium", vorbei. Beim Betrachten der Filmplakate entschließt er sich, einen ‚jugendfreien' Film anzusehen.

5   Er rückte noch näher zum „Atrium" hin und spürte, daß er Hunger hatte. Es gab noch eine Möglichkeit: nach Hause gehen, sich hineinschleichen und das Essen aufwärmen. Er kannte die Anweisung zum Aufwärmen schon auswendig, vom Rand der Zeitung abgerissen und hastig draufgeschmiert. Dreh den Hahn nicht zu weit auf – bleib dabei stehen – dreimal unterstrichen. Aber der Anblick des kalten Essens verdarb ihm den Appetit, das schien noch niemand zu wissen,
10 geronnenes Fett der Soßen, die angetrockneten Kartoffeln, klumpige Suppen ... [...]
(Die Filmvorstellung beginnt mit Werbefilmen.)
Er betrachtete aufmerksam eine Reklame für Schuhkreme: Zwerge rühren mit Schlittschuhen über die spiegelblanken Schuhe eines Riesen. Sie hatten Hockeyschläger in der Hand, die aber unten kein Querholz hatten, sondern eine Bürste, und die Schuhe des Riesen wurden blanker, blanker,
15 und eine Stimme sagte: Solche blanken Schuhe hätte Gulliver gehabt, hätte er *Blank* benutzt.
Er langweilte sich, auch als der Spielfilm anfing: Wein wurde getrunken, eine Messe wurde gelesen, das Tor zu dem Schloßpark wurde aufgestoßen, und ein Mann mit grünem Rock, grünem Hut, grünen Gamaschen ritt in eine Waldschneise hinein. Am Ende der Waldschneise stand die Frau in dem lila Kleid, die *jugendfreie* Frau mit der Goldborte um den Kragen herum. Der Mann sprang ab, küßte
20 die Frau, und die Frau sagte: „Ich werde für dich beten, sei auf der Hut." Noch ein Kuß, und die *jugendfreie* Frau blickte weinend dem Mann nach, der unbekümmert davonritt, Jagdhörner im Hintergrund, und der Mann mit grünem Hut, grünen Gamaschen und grünem Rock ritt durch eine zweite Waldschneise gegen den blauen Himmel an.
Martin langweilte sich: er gähnte im Dunkeln, es war ihm elend vor Hunger, und er schloß die
25 Augen und betete Vaterunser, Ave Maria, schlief ein ... [...]
Er erwachte von einem Schrei, erschrak, fand sich mühsam in der Dunkelheit zurecht, und fast hätte er selbst geschrien.

Langsam nur klärte sich das Bild vor seinen Augen: der grüne Mann wälzte sich mit einem schlecht gekleideten Mann am Boden, der Schlechtgekleidete siegte, der grüne Mann blieb liegen, und der

30 Schlechtgekleidete sprang auf das Pferd, peitschte es – oh, edles Blut –, und hohnlachend ritt der Schlechtgekleidete auf dem sich bäumenden Pferd davon.

In einer Waldkapelle kniete die *jugendfreie* Frau vor einem Muttergottesbild, als plötzlich Pferdegetrappel im Walde zu hören war. Sie rannte vor die Kapelle; kannte sie nicht das Wiehern, das Trappeln des Pferdes, *seines* Pferdes? Schon glänzte ihr Auge heftiger, kam er zurück, von der Liebe

35 getrieben? Nein, ein Schrei, ohnmächtig sank die Frau auf der Schwelle der Waldkapelle nieder, und hohnlachend ritt der Schlechtgekleidete an der Kapelle vorbei, ohne den Hut zu ziehen. Wer kroch da hilflos, wie eine Schlange sich windend über den Boden der Schneise, das Gesicht von unsagbarem Schmerz verzerrt, aber keinen Laut über die Lippen bringend? Es war der gutgekleidete Grüne. Er schleppte sich auf ein Moospolster, blickte schweratmend gegen den Himmel.

40 Und wer lief da in die Schneise hinein, flatternd das lila Kleid, tränend das Auge, aber laufend, laufend, suchend, rufend? Die Jugendfreie war's.

Der Gutgekleidete hörte sie. Wieder Waldkapelle, Hand in Hand stiegen die beiden die Treppe hinauf, der Gutgekleidete und die Frau, jetzt auch grün gekleidet. Er hatte den rechten Arm noch in der Binde, trug einen Verband um den Kopf, aber er konnte schon lächeln, schmerzlich, aber er

45 konnte es. Hut ab, Kapellentür auf, im Hintergrund wieherte das Pferd, und Vögel zwitscherten.

Leistungserwartungen

• Verstehensleistung

Zu Aufgabe 1:

Es handelt sich um einen Romanauszug, der die Einsamkeit eines Schlüsselkindes und dessen Zufluchtnahme im Kino thematisiert. Folgende Handlungselemente sind wichtig:

– Der elfjährige Martin kommt nach der Schule auf dem Weg nach Hause an einem Kino vorbei;

– er überlegt, dass er zu Hause bloß flüchtig geschriebene Zettel finden würde und wieder allein das Essen aufwärmen müsste;

– obwohl er Hunger verspürt, entschließt er sich, einen Film im Kino anzusehen;

– die Vorstellung beginnt mit Werbung, die ihn langweilt;

– auch die Handlung des Spielfilms langweilt ihn, er schläft ein;

– von einem Schrei der Hauptfigur geweckt, verfolgt Martin den Kampf der Gegenspieler, die Verletzung des Protagonisten sowie das glückliche Ende.

Zu Aufgabe 2:

Die besonderen sprachlichen und erzählerischen Mittel zur Darstellung der Handlung müssen erkannt und bestimmt werden. Das Geschehen wird ausschließlich aus der Sicht Martins erzählt, der Junge ist der alleinige Perspektivträger dieses Erzählabschnitts. Besonders deutlich wird dies dort, wo er sich die Situation zu Hause vorstellt und somit das innere Geschehen der Figur die Erzählung bestimmt. Auch die Handlung des Spielfilms wird so wiedergegeben, wie der Junge sie auffasst. Dabei stehen die sichtbaren Vorgänge des gezeigten Geschehens im Vordergrund. Die Filmfiguren werden mit ihren äußeren Erscheinungen beschrieben und auch so im Verlauf der Handlung angesprochen: „ein Mann mit grünem Rock", „eine Frau", „der Schlechtgekleidete". Die Frau wird zudem als „die jugendfreie Frau" angesprochen, was wiederum auf die Sicht Martins verweist, der ja nur ‚jugendfreie' Filme sehen darf. ‚Jugendfrei' ist die Frau vor allem deshalb, weil sie sich besonders sittsam und ‚brav' verhält. Die Zusammenhänge der Filmhandlung werden in der Sicht des Jungen nur in Umrissen erkennbar; offensichtlich kämpft der ‚grüne' Mann (vielleicht als Förster) gegen einen anderen (vielleicht einen Wilderer), wird verletzt, aber schließlich von der Frau gerettet.

Wie der Film von Martin aufgenommen wird, äußert sich gerade in dieser perspektivischen Wiedergabe. Der Film ist als jugendfrei gekennzeichnet und somit für Martin freigegeben. Über die nicht jugendfreien

Filme kann er sich nur eine sehr ungenaue Vorstellung machen; dass es aber etwas mit der Darstellung der Frauen und ihren Beziehungen zu den Männern im Film zu tun haben muss, ist Martin klar. Somit zeigt das Attribut ‚jugendfrei' wiederum die Sicht des Jungen an.

Das Kino ist für Martin eine Art Zufluchtsort und Ersatz für ein Zuhause, wo er nur allein und auf sich selbst angewiesen wäre. Trotz Hunger wählt er den Weg ins Kino. Der gerade gespielte Film selbst hat für ihn kaum Bedeutung. Die gezeigte Handlung erfasst er bloß auf der Oberfläche; sie berührt ihn nicht.

Zu Aufgabe 3:

Für Jugendliche heute ist das Kino nur ein Medium neben vielen anderen. Dennoch haben Spielfilme auch für heutige Jugendliche eine große Bedeutung, selbst wenn diese nicht bloß im und durch das Kino vermittelt werden. Vor allem das Fernsehen, aber auch Video und DVD sind wichtige Medien für Jugendliche heute.

Für die meisten Jugendlichen gilt das Kino sicher nicht als eine Art Familien-Ersatz. Dennoch kann der Konsum von Filmen die Bedeutung des Rückzugs aus der Umgebung oder auch aus der Gesellschaft haben. Wer die reale Umwelt als belastend, beängstigend oder auch als langweilig erlebt, kann Zuflucht suchen in den fiktiven Welten des Films oder auch anderer Medien.

- **Argumentationsleistung**

  Die Textbeschreibung sollte von einer Beurteilung oder eigenen Stellungnahme getrennt werden und möglichst sachbezogen die Textgestaltung beschreiben. Aussagen über diese Textgestaltung (z. B. über sprachliche und poetische Mittel) sollten mit Belegen (Zitate, Nennung von Textstellen, paraphrasierende Wiedergabe) gestützt und abgesichert werden.

  Interpretationen sollten widerspruchsfrei und schlüssig entwickelt und dargestellt werden. Alle interpretierenden Aussagen sollten begründet werden.

- **Darstellungsleistung**

  Titel, Thematik und Textsorte sollten in einem einleitenden „Basissatz" genannt werden. Als Thematik ist der Rückzug eines Schlüsselkindes in das Kino anzugeben. Geschehen und Handlung sollten in eigenen Worten wiedergegeben werden. Dabei sollte sich die Wiedergabe nicht zu eng an Aufbau und Wortlaut der Vorlage orientieren.

  Die Darstellung sollte in einer sachlichen, allgemein verständlichen Sprache sowie im Rückgriff auf entsprechende Fachbegriffe formuliert sein. Dabei sind die Regelungen in Rechtschreibung, Zeichensetzung und Grammatik zu beachten.

Rahmenthema 1: Massenmedien
- Einfluss der Medien auf Wahrnehmung und Gestaltung von Wirklichkeit

Bachmann, Reklame

Aufgabentyp 4a

Einen literarischen Text analysieren und interpretieren

Aufgabe

In dem folgenden Gedicht aus dem Jahr 1956 wird die Wirkung der Werbung auf die Menschen thematisiert. Untersuche und erläutere die Art der Darstellung mit ihren besonderen sprachlichen Mitteln und erörtere, inwiefern diese Darstellung aktuell ist.

Reklame *Ingeborg Bachmann*

Wohin aber gehen wir
ohne sorge sei ohne sorge
wenn es dunkel und wenn es kalt wird
sei ohne sorge
5 aber
mit musik
was sollen wir tun
heiter und mit musik
und denken
10 *heiter*
angesichts eines Endes
mit musik
und wohin tragen wir
am besten
15 unsre Fragen und den Schauer aller Jahre
in die Traumwäscherei ohne sorge sei ohne sorge
was aber geschieht
am besten
wenn Todesstille
20 eintritt

Leistungserwartungen

- **Verstehensleistung**

  Die Sprache des Gedichts ist einfach und nähert sich dem Sprechen im Alltag an. Die Verse sind in freien Rhythmen ohne regelmäßige Betonungen und ohne Endreime gestaltet.

  Auffallend ist vor allem die optische und grafische Zweiteilung des Gedichts. Während die Verse 1, 3, 5, 7, 9, 11, 13, 15, 17, 19 und 20 in Grundschrift gesetzt sind, stehen die übrigen Verse in Kursiv-Schrift. Damit werden verschiedene Stimmen, die abwechselnd zu lesen sind, gegenübergestellt. Die kursiv gesetzten Verse geben die Botschaften der Werbung (‚Reklame') wieder, die anderen Verse formulieren Fragen von grundsätzlicher Bedeutung für die Menschen. Diese existenziellen Fragen werden von der Stimme der Werbung unterbrochen oder auch begleitet.

  Während das lyrische ‚Wir' etwa nach der Zukunft fragt, die ungewiss scheint, will die Stimme der Reklame beruhigen und beschwichtigen. Der Vers „wenn es dunkel und wenn es kalt wird" weist auf ein mögliches Ende des Lebens hin und spricht damit die grundsätzlichen und ernsten Fragen der menschlichen Existenz an. Die Gegenrede, dass man „ohne Sorge" sein könne, wird nicht weiter begründet, die Aussage wird bloß mehrfach wiederholt.

In dieser Weise werden auch die anderen Fragen des „Wir" behandelt. Die ernsten Fragen nach dem Ende der menschlichen Existenz und dem, was danach kommen könnte, werden mit „heiter und mit musik" oder „in die Traumwäscherei ohne sorge sei ohne sorge" beantwortet. Dass damit keine wirklichen Antworten auf die Fragen gegeben werden, ist für die Leser unmittelbar ersichtlich.

Die Werbung geht nur insofern auf die Stimme des ‚Wir' ein, als sie in den Fragen die Sorge erkennt, die zu diesen Fragen führt. Der Sorge werden Heiterkeit, eine immer tönende Musik sowie eine „Traumwäscherei" angeboten. Mit dieser Metapher wird die Wirkung der sich immer wiederholenden Beschwichtigungen der Werbung deutlich gemacht. Die Träume der Menschen werden gereinigt, die in ihnen lebenden Sorgen, Ängste sowie Hoffnungen auf eine wirkliche Antwort auf die ernsten Fragen werden weggewaschen.

- **Argumentationsleistung**

Die Textbeschreibung sollte von einer Beurteilung oder eigenen Stellungnahme getrennt werden und möglichst sachbezogen die Textgestaltung beschreiben. Aussagen über diese Textgestaltung (z. B. über sprachliche und poetische Mittel) sollten mit Belegen (Zitate, Nennung von Textstellen, paraphrasierende Wiedergabe) gestützt und abgesichert werden.

Interpretationen sollten widerspruchsfrei und schlüssig entwickelt und dargestellt werden. Alle interpretierenden Aussagen sollten begründet werden.

- **Darstellungsleistung**

In einer passenden Einleitung sollte das Gedicht mit Autorin, Titel und Thema angesprochen werden. Als Thema sind die Strategien von Werbebotschaften im Verhältnis zu den ernsten Fragen der Menschen anzugeben.

Die Darstellung sollte in einer sachlichen, allgemein verständlichen Sprache sowie im Rückgriff auf entsprechende Fachbegriffe (z. B. Metapher) formuliert sein. Dabei sind die Regelungen in Rechtschreibung, Zeichensetzung und Grammatik zu beachten.

Rahmenthema 1: Massenmedien
- Jugendliche als Leser und Mediennutzer
- Einfluss der Medien auf Wahrnehmung und Gestaltung von
  Wirklichkeit

Karrierekiller Internet

Aufgabentyp 4a

Einen Sachtext analysieren und interpretieren

Aufgabe

1 Analysiere den Text. Weise dabei nach, wie der Autor zu der Präsentation persönlicher Daten in einem
Online-Netzwerk steht. Achte dabei auch auf die sprachliche Gestaltung des Artikels.

2 Nimm zu der Position des Autors unter Einbezug deiner Vorkenntnisse zu diesem Thema kurz Stellung.
Beschränke dich dabei auf zwei Argumente.

Karrierekiller Internet. Wie man verhindert, dass Online-Präsenz zum Bumerang wird
Jan Henrik Thiemann

Der eigene Beliebtheitsgrad lässt sich heute leicht bestimmen – ob anhand der Länge der myS-
pace-Liste oder der Zahl der Geburtstagsgratulanten auf der Community-Pinnwand. Viel Traffic
erntet, wer viel von sich preisgibt. Doch Vorsicht: Gespeicherte Daten können noch nach Jahren
zum Bumerang werden.

5 Rund jeder fünfte Deutsche präsentiert sich nach Angaben des IT-Branchenverbandes BITKOM
bereits aktiv im Internet, etwa in einem der vielen Online-Netzwerke. So auch Severin Hämmerl.
Der Abiturient aus dem Bergischen Land ist gleich bei drei Portalen – MySpace, Facebook und
SchülerVZ – mit einem eigenen Profil vertreten. „Ich finde das eigentlich sehr praktisch", sagt er.
„Man ist immer auf dem neuesten Stand und bleibt in Kontakt." Der 19-Jährige hat die Online-
10 Netzwerke in seinem Austauschjahr in North-Carolina kennen und schätzen gelernt. In seinem
Abiturjahrgang haben rund ein Viertel seiner Mitschüler ein Profil im Netz.
Spätestens, wer sich einmal selbst googelt, merkt, dass das Internet viel mehr Informationen zu
bieten hat als Kochrezepte oder den aktuellen Wetterbericht. So fand der ehemalige New Yorker
Bürgermeister Rudolph Giuliani zum Beispiel über das Internet heraus, dass seine 17-jährige
15 Tochter in einer Online-Gruppe den Wahlkampf des politischen Gegners unterstützte. Wesentlich
problematischer kann der Internet-Ruf allerdings werden, wenn es auf Jobsuche geht – von der
Stelle als studentische Hilfskraft bis zur Bewerbung als Nachwuchsführungskraft.
Oft durchforsten Personalchefs parallel zu jeder Bewerbungsmappe auch das Netz nach Informationen. In einer Umfrage für das Magazin Wirtschaftswoche hat der Bundesverband deutscher
20 Unternehmensberater BDU e.V. in den vergangen beiden Jahren rund 300 Personalberater befragt.
Das Ergebnis – rund 34 Prozent der Personaler nutzen das Internet, um die Lebensläufe poten-
zieller Kandidaten auf Schwachstellen zu überprüfen. Dazu gaben 57 Prozent der Befragten an,
bereits einen Kandidaten aufgrund von Internetrecherchen aus dem Auswahlprozess ausgeschlossen zu haben. Natürlich ist die Internetrecherche nur ein Baustein des Puzzles, das sich bei einer
25 Bewerbung ergibt, aber dennoch rät BDU-Sprecher Klaus Reiners: „Das Internet vergisst nichts.
Das sollte man auch schon in jungen Jahren bei jedem Spaß bedenken, den man ins Netz stellen
möchte."
Severin Hämmerl ist bereits vorsichtig und schreibt, wo es geht, unter Pseudonym. „Außerdem
tippe ich nichts, was mir peinlich sein könnte." Er bemerkt aber auch, dass nicht alle Gleichalt-
30 rigen so umsichtig surfen. Ein Test des Autors bestätigt diese Einschätzung: Ein kurzer Klick auf
die SchülerVZ-Seite von Jan T. identifiziert ihn als Mitglied der Forengruppe „Ich hab Ecstasy

genommen – Ich seh rosa Elefanten". Ob das ein späterer Chef so witzig findet, sei dahingestellt. Christofer S. – einen Klick entfernt – sorgt für klare Verhältnisse: Der Schüler der 10. Klasse präsentiert sich schon in seinem Profilbild mit Bierpulle. Christiane G. aus dem Rheinland hat zwar

35 ihre persönlichen Daten geschützt, präsentiert sich dafür in ihrem Fotoalbum durchaus offenherzig. Zu sehen sind Bilder, mit denen sie bei einer Bewerbung bei einem seriösen Unternehmen durchaus anecken könnte.

Eine unbedachte Äußerung in einem Forum, ein schlechter Online-Scherz oder peinliche Bilder können auch noch nach Jahren zum Bumerang bei der Jobsuche werden. Zudem hat sich eine

40 Flut von Webseiten im Netz aufgetan, mit der man wie etwa unter stalkerati.de, zoominfo.com oder yasni.de gezielt nach den Spuren von Personen im Netz suchen kann. BDU-Sprecher Klaus Reiners rät, neben umsichtigem Surfen den Spieß einfach umzudrehen, und sich die positiven Seiten des Internets zu Nutzen zu machen. Ein gut gepflegtes Profil, eine eigene Homepage oder ein Weblog verraten nur das, was man verraten möchte, und rücken andere Jugendsünden in der

45 Suchliste dahin, wo sie hingehören – weit in den Hintergrund.

Website der Zeitschrift Unicum Abi, Dezember 2007

Leistungserwartungen

• Verstehensleistung

Im Artikel „Karrierekiller Internet", der auf der Website der Zeitschrift „Unicum Abi" im Dezember 2007 erschien, warnt der Autor Jan Henrik Thiemann davor, persönliche Daten im Internet zu veröffentlichen. Diese Position wird bereits in Titel und Untertitel des Beitrags deutlich. Die Adressaten des Artikels sind Studenten und Schüler.

Der Autor hat seinen Text folgendermaßen aufgebaut:

In einer knappen Einleitung werden die beiden Seiten einer persönlichen Internetpräsenz in einem der bekannten Netzwerke angerissen: hoher Bekanntheitsgrad unter Jugendlichen, die in einem Netzwerk eingetragen sind, auf der einen Seite und die Gefahr, dass die veröffentlichten persönlichen Daten in fremde Hände geraten, auf der anderen Seite (Z. 1 – 4).

Im Anschluss daran werden zunächst Aspekte aufgezeigt, die die Netzwerke in einem positiven Licht darstellen. Der Leser wird über die Nutzung der Netzwerke informiert: Mehr als jeder fünfte Deutsche veröffentliche seine persönlichen Daten im Netz; in einem beispielhaft angeführten Abiturjahrgang sei es sogar jeder vierte Schüler (Z. 5 und Z. 10 – 11). Jugendliche würden an den Netzwerken die Aktualität schätzen sowie die Möglichkeit, Kontakte zu knüpfen und aufrechtzuerhalten (Z. 8 – 9).

Dieser Einschätzung stellt Thiemann seine eigene Position gegenüber. Das Netz behalte keine Geheimnisse für sich; hier verweist Thiemann auf den ehemaligen New Yorker Bürgermeister Giuliani, der über das Internet feststellte, dass seine Tochter für die gegnerische Partei tätig war (Z. 13 – 14). Der Ruf, den eine Person im Internet hat, könne bei der Jobsuche problematisch sein (Z. 18 – 27). Diese Behauptung belegt Thiemann mit Umfrageergebnissen eines Wirtschaftsmagazins. Hiernach nutzt ein Drittel der Personalberater das Internet, um sich über persönliche Daten ihrer Bewerber zu informieren und mehr als die Hälfte gab an, eine Bewerbung aufgrund dieser Daten schon einmal zurückgewiesen zu haben. Darüber hinaus führt Thiemann ein Zitat des BDU-Sprechers K. Reiners an, der ausdrücklich davor warnt, persönliche Daten ins Netz zu stellen (Z. 25 – 27).

Thiemann zieht außerdem eine Auswahl persönlicher Äußerungen von Jugendlichen aus einschlägigen Netzwerken heran, die er selbst recherchiert hat. Darunter sind Beispiele für anstößige Privatinformationen, die seiner Meinung nach seriöse Unternehmen davon abhalten könnten, eine Bewerberin oder einen Bewerber einzustellen (Z. 30 – 37). Er verweist darauf, wie problemlos man sich in die entsprechenden Netzwerke einklicken kann.

Abschließend gibt er zu bedenken, dass es inzwischen eine Anzahl von Suchmaschinen gibt, mit deren Hilfe Interessierte gezielt nach persönlichen Daten suchen können. Um der Gefahr entgegenzuwirken, dass die unbedachte Veröffentlichung persönlicher Daten „zum Bumerang bei der Jobsuche" wird, solle man sich mit einem positiven Profil im Internet darstellen (Z. 41 – 45).

Der Autor unterstreicht seine Position mit folgenden sprachlichen und formalen Mitteln:
Der Text ist adressatengerecht geschrieben. Der Autor verwendet ein der Altersgruppe entsprechendes Vokabular, ohne dabei die sachliche Ebene des Textes zu untergraben: „Viel Traffic erntet, wer viel von sich preisgibt" (Z. 2–3), „Jobsuche" (Z. 16, 39) „Bierpulle" (Z. 34). Der Autor lässt Personen zu Wort kommen, die aus der Altersgruppe der Adressaten stammen (Z. 8–9; Z. 28–29).
Der Text besitzt ein hohes Maß an Anschaulichkeit. Äußerungen aus der Sicht von Jugendlichen und Arbeitgebern machen die Problematik der Präsentation von persönlichen Daten in Netzwerken deutlich (Z. 25–27; Z. 28–29).
Der Autor zeigt sich als Kenner des Themas. Er benennt verschiedene Netzwerke namentlich (Z. 7–8, Z. 40–41), er hat selbst recherchiert und veröffentlicht authentische Äußerungen (Z. 30–37); er kann seine Aussagen mit statistischen Daten unterstützen (Z. 5–11; Z. 19–24). Er lässt darüber hinaus Personen zu Wort kommen, die in diesem Bereich Erfahrung haben (Z. 8–9; Z. 25–27).
Der Text ist verständlich geschrieben: überschaubare Syntax, klarer Aufbau, einfaches Vokabular.

- **Argumentationsleistung**

Die persönliche Stellungnahme muss die Position des Autors noch einmal benennen. Im Anschluss daran wird die eigene Position aufgezeigt und mit weiteren Argumenten gestützt. Wenn die Position des Autors unterstützt wird, könnte ergänzend angeführt werden:
- Die Veröffentlichung privater Daten im Internet kann sich nicht nur bei der Jobsuche als schädlich erweisen, sondern auch beim Aufbau neuer Bekanntschaften, bei der Mitarbeit in Vereinen etc.
- Privatleben und Berufsleben sind zwei getrennte Bereiche. Der Arbeitgeber soll nicht alles von mir wissen.
Wenn man der Position des Autors kritisch gegenübersteht, können als weitere Argumente angeführt werden:
- Die meisten Arbeitgeber wissen, dass Menschen sich verändern und bewerten den Bewerber nicht nach früheren Verhaltensweisen.
- Die Darstellung der eigenen Person in der Öffentlichkeit ist ein allgemeingesellschaftliches Phänomen (vgl. z. B. Castingshows u. a.).

- **Darstellungsleistung**
- Die Textanalyse ist klar strukturiert, die einzelnen Aussagen sind logisch miteinander verknüpft.
- Für eine Textanalyse typische Textsortenmerkmale werden berücksichtigt: Verwendung von Fachvokabular (These, Antithese, Argument, Autor, Thema …); die indirekte Rede wird genutzt, um anzuzeigen, dass es sich nicht um die eigene Meinung handelt; Textbelege und Zitate werden funktional eingesetzt.
- Die eigene Stellungnahme wird auf die Fragestellung bezogen, ist argumentativ angelegt und in sich stimmig.
- Rechtschreibung, Zeichensetzung und Grammatik werden sicher verwendet.

Rahmenthema 1: Massenmedien
- Jugendliche als Leser und Mediennutzer

Spickmich.de

Aufgabentyp 3

Eine (ggf. auch textbasierte) Argumentation zu einem Sachverhalt erstellen

Aufgabe

An Schulen wird folgende Frage diskutiert:

Ist es gerechtfertigt, die Arbeit von Lehrerinnen und Lehrern in Internetportalen – wie z. B. Spickmich.de – öffentlich zu bewerten?

Verfasse für eure Schülerzeitung eine Stellungnahme, in der du die obenstehende Frage diskutierst. Bedenke dabei die Perspektiven aller beteiligter Personen.

In der folgenden Liste sind einige Stichpunkte zusammengestellt, die Argumente der verschiedenen Parteien widerspiegeln. Sie können dir als Grundlage für deine Stellungnahme dienen.
Achtung: Nicht alle Punkte sind geeignete Argumente für deinen Text.

1. Zerstörung des Vertrauensverhältnisses zwischen Lehrpersonen und Schülerinnen und Schülern
2. freie Meinungsäußerung
3. Beförderungsstopp für negativ bewertete Lehrer
4. Beliebtheitsgrad von Lehrerinnen und Lehrern maßgeblich (Wer gibt die besten Noten?)
5. Datenschutz
6. Texte, Tonaufnahmen, Bilder und Videos sind häufig beleidigend
7. Schülerinnen und Schüler werden ständig beurteilt
8. Zerstörung des Schulfriedens (Lehrer haben Angst vor Schülerbewertung)
9. Ablehnung gegen Internetnutzung wächst
10. Schulverweis bei negativen Äußerungen von Schülern über Mitschüler im Internet
11. fehlende objektive Bewertungsmaßstäbe
12. gutes Gefühl, Lehrpersonen auch einmal die eigene Meinung sagen zu können
13. Rache an Lehrpersonen (z. B. für schlechte Noten)
14. Möglichkeiten des Internets sollte man nutzen
15. Qualitätsbewusstsein für gute Arbeit
16. Positives und negatives Feedback

17. _____

18. _____

① Erledige folgende Vorarbeiten, bevor du deine Stellungnahme schreibst.
  a) Prüfe die Notizen unter folgenden Aspekten
    – Welche Stichpunkte sind bezüglich der strittigen Frage relevant?
    – Welche Stichpunkte sind für die Adressaten deiner Stellungnahme besonders überzeugend?
  b) Wähle die besten Argumente aus, die du für deine Stellungnahme verwenden möchtest, und begründe, warum du sie für besonders wichtig bzw. geeignet hältst. (Du kannst auch weitere Gesichtspunkte hinzufügen. Es kommt jedoch nicht auf die Anzahl der Argumente, sondern auf ihre Überzeugungskraft an.)

Nr.	Warum ist das gewählte Argument im Hinblick auf deine Stellungnahme besonders wichtig?

② Verfasse auf der Grundlage deiner Vorarbeiten eine Stellungnahme für die Schülerzeitung.

Hinweise zur Anfertigung deiner Stellungnahme:

- In der <u>Einleitung</u> erläuterst du den Sachverhalt und formulierst deine Position in Form einer These.
- Im <u>Hauptteil</u> nennst du Argumente, die deine These stützen, und entkräftest mögliche Gegenargumente. Die Anzahl der Argumente ist nicht unbedingt entscheidend. Wichtig ist, dass die Gedanken sachlich richtig und auf die strittige Frage abgestimmt sind sowie die Adressaten überzeugen. Achte darauf, die Argumente und Gegenargumente zu erläutern, sie durch Beispiele zu veranschaulichen, Widersprüche offenzulegen etc. Ordne die Argumente so, dass der Schwerpunkt deiner Stellungnahme deutlich wird.
- Im <u>Schlussteil</u> hebst du noch einmal die Argumente hervor, die für deine Position eine besondere Bedeutung haben.

Leistungserwartungen

• Inhaltliche Leistung

1. a) und b): Überprüfung der Notizen und begründete Auswahl der Argumente

Die Begründung für die Auswahl der Argumente orientiert sich

– an den Adressaten der späteren Stellungnahme (Leser der Schülerzeitung: insbesondere Schülerinnen und Schüler, Lehrpersonen, evtl. Eltern),
– an der strittigen Frage (Beurteilung von Lehrpersonen im Internet).

Folgende <u>Argumente</u> sind zur Klärung der strittigen Frage <u>grundsätzlich geeignet</u>: 1, 2, 5, 6, 7, 8, 9, 12, 13, 14, 17. Die für die eigene Stellungnahme besonders relevanten Argumente werden ausgewählt.

Im Folgenden sind die Argumente <u>schwerpunktmäßig</u> zusammengefasst, um unnötige Wiederholungen zu vermeiden.

<u>Freie Meinungsäußerung und Persönlichkeitsrechte (2,6,13)</u>
Freie Meinungsäußerung ist ein Grundrecht in einem demokratischen Staat, das auch Schülerinnen und Schülern zusteht. Freie Meinungsäußerung bedeutet, dass ich die Würde des anderen achte, fair bin und persönliche Verletzungen vermeide. Das Internetportal „Spickmich.de" versteht sich als „freie demokratische Meinungsplattform mit hohem Fairnessanspruch". (2)
Persönlichkeitsdaten, zu denen auch Beurteilungen gehören, unterliegen dem Datenschutz. Die Internetportale sind jedoch unter gewissen Bedingungen (Anmeldung, Passwort etc.) öffentlich zugänglich. Damit kann jeder die Beurteilung von Lehrpersonen im Internet nachlesen (auch Vorgesetzte, Freunde, Bekannte und Nachbarn). (6)
Mündige Bürger können ihre Meinung öffentlich vertreten. Schülerinnen und Schüler sollten lernen, ihre Meinung öffentlich zu äußern und sich nicht hinter Dritten (in diesem Fall: Internetportalen) zu verstecken. Weiterentwicklung von gutem Unterricht kann nur im gemeinsamen <u>offenen</u> Gespräch stattfinden. (13)
Problem: Lehrpersonen, die eine konstruktive Auswertung des Unterrichts verweigern und zu keinem Gespräch bereit sind.

<u>Vertrauensverhältnis (1, 7, 9,14, 17)</u>
Die Bewertung erfolgt ohne Kenntnis der Betroffenen, dadurch entsteht Misstrauen. Lehrer könnten sich hintergangen und persönlich beleidigt fühlen. Texte und Bilder können eine Persönlichkeitsverletzung darstellen (Beispiel: Mitschnitte aus dem Unterricht ohne Kenntnis der Lehrpersonen). (1,7)
Lehrpersonen werden nicht nur negativ bewertet, sondern auch positiv. Negativ bewertete Lehrerinnen und Lehrer sind insgesamt gesehen eher eine Ausnahme. Ein positives Feedback kann das Verhältnis zwischen Lernenden und Lehrenden grundlegend verbessern. (17)
Die Schulgemeinschaft, in der sich Lehrpersonen, Eltern, Schülerinnen und Schüler gemeinsam für die Qualität ihrer Schule einsetzen, kann Schaden nehmen. Lehrer sind evtl. nicht mehr mit Schülerinnen und Schülern solidarisch. (9)
Schüler und Lehrer sind grundsätzlich an einer vertrauensvollen konstruktiven Arbeit miteinander interessiert (vgl. zusätzliche Lernangebote, Arbeitsgemeinschaften, Klassenfahrten, Schulfeste etc.). Dementsprechend sind Schülerinnen und Schüler, die sich mit einer negativen Bewertung rächen wollen, die Ausnahme. (14)

<u>Bewertungsmaßstäbe (5, 8,12)</u>
Schülerinnen und Schüler verfügen als Betroffene zwar nicht über professionelle, aber über intuitive Bewertungsmaßstäbe für schulische Arbeit. Die Entwicklung von Kriterien und der Umgang damit können im gemeinsamen Gespräch zwischen Lehrpersonen und Schülerinnen und Schülern erarbeitet und erprobt werden. Die Bewertung muss sich auf die Qualität der Arbeit und nicht auf die Person konzentrieren. Bewertungsmaßstäbe können u.a. sein: Wertschätzung von Schülerinnen und Schülern, Unterrichtsqualität, Transparenz bei der Leistungsbewertung, Engagement in der Schule. (12)
Die meisten Schülerinnen und Schüler sind in der Lage, zwischen persönlicher Sympathie und Unterrichtsqualität zu unterscheiden, d.h. auch zwischen Person und Sache. (5)
Schülerinnen und Schüler werden kontinuierlich von Lehrpersonen bewertet. Die Bewertung bezieht sich sowohl auf ihre fachliche und methodische Kompetenz (sonstige Mitarbeit, Klassenarbeiten, Klausuren, Zeugnisse), als auch auf ihr Sozialverhalten (z. B. sogenannte Kopfnoten). Der Unterricht muss dementsprechend den bestmöglichen Erwerb dieser Kompetenzen ermöglichen (= Kriterium für die Beurteilung von Lehrpersonen). (8)

Folgende <u>Argumente</u> sind zur Klärung der strittigen Frage <u>eher ungeeignet</u>: 4, 10, 11, 16

2. Stellungnahme für die Schülerzeitung

Die Stellungnahme muss ein klares Argumentationsziel haben, d. h. die strittige Frage „Ist es gerechtfertigt, die Arbeit von Lehrerinnen und Lehrern in Internetportalen – wie z. B. Spickmich.de – öffentlich zu bewerten?" muss aus der Sicht des Verfassers beantwortet werden. Dafür muss sowohl die Perspektive der Schülerinnen und Schüler als auch die Perspektive der Lehrenden berücksichtigt werden.

Die Stellungnahme muss der geforderten Textsorte gerecht werden (Beitrag für die Schülerzeitung) und auf den Adressatenkreis abgestimmt sein (Leser der Schülerzeitung: insbes. Schülerinnen und Schüler, Lehrpersonen, evtl. Eltern). Der Sachverhalt muss richtig dargestellt sein, die Argumente müssen direkt auf den Sachverhalt bezogen werden können (Dieser Bezug ist bei den Argumenten 4, 10, 11, 16 gar nicht oder nur sehr schwer herstellbar.) Die Argumentation muss widerspruchsfrei sein.

Die Stellungnahme besteht aus <u>Einleitung, Hauptteil und Schluss</u>.

- In der <u>Einleitung</u> werden der strittige Sachverhalt genannt und kurz erläutert (Beurteilung von Lehrpersonen im Internet) und Thesen dazu entwickelt. Aufhänger könnten sein: Verweis auf das Internetportal „Spickmich.de", Gerichtsurteile zur öffentlichen Bewertung von Lehrerleistungen etc.)
- Im <u>Hauptteil</u> werden Argumente für die eigene Position angeführt. Diese werden durch Erläuterungen, Beispiele etc. angereichert und bezogen auf die o. g. Adressatengruppen formuliert. Mögliche Einwände der Gegenposition werden berücksichtigt. Die Argumente werden mit Blick auf den Adressatenkreis angeordnet und gewichtet (z. B.: Das für den Verfasser wichtigste Argument wird am Schluss erwähnt).
- Der <u>Schlussteil</u> muss logisch aus der Argumentation hervorgehen. Hier werden noch einmal die für die eigene Position wichtigsten Argumente mit Blick auf den Adressatenkreis hervorgehoben.

- **Darstellungsleistung**

Erwartet werden:
- eine in sich geschlossene, gedanklich klare Stellungnahme,
- eine argumentierende Schreibweise:
    - → Verwendung von Fachvokabular: z. B. *These, Argument, Beispiel*
    - → Kennzeichnung des Argumentationsgangs durch Formulierungen, die z. B. folgende Absichten deutlich machen: gegenüberstellen, einschränken, abwägen, zurückweisen, Schlussfolgerungen ziehen etc. *(vergleicht man, im Gegensatz dazu, einschränkend muss man, zur Veranschaulichung, zusammenfassend kann man sagen, daraus lässt sich die Schlussfolgerung ziehen …)*
- einen korrekten variablen Satzbau, der durch angemessene Komplexität (Satzreihe und Satzgefüge) und sinnvolle sprachlich Verknüpfungen zur Verdeutlichung des Gedankengangs gekennzeichnet ist *(als nächstes, daran anknüpfend, außerdem, weiterhin, zusammenfassend …)*,
- eine präzise und differenzierte Sprache, die der Textsorte (Stellungnahme in einer Schülerzeitung) entspricht und auf den Adressatenkreis (Mitschüler, aber auch Lehrpersonen und Eltern) zugeschnitten ist,
- die sichere Verwendung von Rechtschreibung, Zeichensetzung und Grammatik.

Rahmenthema 2: Recht und Gerechtigkeit
- Recht und Gerechtigkeit im Alltag Jugendlicher

Mit härteren Strafen gegen Jugendgewalt

Aufgabentyp 4a

Einen Sachtext analysieren

Aufgabe

1 Analysiere den Text. Gehe dabei folgendermaßen vor:
- Verfasse eine Einleitung.
- Erarbeite die inhaltliche Argumentation der Autorinnen.
- Untersuche, mithilfe welcher formalen und sprachlichen Mittel die Autorinnen ihre Ansicht verdeutlichen (Aufbau der Argumentation, Stützung der Position durch Fakten, Untersuchungen und Aussagen anderer Personen, Veranschaulichung durch Beispiele, Wortwahl, Gebrauch von Schlüsselwörtern). Stelle dabei unbedingt eine Verbindung zwischen dem Sprachgebrauch und der inhaltlichen Aussageabsicht her.

2 „Kann man Jugendkriminalität mit härteren Strafen bekämpfen?" Verfasse einen Online-Kommentar, in dem du zu der Position der Autorinnen begründet Stellung beziehst. Beschränke dich auf zwei Aspekte, die dir besonders wichtig sind. Achte darauf, dass in deinem Kommentar der Bezug zum Ausgangstext deutlich wird.

Mit härteren Strafen gegen Jugendgewalt[1] *Carola Beck und Britta Pawlak*

Ein brutaler Überfall auf einen Rentner in der Münchner U-Bahn hat die Diskussion über den Umgang mit gewalttätigen Jugendlichen wieder in Gang gebracht. Besonders ausländische Straftäter sind ins Visier geraten. Härtere Strafen, „Warnarrest", Abschiebung ausländischer Straftäter und Erziehungscamps fordern Politiker der CDU und CSU. Lassen sich so Gewalttaten verhindern, oder liegen die Probleme ganz
5 *woanders? Wie kann Jugendkriminalität bekämpft werden?*

[...] Aus der relativ kleinen Gruppe der jungen Ausländer verüben unverhältnismäßig viele Gewalttaten. Als „Zuwandererproblem" ist die Gewalt durch Jugendliche aber nicht zu lösen. „Jugendkriminalität ist kein Ausländer – sondern ein Unterschichtproblem", schrieb das Wochenmagazin „Die Zeit" im Januar 2008.

10 Nach dem Bericht „Entwicklung der Gewaltkriminalität junger Menschen" der Innenministerkonferenz vom Dezember 2007 ist die Jugendkriminalität in Deutschland insgesamt sogar zurückgegangen. Die Zahl an brutalen Gewalttaten durch junge Menschen gibt allerdings keinen Anlass zur Entwarnung. Bei Jugendgewalt ist wohl kaum die nationale Herkunft ausschlaggebend, sondern vielmehr die Stellung in der Gesellschaft: Elternhaus, soziale Kontakte, wie sehr ein junger Mensch
15 gefördert, respektiert und wahrgenommen wird, wieviel Halt er findet und welche Möglichkeiten er hat, eine Ausbildung anzufangen oder einen Beruf auszuüben – all das ist entscheidend für seine persönliche Entwicklung.

Das Einkommen der Eltern hat auf die Chancen ihrer Kinder dabei einen starken Einfluss. Schon Vernor Muñoz, Sonderberichterstatter der Vereinten Nationen, hat im März 2007 die ungleichen
20 Möglichkeiten im deutschen Bildungssystem kritisiert. Die Zahl der Straftaten durch Ausländer weist also auch auf die gesellschaftlichen Missstände und die Perspektivlosigkeit vieler junger Menschen aus Einwanderer-Familien hin. Oft werden diejenigen gewalttätig, die in rauen Verhältnissen aufgewachsen sind, eine schwere Kindheit hatten und selbst geschlagen und misshandelt wurden. [...]
25 Ungeachtet dieser Probleme und Hintergründe setzen manche Politiker allein auf Härte. [...] Der Vorsitzende des Deutschen Richterbundes, Christoph Frank, hält die Formel „härtere Strafen gleich

höhere Abschreckung gleich weniger Straftaten" dagegen für schlicht falsch. Vielmehr bestehe in den Städten und Kommunen durch die Sparmaßnahmen ein Mangel an Hilfestellungen für straffällig gewordene Jugendliche, in ein normales Leben zu finden.

30 Auch Erziehungscamps sind zum Thema der Diskussion geworden. Hier sollen schwer erziehbare und schwer straffällig gewordene Jugendliche wieder Perspektiven finden. Unter dem Namen „Jugendhilfeeinrichtung" gibt es in Deutschland zum Beispiel das Erziehungscamp „Durchboxen" von Lothar Kannenberg in Kassel. Einige jugendliche Straftäter können entscheiden, ob sie einen Platz im Erziehungscamp haben wollen. Das Camp setzt auf Disziplin und Regeln und

35 will die Selbstwahrnehmung der Straftäter schulen. In den USA gibt es seit den 80er Jahren so genannte „Boot-Camps"[2]. Hier werden Jugendliche mit harter Hand gedrillt. Das Konzept der Camps ist angelehnt an die brutale Militärschule der US-Marines[3]: Der Wille soll – nicht selten mit Demütigungen, seelischen und körperlichen Misshandlungen – gebrochen werden, um ihn dann „wieder aufzubauen". Einige Jugendliche haben das Boot-Camp nicht überlebt – seit 1990

40 sind 10 Todesfälle dokumentiert. Die verantwortlichen Wächter wurden angeklagt und vor Gericht gestellt – trotzdem gibt es nach Berichten immer wieder Vergewaltigungen und gewalttätige Übergriffe auf die Jugendlichen. Ein solches „Erziehungscamp" verstößt gegen die Menschenrechte. Die meisten Menschen halten diese Camps absolut für den falschen Weg, jugendliche Straftäter zu erziehen und ins normale Leben zurück zu führen. Es ist sehr fraglich, ob Brutalität wiederum

45 durch Brutalität bekämpft werden kann und eine Abkehr von der Gewalt bewirkt. Experten sind überzeugt, dass auf diese Weise eher das Gegenteil erreicht wird.

Damit die Jugendlichen wieder eine Perspektive haben sowie ein Verständnis für Moral entwickeln, brauchen sie neben festen Regeln auch gute Vorbilder sowie Halt, Zuspruch und seelische Betreuung.

50 *1 Helles Köpfchen. Die Suchmaschine für Kinder und Jugendliche – www.helles-koepfchen.de/artikel/2452.html 28.12.08*

2 Trainingslager für Rekruten, die dort eine Grundausbildung erhalten, oder Camps zur Erziehung von Straffälligen oder Jugendlichen.

3 US-Marines: Marinesoldaten in den USA; bekannt ist die besonders harte Ausbildung dieser Soldaten.

Leistungserwartungen

• Verstehensleistung

Verfasse eine Einleitung (Autor, Titel, Erscheinungsjahr, Textsorte, Thema, These, Anlass für den Text, Adressaten).

Bei der Textvorlage „Mit härteren Strafen gegen Jugendgewalt" handelt es sich um einen Kommentar von Carola Beck und Britta Pawlak. Er wurde 2008 auf dem Online-Portal „Helles Köpfchen. Die Suchmaschine für Kinder und Jugendliche" veröffentlicht. Die Autorinnen gehen der Frage nach, ob die Gewalttätigkeit Jugendlicher durch schärfere Strafen eingedämmt werden kann. Die Autorinnen vertreten die These, dass eine Verschärfung des Jugendstrafrechts Jugendgewalt nicht reduzieren kann. Anlass für den Kommentar ist der brutale Überfall zweier Jugendlicher auf einen Rentner in der Münchner U-Bahn im Januar 2008. Adressaten sind Jugendliche, die sich für dieses Thema interessieren.

Erarbeite die inhaltliche Argumentation der Autorinnen.

Die Autorinnen schildern einleitend, dass nach dem Überfall zweier Jugendlicher in der Münchner U-Bahn der Ruf nach härteren Strafen gegenüber gewalttätigen Jugendlichen in der Gesellschaft wieder laut geworden ist. Dabei richtet sich das besondere Augenmerk auf Jugendliche ausländischer Herkunft. Die Autorinnen werfen die Frage auf, ob sich jugendliche Gewalttäter durch härtere Strafen abschrecken lassen.

Zunächst setzen sich die Autorinnen mit Positionen der Befürworter einer Strafverschärfung auseinander:
– Die Autorinnen stellen fest, dass die Jugendkriminalität in Deutschland laut einer Studie des Innenministeriums von 2007 insgesamt rückläufig ist. Sie bestätigen den prozentual hohen Anteil an ausländischen jugendlichen Gewalttätern. Zugleich stellen sie jedoch die Behauptung auf, dass Jugendgewalt „kein Ausländer-, sondern ein Unterschichtproblem" sei.

– Als Ursachen für die Jugendkriminalität führen sie die soziale Herkunft und das Lebensumfeld, das niedrige Einkommensniveau der Familien sowie die „Perspektivlosigkeit vieler Jugendlicher in der gegenwärtigen Gesellschaft" an. Ausdrücklich lehnen sie die Behauptung ab, dass die nationale Herkunft ausschlaggebend für die Gewalttätigkeit der Jugendlichen sei.

Zur Unterstützung ihrer Position führen die Autorinnen folgende Argumente an:
– Die Autorinnen berufen sich auf den Vorsitzenden des Deutschen Richterbundes: Öffentliche Wiedereingliederungsmaßnahmen straffällig gewordener Jugendlicher seien sinnvoller als eine Strafverschärfung. Die Gemeinden investierten hier zu wenig Geld.
– Erziehungscamps für jugendliche Straftäter, als ein Beispiel für eine schärfere Reaktion auf Gewalt, würden versuchen, mit Brutalität eine Abkehr von der Gewalt zu bewirken. Dieser Erziehungsansatz verstößt nach Meinung der Autorinnen gegen die Menschenwürde, da psychische und physische Verletzungen nicht selten seien. Die Autorinnen vertreten die Ansicht, Gewalt könne nicht mit Gewalt bekämpft werden. Mit dieser Ansicht sehen sie sich im Einklang mit Experten.

Die Autorinnen führen abschließend aus, dass härtere Strafmaßnahmen die Jugendgewalt nicht eindämmen können. Die straffällig gewordenen Jugendlichen benötigten vielmehr eine klare Orientierung durch Regeln, Vorbilder und entsprechende Unterstützung, damit sie selbst eine Lebensperspektive entwickeln und ein Rechtsverständnis aufbauen können.

Untersuche, mithilfe welcher formalen und sprachlichen Mittel die Autorinnen ihre Ansicht verdeutlichen.
– Die Autorinnen greifen zu Beginn die Argumente der Befürworter einer Strafrechtsverschärfung auf, bevor sie eigene Argumente dagegenstellen.
– Die Autorinnen berufen sich auf Autoritäten („Die Zeit", Innenministerkonferenz, Sonderberichterstatter der Vereinten Nationen etc.), um ihre persönliche Meinung zu untermauern und zu zeigen, dass sie sich intensiv mit dem Thema beschäftigt haben.
– Die Autorinnen greifen Beispiele auf, um ihre Sicht zu veranschaulichen (Bootcamps in den USA).
– Die Autorinnen verwenden positiv besetzte Begriffe wie „Menschenrechte, Respekt, Perspektive, Halt, Förderung, Zuspruch" etc., um den Stellenwert der Menschenwürde beim Umgang mit jugendlichen Straftätern hervorzuheben.
– Die Autorinnen erzeugen Mitgefühl für die jugendlichen Straftäter, in dem sie auf „gesellschaftliche Missstände, raue Verhältnisse, eine schwere Kindheit" etc. verweisen.

„Kann man Jugendkriminalität mit härteren Strafen bekämpfen?" Verfasse einen Online-Kommentar, in dem du zu der Position der Autorinnen begründet Stellung beziehst. Beschränke dich auf zwei Aspekte, die dir besonders wichtig sind. Achte darauf, dass in deinem Kommentar der Bezug zum Ausgangstext deutlich wird.
Der Kommentar enthält im Hinblick auf die aufgeworfene Frage eine klare Position.
Der Kommentar stellt einen direkten Bezug zum Ausgangstext her.
Der Kommentar konzentriert sich auf zwei Aspekte, die in dem Ausgangstext angesprochen werden.
Die eigenen Argumente werden detailliert und begründet entfaltet.

• **Darstellungsleistung**
Erwartet werden:
– eine in sich schlüssige Textstruktur (Einleitung, Hauptteil, Schluss)
– eine angemessene Arbeit mit Zitaten und Textbelegen
– die Verwendung eines für die Analyse von Sachtexten angemessenen Vokabulars (z. B. *These, Argument, Beispiel* etc.)
– ein sprachlich richtiger und abwechslungsreicher Satzbau, der die Verknüpfung einzelner Aussagen deutlich macht
– adressatenorientiertes Schreiben

Rahmenthema 2: Recht und Gerechtigkeit
• Recht und Gerechtigkeit im Einklang?

Von der Grün, Kinder sind immer Erben

Aufgabentyp 4a

Einen literarischen Text analysieren und interpretieren

Aufgabe

Analysiere den vorliegenden Text „Kinder sind immer Erben". Gehe dabei folgendermaßen vor:

1. Formuliere eine Einleitung. Benenne dabei Thematik und Textsorte und gib das erzählte Geschehen in eigenen Worten wieder.

2. Erläutere und erkläre die verschiedenen Sichtweisen und Beweggründe des Ich-Erzählers und seiner Frau. Beziehe dabei die Erzählweise des Textes mit ein.

3. Nimm zu dem erzählten Verhalten des Ich-Erzählers und seiner Frau Stellung.

Kinder sind immer Erben   *Max von der Grün*

Bisher glaubte ich, Mörder müsse man an ihren Händen erkennen, Massenmörder an ihren Augen. Ich weiß nicht, warum ich das glaubte, wahrscheinlich hatte sich aus den Kindertagen diese Annahme in mir festgesetzt.

Mein Nachbar hatte die schönsten Augen, die ich je sah, und meine Frau, die gern in Bildern
5 spricht, nannte seine Augen weinende Aquamarine; seine Hände waren so schmal und wohlgepflegt, daß sie behüteten Frauenhänden glichen.

Dann wurde mein Nachbar verhaftet. Meine Frau und ich sahen an einem Sonntagvormittag zwei grüne Autos vorfahren, Uniformierte und Zivilisten führten meinen Nachbarn aus dem Haus in einen der grünen Wagen. Das ganze Stadtviertel wußte am Abend davon.

10 Am Montag darauf lasen wir in der Zeitung, der Verhaftete werde beschuldigt, an der Ermordung von 200 Geiseln in einem mährischen Dorf im Jahre einundvierzig beteiligt gewesen zu sein.

Nein, sagte meine Frau. Nein! Nie! Nicht dieser Mann!

Ich wollte es auch nicht glauben. Ich war sprachlos geworden und beschimpfte stumm die Zeitungsleute als Schmutzfinken. Dieser Mann? Er und seine Frau spielten jede Woche einmal bei
15 uns Doppelkopf, wir zechten und waren fröhlich und fuhren manchmal übers Wochenende vor die Stadt in den Wald. Manchmal sprachen wir auch über Politik, und er konnte sich über alles maßlos erregen, was auch nur den geringsten Anruch von Gewalt hatte. Waren wir bei ihnen eingeladen, konnten wir uns aufmerksamere Gastgeber nicht wünschen.

Vor drei Jahren hatte sich mein Nachbar ein Auto gekauft, seitdem nahm er mich in die Stadt zur
20 Arbeit mit, morgens und abends fuhr er einen Umweg von einem Kilometer durch die belebtesten Straßen der Stadt, nur damit ich nicht der Unannehmlichkeit ausgesetzt war, mit der Straßenbahn zu fahren. Ich hätte morgens eine halbe Stunde früher aufstehen müssen, abends wäre ich eine Stunde später nach Hause gekommen.

Und dieser Mann, mit den Augen wie weinende Aquamarine, soll nun ein Massenmörder sein?
25 Aber, sagte meine Frau hilflos, er lebte doch nicht unter falsche Namen. Er lebte wie wir, er hat gearbeitet, schwer geschuftet für seine Familie. Er war doch ein herzensguter Mann. Und hast du mal gehört, wie er mit seinen Kindern sprach? Spricht so ein Mann, der so sein soll, wie jetzt in der Zeitung steht? Nein, nein, so könntest du nie mit unseren Kindern sprechen. Er vergötterte seine Kinder.

30 Eine Antwort konnte ich ihr nicht geben, ich dachte all die Tage hindurch nur an unser wöchentliches Doppelkopfspiel und an die Geiseln in dem kleinen mährischen Dorf. Frauen sollen dabei

gewesen sein und Kinder, und sie wurden von Maschinengewehren so kunstgerecht umgemäht, daß sie sofort in die lange, von ihnen selbst ausgehobene Grube fielen. Das soll die Erfindung meines Nachbarn gewesen sein, er habe damals, so hieß es, sogar einen Orden dafür bekommen.

35 Mein Gott, sagte meine Frau immer wieder, mein Gott! Die Frau, und die Kinder. Mein Gott, die Kinder! Die Kinder!

Dort in Mähren sollen auch Kinder dabei gewesen sein, sagte ich heftiger, als ich wollte.

Vielleicht lügen die Zeitungen, sagte sie später, und alles ist nur Erfindung oder eine Namensverwechslung. Er hat doch frei unter uns gelebt ... er hätte doch untertauchen können ... ja ... wie

40 so viele ... verschwinden ... daß ihn keiner findet ...

Ich sah an den Samstagen, wenn ich zu Hause war, unsere Nachbarin ihre Kinder zur Schule bringen, zum Schutz, denn die anderen Kinder unserer Straße riefen die ihren Mörderkinder.

Wir sollten sie besuchen, sagte an einem Abend meine Frau. Wir waren nicht mehr bei ihr, seit ihr Mann verhaftet ist. Bist du verrückt? Das können wir nicht. Denk an meine Stellung. Wenn

45 uns jemand sieht, dann heißt es womöglich noch, wir hätten davon gewußt, und wir werden auch vor Gericht gezerrt.

Aber, rief meine Frau, und die Tränen schossen ihr in die Augen, die Frau kann doch nichts dafür. Und dann: Die Kinder! Die Kinder!

Vielleicht hat die Frau alles gewußt! rief ich ungehalten.

50 Na und? Soll sie hingehen und ihren eigenen Mann anzeigen? Würdest du mich anzeigen? Würde ich dich anzeigen? Sag schon, so sag schon! Du stellst dir alles so leicht vor.

Mord bleibt Mord, sagte ich. Am nächsten Morgen ging ich an den Kindern des Verhafteten vorbei, als hätte ich sie nie gesehen. Sie riefen hinter mir her: Onkel Karl ... Onkel Karl ... Dann kam der Prozeß. Das Verbrechen war noch schrecklicher, als wir geglaubt hatten. Es stellte sich

55 heraus, daß die Frau, zumindest in groben Zügen, von der Vergangenheit ihres Mannes wußte. Sie konnte ihre Aussage verweigern, aber sie sagte aus. Am Ende ihrer Aussage fragte sie der Richter, warum sie all die Jahre geschwiegen habe. Sie weinte, als sie sagte: Was sollte ich tun? Was nur? Was? Er ist doch ...

Aus den Zeitungen erfuhren wir das alles, obwohl das Gerichtsgebäude nur tausend Meter von

60 unserer Wohnung entfernt lag.

So, da hast du nun die ganze Wahrheit, sagte ich zu meiner Frau nach dem Urteil, fünfzehn Jahre Zuchthaus.

Die ganze Wahrheit? fragte sie leise.

Die ganze Wahrheit! schrie ich ihr ins Gesicht.

65 Und die Kinder? fragte sie nach einer Weile, und dann: Wenn du nun dieser Mann wärst?

Ich bin aber nicht dieser Mann, verstehst du? Ich bin nicht dieser Mann! Ich bin es nicht!

Nein, du nicht. Du hast damals Glück gehabt, damals, in den Jahren.

Du bist verrückt! Glück. Wenn ich das schon höre. Man brauchte so etwas nicht zu tun, man konnte sich weigern, verstehst du? Man konnte sich weigern.

70 Weißt du das so genau? fragte sie.

Ja, das weiß ich genau!

Und hast du dich geweigert? bohrte sie weiter.

Ich war erstaunt. Ich? Mich geweigert? ... Nein ... wieso ... ich bin doch nie in die Lage gekommen ... nein ... das blieb mir erspart ... ja ... wie soll ich das sagen...

75 Ich sagte doch, du hast Glück gehabt, du bist nie in die Lage gekommen. Und du hättest dich natürlich geweigert.

Natürlich hätte ich! rief ich aufgebracht.

Sie sah mich lange an, dann sagte sie: Manchmal hast du auch Augen wie er, aber nur manchmal.

80 Sei vernünftig. Es geht hier um Wahrheit und um Gerechtigkeit. Wo kämen wir hin, wenn ...

Oder um Rache? Nicht wahr? Wird ein anderer abgeurteilt, beruhigt das euer Gewissen. Geht es nicht auch um die Kinder? Ja mein Lieber, auch um die Kinder.

Dann trug sie das Abendessen auf.

Die Kinder des Verurteilten riefen nun nicht mehr Onkel Karl hinter mir her, sie versteckten sich,
85 wenn sie mich kommen sahen, und das war schlimmer, als wenn sie gerufen hätten.

Am dritten Sonntag nach dem Urteil kam meine Frau in das Wohnzimmer, meine drei Kinder ebenfalls, und sie hatten Päckchen in den Händen, meine Frau Blumen. Ich wollte mich zu einem Mittagsschlaf hinlegen und ärgerte mich über die Störung.

Geht ihr aus? fragte ich. Wo wollt ihr so früh schon hin?
90 Hinüber, sagte sie. Zu ihr und den Kindern.

Was? Ich war bestürzt und zornig. Wenn du schon hinüber willst, dann warte, bis es Nacht ist.

Nein, sagte sie, dann sieht mich doch keiner.

Leistungserwartungen

• Verstehensleistung

Zu Aufgabe 1:

In der Kurzgeschichte „Kinder sind immer Erben" von Max von der Grün geht es um das Verhalten eines Ehepaares, dessen Nachbar als Mörder entlarvt wird. Dieser Mann ist maßgeblich an der Erschießung von zivilen Geiseln beteiligt gewesen und wird nun, einige Zeit nach dem 2. Weltkrieg, als national-sozialistischer Kriegsverbrecher angeklagt.

Der Ich-Erzähler, Karl, und seine Familie sind bis zur Verhaftung mit ihren Nachbarn eng befreundet und haben ein sehr gutes Bild von dem Mann. So können Karl und seine Frau die erhobenen Vorwürfe gegenüber ihrem Nachbarn nur schwer nachvollziehen. Vor allem die sympathische Erscheinung und das überaus freundliche und hilfsbereite Verhalten des Nachbarn stehen im Widerspruch zu dem brutalen Verhalten, das dieser bei der Tötung der Geiseln gezeigt hat. Während die Frau von Karl zunächst an der Berechtigung der Vorwürfe und der Glaubwürdigkeit der Berichte über den Nachbarn zweifelt, steht für ihren Mann schnell fest, dass man sich von dem Verhafteten und seiner Familie mit Frau und Kindern deutlich distanzieren müsse. Die kritischen Nachfragen und Argumente der Frau des Erzählers lassen dessen Haltung als (auch moralisch) fragwürdig erscheinen. Dies wird besonders deutlich, als die Frau des Erzählers auf die unschuldigen Kinder des Täters hinweist und als sie nach der Verurteilung des Mörders ihren Besuch bei der Nachbarsfamilie bewusst in aller Öffentlichkeit machen will.

Zu Aufgabe 2:

Die Erzählung entspricht in weiten Teilen einer traditionellen Kurzgeschichte mit einem dreiteiligen Aufbau (unvermittelter Beginn, Rückblicke und Gespräche der Eheleute, offenes Ende mit Pointe), einfacher Sprache und Bezug zum Alltagsleben. Die Geschichte wird von dem Ich-Erzähler Karl, Nachbar des entlarvten Mörders, erzählt. Vor allem die Sichtweise von Karl wird dabei vermittelt, aber durch die Fragen und Äußerungen der Ehefrau des Erzählers sowie ihrem erzählten Verhalten wird deren ganz eigene Perspektive deutlich. Haltung und Verhalten des Ich-Erzählers werden durch diese Kontrastierung infrage gestellt. Während sich der Erzähler durch Äußerlichkeiten und die Meinung anderer leiten lässt, beruft sich seine Frau auf ihre eigenen Eindrücke und Beobachtungen. So passt sich Karl dem Urteil über den verhafteten Nachbarn ohne Weiteres an und distanziert sich von dessen Frau und deren Kindern (wenn er etwa zuschaut, wie die Nachbarin ihre Kinder begleitet, und so tut, als kenne er die Kinder nicht). Die Frau Karls hingegen konfrontiert ihren Mann mit Fragen nach seinem eigenen Verhalten unter der Nazi-Diktatur. Dabei geht sie soweit, Ähnlichkeiten zwischen dem angeklagten Mörder und ihrem eigenen Mann zu sehen. Für den Leser werden damit die Parallelen zwischen der Haltung des Ich-Erzählers und seinem angeklagten Nachbarn erkennbar: So wie der verurteilte Nachbar Zivilisten als Geiseln gefangen und getötet hat, so nehmen der Erzähler und die anderen in der Gesellschaft die Kinder mit in Haft und lassen sie büßen für die Taten des Vaters. Gegen dieses Unrecht unter dem Schein der Gerechtigkeit wehrt sich die Frau von Karl und setzt sich mit ihrem Besuch der Familie des Mörders unter aller Augen von ihrem Mann und der Gesellschaft ab. Die Wirkung der Kurzgeschichte ergibt sich aus der beschriebenen Art und Weise des Erzählens, bei der zwei Sichtweisen gegenübergestellt und voneinander abgesetzt werden.

Zu Aufgabe 3:
Die Motive der Frau des Ich-Erzählers sind in ihrem Zweifel an der Verurteilung der Familie und vor allem der Kinder des Mörders begründet. Sie hält sich an ihre eigenen Einschätzungen und Urteile, hinterfragt kritisch die vordergründige Moral von Karl, der sich aus Angst dem Verhalten der Gesellschaft gegenüber der Frau und den Kindern des Nachbarn anpasst. Die Frau von Karl steht somit für eigenständiges Denken und Handeln, das die allgemeine (Vor-)Verurteilung und Bestrafung Unbeteiligter ablehnt und sich gegen eine ungerechte Sippenhaft der Angehörigen auch von Mördern stellt. Sie zeigt mit ihrem Besuch der Nachbarn in aller Öffentlichkeit Mut und Zivilcourage.

- **Argumentationsleistung**
Die Textbeschreibung sollte zunächst von einer Beurteilung oder eigenen Stellungnahme getrennt werden und möglichst sachbezogen die Textgestaltung beschreiben. Aussagen über diese Textgestaltung (z. B. sprachliche und erzählerische Mittel) sollten mit Belegen (Zitaten, Nennung von Textstellen, paraphrasierende Wiedergabe) gestützt und abgesichert werden.
Interpretationen sollten widerspruchsfrei und schlüssig entwickelt und dargestellt werden. Alle interpretierenden Aussagen sollten begründet werden. Bei der Stellungnahme sollten vor allem die Gegensätze im Verhalten von Karl und seiner Frau beachtet und der Mut der Anpassungsverweigerung gewürdigt werden.

- **Darstellungsleistung**
In einer passenden Einleitung sollte der Text mit Autor, Titel und Thema angesprochen werden. Als Thematik ist die Darstellung verschiedener Sichtweisen von Schuld und Verantwortung und der Umgang mit Angehörigen von Tätern zu sehen.
Geschehen und Handlung sollten in eigenen Worten wiedergegeben werden. Die Wiedergabe sollte sich nicht zu eng an Aufbau und Wortlaut der Vorlage orientieren. Die Darstellung sollte in einer sachlichen, allgemein verständlichen Sprache sowie mit entsprechenden Fachbegriffen formuliert sein. Dabei sind die Regelungen in Rechtschreibung, Zeichensetzung und Grammatik zu beachten.

Rahmenthema 2: Recht und Gerechtigkeit

• Recht und Gerechtigkeit im Einklang?

Heine, Die schlesischen Weber

Aufgabentyp 3

Eine textbasierte Argumentation zu einem Sachverhalt erstellen

Aufgabe

Die folgenden Gedichte stehen in deiner Klasse für eine Sammlung von Texten zum Thema „Recht und Gerechtigkeit" zur Auswahl. Dazu wird von den Schülerinnen und Schülern jeweils eine Laudatio (Lobrede) vorgetragen, die das jeweilige Gedicht würdigt.

Formuliere eine Stellungnahme für die Diskussion, welches Gedicht in die Sammlung aufgenommen werden soll. Gehe dabei folgendermaßen vor:

1 Wähle jeweils die stärksten der vorgetragenen Argumente für das eine oder das andere Gedicht und erläutere, warum sie dich besonders überzeugen. Ergänze sie mit weiteren Beispielen und Belegen.

2 Begründe Deine Entscheidung für das von dir gewählte Gedicht in einer Stellungnahme vor deiner Klasse, in der du auf die Thematik und die besondere Gestaltung des Gedichts eingehst und mögliche Einwände gegen deine Wahl entkräftest.

M 1

Die schlesischen Weber   *Heinrich Heine*

Im düstern Auge keine Träne,
Sie sitzen am Webstuhl und fletschen die Zähne:
„Deutschland, wir weben dein Leichentuch,
Wir weben hinein den dreifachen Fluch –
5   Wir weben, wir weben!

Ein Fluch dem Götzen, zu dem wir gebeten
In Winterskälte und Hungersnöten;
Wir haben vergebens gehofft und geharrt,
Er hat uns geäfft, gefoppt und genarrt –
10   Wir weben, wir weben!

Ein Fluch dem König, dem König der Reichen,
Den unser Elend nicht konnte erweichen,
Der den letzten Groschen von uns erpreßt
Und uns wie Hunde erschießen läßt –
15   Wir weben, wir weben!

Ein Fluch dem falschen Vaterlande,
Wo nur gedeihen Schmach und Schande,
Wo jede Blume früh geknickt,
Wo Fäulnis und Moder den Wurm erquickt –
20   Wir weben, wir weben!

Das Schiffchen fliegt, der Webstuhl kracht,
Wir weben emsig Tag und Nacht –
Altdeutschland, wir weben dein Leichentuch,
Wir weben hinein den dreifachen Fluch –
25   Wir weben, wir weben!"

M 2

Fragen eines lesenden Arbeiters   *Bertolt Brecht*
Wer baute das siebentorige Theben?
In den Büchern stehen die Namen von Königen.
Haben die Könige die Felsbrocken herbeigeschleppt?
Und das mehrmals zerstörte Babylon –
5 Wer baute es so viele Male auf ? In welchen Häusern
Des goldstrahlenden Lima wohnten die Bauleute?
Wohin gingen an dem Abend, wo die chinesische Mauer fertig war,
Die Maurer? Das große Rom
Ist voll von Triumphbögen. Über wen
10 Triumphierten die Cäsaren? Hatte das vielbesungene Byzanz
Nur Paläste für seine Bewohner? Selbst in dem sagenhaften Atlantis
Brüllten doch in der Nacht, wo das Meer es verschlang,
Die Ersaufenden nach ihren Sklaven.

Der junge Alexander eroberte Indien.
15 Er allein?
Cäsar schlug die Gallier.
Hatte er nicht wenigstens einen Koch bei sich?
Philipp von Spanien weinte, als seine Flotte
Untergegangen war. Weinte sonst niemand?
20 Friedrich der Zweite siegte im Siebenjährigen Krieg. Wer
Siegte außer ihm?

Jede Seite ein Sieg.
Wer kochte den Siegesschmaus?
Alle zehn Jahre ein großer Mann.
25 Wer bezahlte die Spesen?

So viele Berichte,
So viele Fragen.

M 3

Argumente für Heine, Die schlesischen Weber
– das Gedicht handelt vom Elend der schlesischen Weber, die 1844 einen Aufstand gegen ihre
  Ausbeutung durch die Unternehmer gemacht haben
– es wurde 1844 in einer politischen Zeitung veröffentlicht und als Flugblatt verteilt
– es wurde daraufhin in Preußen verboten
– die Weber kritisieren die Kirche und den König, dass sie sich nicht um ihre Lage kümmern
– Heinrich Heine tritt mit dem Gedicht für die Arbeiter im 19. Jahrhundert ein
– das Gedicht wurde von einigen Musikern vertont und ist daher bis heute bekannt
– das Thema des Gedichts ist bis heute aktuell

M 4

Argumente für Brecht, Fragen eines lesenden Arbeiters
- Brecht schrieb das Gedicht 1935 im Exil in Dänemark; er war dorthin vor den Nazis geflohen
- es werden bekannte historische Tatsachen angesprochen und mit Fragen verknüpft
- der Autor will die Geschichtsschreibung aus der Sicht der Herrschenden kritisieren
- das Schema von Aussage und Frage verstärkt die Absicht, die bisherige Geschichtsschreibung zu hinterfragen
- am Ende wird indirekt formuliert, dass die Geschichte neu geschrieben werden muss
- hier wird eine gerechte Geschichtsschreibung gefordert
- das Gedicht ist leicht zu verstehen, auch die angesprochenen geschichtlichen Ereignisse sind aus dem Zusammenhang verständlich

Leistungserwartungen

- **Verstehensleistung**

Zu Punkt 1:

Beide Gedichte können mit guten Begründungen gewählt werden. Dabei sind die Besonderheiten des jeweiligen Textes mit dessen Bezug zum Thema „Recht und Gerechtigkeit" angemessen zu berücksichtigen. Auswahl und Gewichtung der Argumente hängen also mit der Entscheidung für das eine oder andere Gedicht zusammen. Hier ergibt sich dann die Stärke der Argumente in Bezug auf die Darstellung des Problems ‚Recht und Gerechtigkeit' sowie auf die Art und Weise der Gestaltung, die möglichst auch Jugendliche ansprechen sollte. Insofern sind die angeführten Argumente zu ergänzen und anzureichern. Zu beachten sind auch mögliche Einwände gegen die Wahl, die man entsprechend entkräften sollte.

Beispiel „Die schlesischen Weber": Für das Gedicht von Heine spricht die deutliche Kritik an der ungerechten Behandlung von Arbeitern im 19. Jahrhundert. Diese wird vor allem in den ersten beiden Versen deutlich, in denen die Weber beschrieben werden, die noch nicht einmal eine Träne mehr weinen können. Ihre Bitten an die Obrigkeit (Kirche und König) sind nicht erhört worden.

Wenn man meint, dass das Gedicht schon veraltet sei, dann sollte man bedenken, dass es damals sehr bekannt war und auch heute immer wieder vertont und als Lied angehört wird. Zwar sind die Missstände in dieser Form zumindest hierzulande nicht mehr so gegeben, das Gedicht zeigt aber, wie die jetzt geltenden Rechte erst erkämpft werden mussten.

Beispiel „Fragen eines lesenden Arbeiters": Für das Gedicht von Brecht spricht, dass es auf den Umgang mit der Geschichte und speziell auf die fehlende Würdigung der Leistung der Mehrheit aufmerksam macht. Dass eine Geschichtsdarstellung, die sich bloß auf die ‚großen Männer' und somit die Herrschenden einer Zeit bezieht, auch eine Art von einseitiger, ungerechter Behandlung der Beherrschten darstellt, wird durch den Text gut deutlich. Zudem ist er leicht zu lesen, in freien Rhythmen geschrieben und kann deshalb auch von jugendlichen Lesern gut aufgenommen werden. Die Hintergründe zur Entstehung des Gedichts machen zudem bewusst, dass Literatur auch ein Mittel der politischen Auseinandersetzung ist.

Zu Punkt 2:

Beide Gedichte thematisieren in kritischer Absicht die ungerechte, ungleiche Behandlung von Arbeitern bzw. Arbeitnehmern. Das zur Zeit eines Weberaufstandes geschriebene Gedicht „Die schlesischen Weber" ist in fünf Strophen mit fünf Versen gegliedert, die alle mit dem Refrain „Wir weben, wir weben!" enden. Der Text entspricht damit und mit den vier Hebungen sowie den Paarreimen der ersten vier Verse jeder Strophe einem Lied.

Der Protest der Weber gegen ihre Unterdrückung wird vor allem durch die Wiederholung des Fluchs zu Beginn der Strophen 2–4 (Anapher) und dem wiederholten Ausruf am Ende jeder Strophe zum Ausdruck gebracht. Wie sich die wirtschaftlich Mächtigen mit den politisch Herrschenden gegen die Arbeitenden verbündet haben, wird mit dem „Fluch dem … König der Reichen" angeprangert. Wenn das Weben im Bild der Arbeit am Leichentuch des alten Deutschland dargestellt wird, dann wird so die Hoffnung auf eine baldige Beerdigung der Verhältnisse von Unterdrückung und Ausbeutung formuliert.

In Heines Gedicht kommen nach einer Einleitung (V. 1/2) die Weber als Sprecher (oder ‚lyrisches Wir')
selbst zu Wort. Der Autor gibt damit den entrechteten und Not leidenden Webern eine Stimme, um auf
die Missstände und soziale Ungerechtigkeit hinzuweisen. Mit der Veröffentlichung in einer Zeitung sowie
der Verteilung als Flugblatt wird das Gedicht zu einem Mittel der politischen Auseinandersetzung.

Die „Fragen eines lesenden Arbeiters" sind aus der Sicht eines Arbeiters formuliert, der in einem Geschichts-
buch blättert. Dabei wechseln sich Fragen des Sprechers und berichtende Aussagen ab. Das Gedicht ist
in vier Strophen gegliedert und in freien Rhythmen gestaltet. Berichte und Fragen sind chronologisch
geordnet, beginnend beim alten Persien bis zum 18. Jahrhundert. Die Geschichte der Herrschenden und
ihrer Taten wird mit den Fragen nach den Leistungen der Beherrschten kontrastiert. Dass die Mehrheit nicht
erwähnt und ihre Leistungen nicht gewürdigt werden, wird auf diese Weise deutlich gemacht. Insofern
wird eine gerechte Geschichtsschreibung gefordert, die die einseitige, ungerechte Darstellung allein der
Mächtigen und Herrschenden ablösen soll.

• **Argumentationsleistung**

Die Wahl des einen oder anderen Gedichts sollte begründet werden in Bezug auf die Thematik und die Art
und Weise der Gestaltung. Dabei sind die Aussagen zur Textgestalt, zur Entstehung und über die Autoren
in einen schlüssigen Zusammenhang zu stellen und mit eigenen Beschreibungen und Belegen anzureichern
(siehe Punkt 1). Interpretationen sollten widerspruchsfrei und schlüssig entwickelt und dargestellt werden.
Alle interpretierenden Aussagen sollten begründet werden. Textbeschreibungen sollten zunächst von einer
Beurteilung oder eigenen Stellungnahme getrennt werden und möglichst sachbezogen die Gestaltung mit
ihren jeweiligen Besonderheiten beschreiben. Aussagen über diese Textgestaltung (z. B. sprachliche und
poetische bzw. rhetorische Mittel) sollten mit Belegen (Zitaten, Nennung von Textstellen, paraphrasierende
Wiedergabe) gestützt und abgesichert werden.

• **Darstellungsleistung**

In einer passenden Einleitung sollte das Thema, das mit dem gewählten Text angesprochen wird, erläutert werden. Dazu müssen die Aussagen des jeweiligen Gedichts in eigenen Worten wiedergegeben
werden. Die Darstellung sollte in einer sachlichen, allgemein verständlichen Sprache sowie mit entsprechenden Fachbegriffen formuliert sein. Dabei sind die Regelungen in Rechtschreibung, Zeichensetzung
und Grammatik zu beachten.

Rahmenthema 2: Recht und Gerechtigkeit
- Recht und Gerechtigkeit im Alltag Jugendlicher

Kopfnoten

Aufgabentyp 3

Eine (ggf. auch textbasierte) Argumentation zu einem Sachverhalt erstellen

Aufgabe

In Nordrhein-Westfalen sind vor einiger Zeit sogenannte „Kopfnoten" eingeführt worden. Die Kopfnoten sollen über das Arbeits- und Sozialverhalten der Schülerinnen und Schüler informieren.
In der Öffentlichkeit und an den Schulen wird auch nach der Einführung der Kopfnoten weiter die Frage diskutiert:

„Ist es richtig, dass Schülerinnen und Schüler neben fachlichen Noten auch ‚Kopfnoten' erhalten?"

Auf der Homepage eurer Schule gibt es eine Rubrik, in der jeden Monat aktuelle strittige Fragen diskutiert werden, die das Schulleben betreffen. Verfasse für die Homepage eine Stellungnahme zu der o. g. Frage. Bedenke dabei *die Aufgaben von Schule und die Funktion von Noten.*

In der folgenden Liste sind einige Stichpunkte zusammengestellt, die Argumente der verschiedenen Parteien widerspiegeln. Sie können dir als Grundlage für deine Stellungnahme dienen.
Achtung: Nicht alle Punkte sind für deinen Text geeignete Argumente.

1. Erfolgserlebnis für fachlich schlechte Schülerinnen und Schüler
2. Schubladendenken – Schülerinnen und Schülern wird ein Persönlichkeitsstempel aufgedrückt
3. Noten sind generell ungerecht
4. Schule hat einen Erziehungsauftrag (Persönlichkeitsbildung)
5. Einschränkung der Individualität und Kreativität
6. Kompetenzen, die in den Kopfnoten bewertet werden, werden in der Schule nicht ausgebildet
7. Stärkung der Wettkampfmentalität unter den Lernenden
8. Rückmeldung für Eltern
9. Fachnoten sowieso wichtiger als Kopfnoten
10. Hinweis für Arbeitgeber
11. gesellschaftliche Schlüsselqualifikationen (Soziale und persönliche Kompetenz sind für das Berufsleben notwendig.)
12. Charakterbewertung
13. Bewertungskriterien? (subjektive Einschätzung)
14. Anpassermentalität (Gängelei, Erziehung zu Duckmäusern, Ja-Sagern, Musterschülern)
15. verschiedene Bewertungsmodelle
16. Kopfnoten sagen nichts aus (Arbeits- und Sozialverhalten kann man nicht bewerten)
17. _____
18. _____

① Erledige folgende Vorarbeiten, bevor du deine Stellungnahme schreibst.
   a) Prüfe die Liste unter folgenden Aspekten
      – Welche Stichpunkte sind bezüglich der strittigen Frage relevant?
      – Welche Stichpunkte sind für die Adressaten deiner Stellungnahme besonders überzeugend?

b) Wähle die besten Argumente aus, die du für deine Stellungnahme verwenden möchtest, und begründe, warum du sie für besonders wichtig bzw. geeignet hältst. (Du kannst auch weitere Gesichtspunkte hinzufügen. Es kommt jedoch nicht auf die Anzahl der Argumente, sondern auf ihre Überzeugungskraft an.)

Nr.	Warum ist das gewählte Argument im Hinblick auf deine Stellungnahme besonders wichtig?

2 Verfasse auf der Grundlage deiner Vorarbeiten einen Diskussionsbeitrag für die Homepage.

Hinweise zur Anfertigung deiner Stellungnahme:
- In der <u>Einleitung</u> erläuterst du den Sachverhalt und formulierst deine Position in Form einer These.
- Im <u>Hauptteil</u> nennst du Argumente, die deine These stützen, und entkräftest mögliche Gegenargumente. Die Anzahl der Argumente ist nicht unbedingt entscheidend. Wichtig ist, dass die Gedanken sachlich richtig und auf die strittige Frage abgestimmt sind sowie die Adressaten überzeugen. Achte darauf, die Argumente und Gegenargumente zu erläutern, sie durch Beispiele zu veranschaulichen, Widersprüche offenzulegen etc. Ordne die Argumente so, dass der Schwerpunkt deiner Stellungnahme deutlich wird.
- Im <u>Schlussteil</u> hebst du noch einmal die Argumente hervor, die für deine Position eine besondere Bedeutung haben.

Leistungserwartungen

• **Verstehensleistung**
  1. a) und b): Überprüfung der Notizen und begründete Auswahl der Argumente
  Die Begründung für die Auswahl der Argumente orientiert sich an
  – den Adressaten der späteren Stellungnahme (Leser der Homepage: Mitglieder der Schulgemeinschaft, Menschen, die sich für die Schule interessieren),

– der strittigen Frage („Ist es richtig, dass Schülerinnen und Schüler neben fachlichen Noten auch ‚Kopfnoten' erhalten?").

Folgende <u>Argumente</u> sind zur Klärung der strittigen Frage <u>grundsätzlich geeignet</u>: 1, 2, 4, 5, 7, 8, 10, 11, 12, 13, 14, 15. Die für die eigene Stellungnahme besonders relevanten Argumente werden ausgewählt.

Im Folgenden sind die Argumente <u>schwerpunktmäßig</u> zusammengefasst, um unnötige Wiederholungen zu vermeiden. Die einzelnen Argumente lassen sich dabei auch verschiedenen Schwerpunkten zuordnen. (Eine Schwerpunktbildung generell ist auch für die Gliederung der Stellungnahme hilfreich.)

<u>Persönlichkeitsförderung und -entwicklung (1, 2, 4, 5, 7, 11,12, 14):</u>

Schule soll nicht nur eine gute Allgemeinbildung vermitteln, sondern auch einen Beitrag zur Persönlichkeitsentwicklung leisten. Dazu gehört die Ausbildung von gesellschaftlichen Schlüsselqualifikationen („soft skills"): Leistungsbereitschaft, Teamkompetenz, Zuverlässigkeit, Verantwortungsbewusstsein etc. Diese sogenannten Schlüsselqualifikationen sind die Voraussetzung für eine erfolgreiche berufliche und persönliche Entwicklung. Sie werden in Einstellungstests und Bewerbungsgesprächen geprüft und in beruflichen Zeugnissen dargestellt. (4, 11)

Positive Kopfnoten können die Persönlichkeit von Schülerinnen und Schülern stärken, die fachliche Defizite haben. Schülerinnen und Schüler können mit Eigenschaften punkten, die sonst nicht ausdrücklich erwähnt werden. Das Erfolgserlebnis kann für leistungsschwächere wie auch für leistungsstärkere Schülerinnen und Schüler durchaus ein Ansporn zu mehr Leistung sein, was aber nicht unbedingt sein muss. Andererseits besteht die Gefahr, dass der jetzt schon bestehende Konkurrenzkampf zwischen den Schülerinnen und Schülern sich noch weiter verschärft. (1,7)

Kopfnoten in Form von Ziffernnoten geben ein Bild von der Persönlichkeit des Schülers. Die Gefahr besteht, dass damit ein festgesetztes, nur schwer wieder zu veränderndes Bild entsteht (Stigmatisierung). Bestimmte Verhaltensweisen sind kennzeichnend für den Charakter von Menschen. Charakterzüge sind jedoch nur schwer mit einem Notensystem zu fassen. (12)

Ziel der schulischen Erziehung sind mündige Bürger. Bei der Vergabe von Kopfnoten besteht die Gefahr, dass kritische Äußerungen, Andersdenken und individuelle Verhaltens- und Arbeitsformen negative Folgen haben. Kopfnoten erhalten dann Disziplinierungsfunktionen. Das kann insbesondere in der Pubertät, in der junge Menschen auf der „Suche nach ihrer Persönlichkeit" sind, problematisch sein. (5,14)

Für bestimmte Verhaltensweisen sind der familiäre Hintergrund bzw. das soziale Umfeld verantwortlich (z. B. Wer kümmert sich insbesondere bei jüngeren Schülerinnen und Schülern um die Anfertigung der Hausaufgaben, wer sorgt für Pünktlichkeit?). Über diesen Hintergrund wissen die Lehrerinnen und Lehrer häufig nicht genügend Bescheid. (2)

<u>Informationsgehalt von Kopfnoten (1, 2, 8,10)</u>

Kopfnoten in Form von Ziffernnoten geben den Schülerinnen und Schülern selbst, den Eltern und möglichen Arbeitgebern in knapper und verständlicher Form Auskunft über das Arbeits- und Sozialverhalten. Zusätzliche Informationen können die Betroffenen durch Gespräche erhalten. Auch können die Schulen Berichte formulieren, was aber einen erheblichen Arbeitsaufwand bedeutet. Arbeitgeber messen nach eigenen Aussagen Kopfnoten eine hohe Aussagekraft zu. Besonderes Engagement konnte immer schon gesondert auf dem Zeugnis vermerkt werden (z. B. Mitarbeit bei den Streitschlichtern, im Sanitätsdienst etc.) Arbeitsverhalten und Sozialverhalten waren immer auch schon Bestandteil der fachlichen Noten (Teamkompetenz bei Gruppenarbeit, Zuverlässigkeit bei Projektarbeit, Verantwortung für ein Referat, das den Unterricht weiterführen soll). (1,8,10).

Der Informationsgehalt der Kopfnoten ist nicht für alle Beteiligten unbedingt eindeutig: Was bedeutet z. B. „unbefriedigendes soziales Verhalten" für den jeweiligen Lehrer, was für die Eltern, was für einen Personalchef? Eine klare Definition der Bewertungsgegenstände, die für alle zugänglich ist, ist notwendig. Zukünftige Arbeitgeber laufen Gefahr, sich vorab ein Bild zu machen, ohne die Persönlichkeit wahrzunehmen (2).

Beurteilungskriterien (13, 15)

Wie bei fachlichen Noten lassen sich auch für das Arbeits- und Sozialverhalten Kriterien nennen, mithilfe derer man das Verhalten beschreiben und bewerten kann. Lehrerinnen und Lehrer verfügen über einen Kriterienkatalog. Wichtig ist, dass die Beurteilungskriterien transparent gemacht werden, um den Vorwurf der Subjektivität zurückweisen zu können.

Die Schulen verwenden keine einheitlichen Bewertungssysteme: Einige Schulen geben – auch wenn es rechtswidrig ist – allen Schülerinnen und Schülern eine Einheitsnote, andere variieren nur zwischen sehr gut und gut, andere nutzen die gesamte Bandbreite (15).

Folgende <u>Argumente</u> sind zur Klärung der strittigen Frage <u>eher ungeeignet</u>: 3, 6, 9, 16.

2. Stellungnahme für die Schülerzeitung

Die Stellungnahme muss ein klares Argumentationsziel haben, d.h. die Entscheidungsfrage muss aus der Sicht des Verfassers beantwortet werden. Dafür müssen sowohl die in der Aufgabenstellung genannten Aspekte als auch die Perspektiven der Betroffenen berücksichtigt werden. Die Stellungnahme muss der geforderten Textsorte gerecht werden (Beitrag für die Homepage) und auf den Adressatenkreis abgestimmt sein (Schulgemeinschaft, an der Schule und am Schulleben interessierte Personen).

Die Adressaten müssen in der Einleitung kurz mit dem Diskussionsgegenstand und der These des Verfassers bekannt gemacht werden.

Im Hauptteil werden Argumente für die eigene Position angeführt. Diese werden durch Erläuterungen, Beispiele etc. angereichert und auf die o. g. Adressatengruppen bezogen formuliert. Mögliche Einwände der Gegenposition werden berücksichtigt. Der Sachverhalt muss richtig dargestellt, die Argumente müssen direkt auf den Sachverhalt bezogen werden können. Die Argumentation muss widerspruchsfrei sein.

Der Schlussteil muss logisch aus der Argumentation hervorgehen. Hier werden noch einmal die für die eigene Position wichtigsten Argumente mit Blick auf den Adressatenkreis hervorgehoben.

- **Darstellungsleistung**

  Erwartet werden:
  - eine in sich geschlossene, gedanklich klare Stellungnahme,
  - eine argumentierende Schreibweise:
    - → Verwendung von Fachvokabular: z. B. *These, Argument, Beispiel*
    - → Kennzeichnung des Argumentationsgangs durch Formulierungen, die z. B. folgende Absichten deutlich machen: gegenüberstellen, einschränken, abwägen, zurückweisen, Schlussfolgerungen ziehen etc. *(vergleicht man, im Gegensatz dazu, einschränkend muss man …)*,
  - einen korrekten variablen Satzbau, der durch angemessene Komplexität (Satzreihe und Satzgefüge) und sinnvolle sprachliche Verknüpfungen zur Verdeutlichung des Gedankengangs gekennzeichnet ist *(als nächstes, daran anknüpfend, außerdem, weiterhin, zusammenfassend …)*,
  - eine präzise und differenzierte Sprache, die der Textsorte (Stellungnahme in einer Schülerzeitung) entspricht und auf den Adressatenkreis (Mitschüler, aber auch Lehrpersonen und Eltern) zugeschnitten ist,
  - die sichere Verwendung von Rechtschreibung, Zeichensetzung und Grammatik.

Rahmenthema 2: Recht und Gerechtigkeit
- Recht und Gerechtigkeit im Alltag Jugendlicher
- Recht und Gerechtigkeit: im Einklang?
- Rechte – Pflichten

Vorfahrt der Gerechtigkeit!

Aufgabentyp 3

Eine textbasierte Argumentation zu einem Sachverhalt erstellen

Aufgabe

① Kläre zunächst für dich, welche Grundhaltung in der Werbeanzeige beispielhaft herausgestellt wird und welche Mittel dazu in Text und Bild eingesetzt werden.

② Verfasse einen Leserbrief für deine örtliche Tageszeitung, in dem du Stellung beziehst zu der unten abgebildeten Werbeanzeige der Organisation „Aktion Menschlichkeit", die am Vortag in derselben Zeitung abgedruckt worden ist. Setze dich dabei mit der Frage auseinander, ob die Grundhaltung, die positiv in den Vordergrund gestellt wird, von Bedeutung ist, um in der Schule oder im späteren Berufsleben besser zurechtzukommen.

Leistungserwartungen

• Verstehensleistung

In Bezug auf die Aufgabenstellung:

Der argumentative Text, der zu schreiben ist, muss den formalen und inhaltlichen Anforderungen an einen Leserbrief gerecht werden, indem

– die formalen Merkmale (Sachlichkeit der Sprache, Einleitung, Zusammenfassung am Ende, Name des Verfassers) eingehalten werden,

– der strittige Sachverhalt (hier: Verzicht auf die Wahrung eigener Rechte) eindeutig bestimmt wird und das Ziel der Argumentation (hier: begründete Darstellung der persönlichen Position) beachtet wird,

– zu Beginn der Bezugpunkt (hier: die Werbeanzeige) genannt und kurz beschrieben wird,
– in der Auseinandersetzung mit Bild und Text die Aussage und die Wirkung der Werbeanzeige mit Bezug zum strittigen Sachverhalt deutlich erläutert werden,
– die eigene Position klar herausgestellt und durch Argumente begründet wird.
– die eigene Position in einer abschließenden Zusammenfassung verdeutlicht wird.

In Bezug auf die Textvorlage (hier: Werbeanzeige):
Im Zusammenhang mit dem Rahmenthema „Recht und Gerechtigkeit" ist die vorliegende Werbeanzeige vor allem den Schwerpunkten „Recht und Gerechtigkeit im Alltag Jugendlicher" sowie „Recht und Gerechtigkeit im Einklang?" zuzuordnen. Das Bild stellt eine für Jugendliche alltägliche Situation dar und zeigt eine positiv zu bewertende Verhaltensweise, da die jugendliche Radfahrerin ohne Zögern einer Fußgängerin ausweicht, die fälschlicherweise den Radweg benutzt. Die Schlagzeile „Vorfahrt der Gerechtigkeit" und der Haupttext greifen verallgemeinernd die Bildaussage auf (kein direkter Bezug zur konkreten Situation des Bildes), indem sie junge Menschen (Adressat wird geduzt: „Sei gerecht", nicht „Seien Sie gerecht", und „Das kann auch dir passieren") grundsätzlich dazu auffordern, nicht immer auf eigenem Recht zu bestehen. Um dieser Forderung im Sinne eines Appells Nachdruck zu verleihen, werden in der Schlagzeile und im Haupttext Imperative verwendet. Im letzten Satz des Haupttextes wird die persönliche Bedeutung des Appells hervorgehoben, indem daran erinnert wird, dass es Situationen gibt, in denen die Rollen vertauscht sein können, da Jugendlichen auch Fehler unterlaufen.

• **Argumentationsleistung**
Die schriftliche Argumentation muss die Schwerpunktbildung der Aufgabenstellung (Bewältigung des schulischen und beruflichen Alltags) beachten, indem Argumente gewählt werden, die sich mit beiden Bereichen auseinandersetzen. Die eigene Position muss mit klarem Bezug zur Aussage und Wirkung der Werbeanzeige als These herausgestellt und durch Argumente gestützt werden. Dabei ist nicht entscheidend, wie man die Werbeanzeige vor dem Hintergrund des Aufgabenschwerpunktes bewertet (Zustimmung, Ablehnung bzw. teilweise Zustimmung/teilweise Ablehnung), sondern dass die Argumente stichhaltig ausgewählt und klar strukturiert angeordnet sind (z. B. linear, nach der Bedeutung steigernd oder alternierend). Die Qualität der einzelnen Argumente wird vor allem bestimmt durch die Auswahl (eigene Erfahrungen, allgemeine Gültigkeit usw.) und die Stützung durch treffende Beispiele.

• **Darstellungsleistung**
Die Qualität der Darstellung der schriftlichen Argumentation ist abhängig davon,
– ob ein in sich geschlossener, gedanklich klar gegliederter Text verfasst wurde,
– ob beim argumentierenden Schreiben sprachliche Signale (z. B. Signale der Thesenformulierung, der Gegenüberstellung, des Belegens, des Abwägens bzw. der Schlussfolgerung) verwendet wurden,
– ob Satzbau, Wortwahl und sprachlicher Ausdruck korrekt, abwechslungsreich und der Textsorte Leserbrief angemessen gewählt sind,
– ob Rechtschreibung und Zeichensetzung den geltenden Normen entsprechen.

Lösungsbeispiel

In der Werbeanzeige der Organisation „Aktion Menschlichkeit" mit der Schlagzeile „Vorfahrt der Gerechtigkeit", die gestern in dieser Tageszeitung abgedruckt wurde, wird in Text und Bild sehr deutlich dafür geworben, im Interesse der Gerechtigkeit in manchen Situationen auf die Durchsetzung der eigenen Rechte zugunsten der Menschlichkeit zu verzichten. Als Beispiel wird dazu eine junge Radfahrerin gezeigt, die auf einem eindeutig getrennten Fuß- und Radweg verständnisvoll einer Fußgängerin ausweicht, die

> **TIPP** zum Lösungsbeispiel
>
> Deine Position zur Sache kann natürlich ganz anders aussehen als die, die hier im Lösungsbeispiel beispielhaft vorgestellt wird. Siehe dazu auch das Kapitel „Argumentieren/Textbasierte Argumentation, S. 70 ff.)

scheinbar irrtümlich den Radweg benutzt. Die Schlagzeile „Vorfahrt der Gerechtigkeit" und der Werbetext stellen durch die gehäufte Verwendung von Imperativen die Forderung auf, man solle mehr Gerechtigkeit und Menschlichkeit beweisen, indem man auf sein Recht verzichtet, da man selbst manchmal auch die Rechte anderer durch eigene Irrtümer verletzen könne.

Grundsätzlich stimme ich natürlich der Grundhaltung zu, die durch die Werbeanzeige als wünschenswert herausgestellt und menschlich positiv bewertet wird. Allerdings bin ich der Meinung, dass die zentrale Forderung, der Gerechtigkeit Vorfahrt zu gewähren, in der Anzeige zu stark verallgemeinert wird. Während das oben beschriebene Bild eine spezifische Situation beschreibt (Benutzung des Radwegs durch eine Fußgängerin), in der es relativ leicht fällt, auf sein Recht zu verzichten (Ausweichen der Radfahrerin auf den Fußweg), betonen Schlagzeile und Werbetext die Allgemeingültigkeit der bildlichen Aussage, indem kein konkreter Bezug mehr zur dargestellten Situation hergestellt wird.

Aus eigener Erfahrung in der Schule bin ich der Meinung, dass es durchaus Situationen gibt, in denen man als Schülerin oder Schüler auf seinem Recht bestehen sollte, auch wenn vielleicht nur ein Irrtum vorliegt. Sicherlich sollte man es nicht hinnehmen, wenn z. B. eine Lehrerin oder ein Lehrer aufgrund einer falsch zusammengerechneten Punktzahl in einer Mathematikarbeit eine Endnote festlegt, die nicht der erbrachten Leistung entspricht.

Ich halte es zwar für sehr wichtig, dass man in der Schule lernt, Gerechtigkeit gegenüber anderen zu üben, indem man auf die rigorose Durchsetzung eigener Rechte im Interesse der Menschlichkeit verzichtet. Aber ich bin ebenfalls davon überzeugt, dass man speziell in der Schule auch lernen sollte, selbstbewusst und engagiert für seine Rechte einzutreten. Ich selbst kenne viele Schülerinnen und Schüler, die aus allzu großer Zurückhaltung oder Bescheidenheit darauf verzichten, sich zu wehren, wenn ihre Rechte verletzt werden. Meine Freundin z. B. hat sehr lange gebraucht, um sich gegen eine Clique von Mitschülerinnen zu behaupten, die sie daran hindern wollte, eine bestimmte Arbeitsgemeinschaft zu wählen.

Besonders mit Blick auf das spätere Berufsleben erscheint es mir sehr bedeutungsvoll, dass man frühzeitig lernt, in welchen Situationen man mit Nachdruck für die Durchsetzung seiner Rechte kämpfen muss und in welchen Situationen man eher nachsichtig sein kann. Um in der Schule und im Beruf erfolgreich zu sein, ist es also wichtig, dass man über Kriterien verfügt, die einem helfen, diese Situationen voneinander zu unterscheiden. Ein guter Chef in einer Firma zeichnet sich bestimmt auch dadurch aus, dass er einerseits konsequent darauf achtet, dass für alle Mitarbeiter dieselben Rechte und Pflichten gelten, anderseits aber dadurch, dass er in begründeten Einzelfällen einmal Nachsicht übt.

Insgesamt bin ich also schon der Meinung, dass es in unserer heutigen Gesellschaft wichtig ist, dafür einzutreten, dass mehr Gerechtigkeit geübt wird, allerdings sollte man in einer entsprechenden Werbeanzeige nicht zu stark verallgemeinern, sondern deutlicher den situativen Zusammenhang herausstellen. Denn es gibt Situationen – wie ich oben gezeigt habe – in denen man auf jeden Fall auf seinem Recht bestehen sollte, und auch das will gelernt sein!

Heike Lindzner, Detmold

4 Basiswissen
4.1 Schreiben
Richtig Zitieren

Ein Zitat verwenden bedeutet, die Aussage eines Anderen wörtlich wiederzugeben. Zitate werden vor allem im schriftlichen Sprachgebrauch verwendet, um eine die Aussage stützende Textstelle zu nennen. Im Rahmen der *Zentralen Prüfung* spielt das Zitieren im Teil II eine wichtige Rolle, da Aussagen zu den Ausgangstexten durch Zitate begründet werden müssen. Im Rahmen der Darstellungsleistung wird das „angemessene" und „korrekte" Zitieren ausdrücklich mit in die Bewertung einbezogen (→ S. 20).

angemessen – **Grundsätzlich gilt:**
- Zitieren ist wichtig, aber Zitate sollten nicht zu lang sein.
- Zitate dürfen nicht für sich selbst stehen, sondern müssen einen Bezug zum eigenen Text haben.
- Zitate müssen buchstabengetreu die Aussage wiedergeben und dürfen nicht verändert werden.
- Für die Zeichensetzung beim Zitieren, die Kennzeichnung von Kürzungen oder Hervorhebungen durch den Schreibenden gelten feste Regeln (→ S. siehe unten).
- In Gedichten und kurzen Texten werden die Zeilen angegeben, in längeren Texten die Seite bzw. Seite und Zeile. Seiten- und Zeilenangaben werden durch Komma getrennt *(S. 12, Z. 13–15)*.
- Wird aus zwei oder mehreren Texten zitiert, muss durch Angabe der Kurzform des Verfassernamens oder eine Nummerierung kenntlich gemacht werden, aus welchem Text das Zitat stammt *(Goethe, S. 6, Z. 15)* oder *(Text A, S. 43, Z. 12)*.
- Auch indirekte Zitate/Textbelege (Aussagen des Textes werden mit eigenen Worten wiedergeben) sind durch die Verwendung → indirekter Rede und die Angabe von Textstellen zu kennzeichnen.
- Falsch ist: *Auf Seite 45 stirbt die Hauptfigur des Romans im Krankenhaus.* Richtig ist: *Die Hauptfigur des Romans stirbt im Krankenhaus (S. 45).*

korrekt – **Regeln zum Zitieren**
- Zitate sind zur Begründung der eigenen Aussagen notwendig. Im Anschluss an den Einleitungssatz können Zitate nach einem Doppelpunkt folgen. Der abschließende Punkt steht erst nach der Belegstelle: *An dieser Stelle wird seine Unsicherheit besonders deutlich: „Wusste er im Augenblick überhaupt noch, wie er sich in dieser Gefahrensituation verhalten sollte?" (S. 13).*
- Zitate können allerdings auch in den eigenen Satz eingebaut werden. Aber Achtung! Es dürfen dadurch keine Brüche im Satzbau stattfinden und das Zitat darf dabei nicht verändert werden: *Durch die Frage des Erzählers, ob er überhaupt noch wusste, „wie er sich in dieser Gefahrensituation verhalten sollte" (S. 13), wird die Unsicherheit der Hauptfigur des Romans besonders deutlich.*
- Werden Informationen **indirekt** aus dem Text entnommen, müssen keine Anführungszeichen gesetzt werden, aber die Stelle, an der die Informationen zu finden sind, sollte angegeben werden: *Nachdem er es geschafft hatte, fühlte Karlson sich glücklich und von einer schweren Last befreit (S. 47).*
- Einzelne **Schlüsselwörter** werden in Anführungszeichen gesetzt und mit einer Seitenangabe versehen: *Als Karlson es hinter sich hatte, fühlte er sich „selig" (S. 47) und richtig „erlöst" (S. 48).*
- Werden ganze Sätze zitiert, müssen **Auslassungen** oder **Hinzufügungen** durch eckige Klammern markiert werden: *Die Reaktionen der anderen werden so beschrieben: „Manrad [Karlsons bester Freund] freute sich, als er ihn endlich wieder sah, denn er hatte sehr lange […] auf ihn gewartet" (S. 50).*
- **Zitate im Zitat**, also wörtliche Rede in einem Zitat, werden durch **halbe Anführungszeichen** kenntlich gemacht: *Etwas später bringt der an sich wortkarge Manrad seine Freude über Karlsons Rückkehr zum Ausdruck: „Manrad zögerte einen Moment, dann rang er sich zu folgenden Worten durch: ‚Schön, dass du wieder hier bist!'" (S. 61).*
- **Hervorhebungen** in einem Zitat müssen gekennzeichnet werden: *Etwas später bringt der an sich wortkarge Manrad seine Freude über Karlsons Rückkehr zum Ausdruck: „Manrad <u>zögerte einen Moment</u>, dann <u>rang er sich</u> zu folgenden Worten durch ‚Schön, dass du wieder hier bist!'" (S. 61, Hervorhebung durch den Verfasser/die Verfasserin).*

Inhaltsangabe – Textwiedergabe

Die Wiedergabe von Inhalten spielt in mündlicher und schriftlicher Form im Alltag und speziell in der Schule eine wichtige Rolle. Wenn jemand z. B. einen anderen über ein Buch informiert, das er gelesen hat, wird er in der Regel zunächst den Inhalt wiedergeben, bevor er eine Wertung vornimmt. In der Schule wird die Inhaltsangabe bzw. Textwiedergabe im Allgemeinen zu Beginn einer Analyse oder Interpretation verlangt.

Besonders in schriftlicher Form muss die Inhaltsangabe bzw. die Textwiedergabe bestimmte formale Anforderungen erfüllen:

- die Länge sollte etwa ein Drittel des Ausgangstextes (das ist nur eine Faustregel) nicht überschreiten, damit keine Nacherzählung entsteht;
- der Sprachstil soll nüchtern und sachlich sein, wobei Bewertungen, Kommentare und erste Interpretationsansätze zu vermeiden sind;
- eine Inhaltsangabe bzw. Textwiedergabe besteht aus einem Einleitungssatz und dem Hauptteil. Im Einleitungssatz werden die Grundinformationen zum Text genannt: Autor, Titel, Textsorte, evtl. Entstehungszeit und das grobe Thema bzw. die zentrale Aussage;
- das Tempus der Darstellung ist in der Regel das Präsens;
- Zitate und Textbelege werden nicht verwendet.

Die Qualität deiner Inhaltsangabe oder Textwiedergabe ist abhängig davon, inwieweit es dir gelingt, den Inhalt eines Textes sachlich richtig und für den Leser nachvollziehbar darzustellen, dich von den Formulierungen und dem Sprachstil des Ausgangstextes zu lösen und die oben genannten formalen Regeln einzuhalten.

Den Inhalt eines Textes in deutlich reduzierter Form mit eigenen Worten klar gegliedert wiederzugeben, ist eine anspruchsvolle Aufgabe, die ein gutes Textverständnis voraussetzt. Aufgaben in der *Zentralen Prüfung*, die dazu auffordern, einzelne Passagen inhaltlich zusammenzufassen oder eine vollständige Inhaltsangabe zu verfassen (z. B. „Fasse den Inhalt kurz zusammen", „Paraphrasiere folgende Abschnitte" oder „Fertige eine Inhaltsangabe an" usw.) überprüfen einerseits die Kompetenzen im Bereich dieser Arbeitsmethode, andererseits aber auch dein Textverständnis. Vielfältige Tipps und Hilfen dazu, wie ein sicheres Textverständnis im Zusammenhang mit verschiedenen Textsorten zu entwickeln ist, findest du im Kapitel *Lesen – Umgang mit Texten und Medien* (→ S. 81 ff.).

Inhaltsangabe zu literarischen Texten

Neben den bereits genannten Anforderungen erfordert die Inhaltsangabe zu literarischen Texten besondere Aufmerksamkeit bei der

- Bestimmung der Textsorte,
- Formulierung des (groben) Themas,
- Umformung des Präteritums (typisches Erzähltempus) ins Präsens,
- Unterscheidung des Wichtigen vom eher Nebensächlichen,
- Gliederung der Darstellung im Hauptteil.

Einleitungssatz der Inhaltsangabe

Wie erwähnt, gehört zur Wiedergabe des erzählten Geschehens auch die Nennung des Verfassers, des Titels und (falls angegeben) des Erscheinungsjahrs der Erzählung. Dabei sollten Bandwurmsätze vermieden und der Satzbau beachtet werden. Am besten, man probiert verschiedene Formulierungen für sich aus und legt sich einige zurecht. Folgende Möglichkeiten sind denkbar:

– Die vorliegende Kurzgeschichte „...." von .... aus dem Jahr ... handelt von ...
– Bei dem Text mit dem Titel „ ...." von ..., erschienen ..., handelt es sich um den Anfang der gleichnamigen Erzählung.
– Der vorliegende Ausschnitt aus dem Roman „..." von ... erzählt von/erzählt, wie ...
– In dem Text „..." von ... wird die Geschichte eines ... erzählt.

Am Ende des Einleitungssatzes bietet es sich an, das Thema des Textes so präzise wie möglich zu benennen. Das setzt voraus, dass man durch die gründliche Lektüre dazu bereits eine klare Vorstellung entwickelt hat. Im Zusammenhang mit dem Text *Ein verächtlicher Blick* von Kurt Kusenberg (S. 96 ff.) könnten z. B. folgende Formulierungen verwendet werden:

– ... wird von den Konsequenzen eines verächtlichen Blicks gegenüber einem Wachtmeister erzählt.
– ... wird von der ergebnislosen Verfolgungsjagd auf einen Mann erzählt, der einen Wachtmeister verächtlich angeschaut hat.
– ... wird anhand eines konkreten Beispiels von der Unfähigkeit der Polizei in einer Kleinstadt erzählt.

1 Überlege und begründe nach der Lektüre des Textes, welche Formulierung für einen Einleitungssatz am besten geeignet ist. Eventuell solltest du eine eigene Version formulieren.

2 Schreibe einen vollständigen Einleitungssatz zum Text *Ein verächtlicher Blick*. Überarbeite deinen Einleitungssatz, indem du verschiedene Formulierungen ausprobierst.

Umformung ins Präsens

Die Wiedergabe des erzählten Geschehens soll grundsätzlich in der → Zeitform Präsens formuliert werden. Vor allem auch dadurch unterscheidet sich die Inhaltsangabe von einer Nacherzählung. Das Präsens wird gewählt zur aktuellen Besprechung und Darstellung von Gegenständen und Sachverhalten, und damit auch von Texten. Für die Anzeige von Vorzeitigkeit kann das Perfekt bzw. Plusquamperfekt genutzt werden, das Präteritum sollte ganz vermieden werden: *In der Kurzgeschichte „Ein verächtlicher Blick" von Kurt Kusenberg geht es um einen Mann, der einen Wachtmeister verächtlich angeblickt hat und nun von der Polizei verfolgt wird.*

3 Korrigiere in folgender Inhaltsangabe die Verwendung der Zeitformen.

In der Erzählung „Ein verächtlicher Blick" von Kurt Kusenberg wird von einem rotbärtigen Mann erzählt, der durch einen verächtlichen Blick gegenüber Wachtmeister Kerzig eine richtige Verfolgungsjagd in der Stadt auslöst hatte. An einem nicht näher bestimmten Tag schaute der Mann mit dem roten Bart Wachtmeister Kerzig verächtlich an, weil dieser ihn an seinen ungeliebten Vetter Egon erinnert hatte. Da Kerzig der Meinung war, dass der Blick seiner Person galt, beschwerte er sich beim Polizeipräsidenten. Dieser leitet sofort eine Großfahndung nach allen Männern mit roten Bärten in der Stadt ein und ließ Wachtmeister Kerzig mit dem Krankenwagen abholen.

Unterscheidung des Wichtigen vom Nebensächlichen

Diese Unterscheidung fällt besonders bei literarischen Texten nicht immer ganz leicht. Eine Hilfe stellt die Gliederung einer Erzählung in verschiedene Erzählabschnitte dar, wobei das im jeweiligen Abschnitt erzählte Geschehen in einer kurzen Überschrift inhaltlich zusammengefasst wird. Die folgende Tabelle zeigt den Anfang einer solchen Gliederung in Erzählabschnitte zu *Ein verächtlicher Blick* von Kurt Kusenberg (S. 96 ff.).

Zeile	Inhaltliche Zusammenfassung der Erzählabschnitte
1–18	Wachtmeister Kerzig meldet dem Polizeipräsidenten das Ereignis (verächtlicher Blick)
17–26	Beschreibung des übertriebenen Polizeieinsatzes

④ Setze diese Gliederung des Textes in Erzählabschnitte fort und entscheide für jeden Erzählabschnitt, was bezogen auf das Thema des Textes und den Verlauf des Geschehens besonders wichtig ist, und formuliere zu den Abschnitten kurze Überschriften.

Gliederung der Darstellung im Hauptteil

Die Wiedergabe des erzählten Geschehens sollte grundsätzlich chronologisch gegliedert werden. Dabei ist die Chronologie des → Geschehens selbst maßgeblich, nicht jedoch die Abfolge der Erzählung. So wird in der Erzählung *Ein verächtlicher Blick* zunächst von der Verfolgungsjagd der Polizisten und dem Verhör der 58 Männer mit roten Bärten erzählt, bevor der Leser etwas über die Ursache für den verächtlichen Blick erfährt. In der Chronologie des Geschehens muss der Auslöser natürlich am Anfang erwähnt werden: *Erzählt wird von einem Mann mit einem roten Bart, der einen Wachtmeister verächtlich ansieht, weil dieser seinem ungeliebten Vetter Egon sehr ähnlich sieht.*

Neben der Möglichkeit, die Wiedergabe an der Chronologie der erzählten Ereignisse auszurichten, kann man sie auch an den Erzählschritten orientieren. Dazu muss der Text zunächst entsprechend gegliedert und aufbereitet, z. B. markiert werden. Dann können die Abschnitte aufeinanderfolgend wiedergegeben werden. Dieses Verfahren bietet sich an, wenn das Geschehen im Text streng chronologisch dargestellt wird. Dabei besteht allerdings die Gefahr, dass das Geschehen zu detailliert dargestellt wird. Außerdem müssen bei der Zusammenfassung von Abschnitten eventuell die Vorzeitigkeiten beachtet und deutlich gemacht werden:

Die Erzählung „Ein verächtlicher Blick" ist in neun Teile gegliedert, im ersten Abschnitt (Z. 1–18) wird das Gespräch Wachtmeister Kerzig mit dem Polizeipräsidenten beschrieben. ... In einer Rückblende wird im vierten Abschnitt (Z. 39–50) erzählt, wie der Mann mit dem roten Bart seiner Verhaftung entgangen ist.

⑤ Rekonstruiere die chronologische Abfolge des im Text *Ein verächtlicher Blick* erzählten Geschehens, indem du einen Zeitstrahl anlegst, dem einzelne Erzählabschnitte zugeordnet werden.

⑥ Verfasse den Hauptteil der Inhaltsangabe zu *Ein verächtlicher Blick* von Kurt Kusenberg und probiere dabei die beiden oben vorgestellten Möglichkeiten aus.

⑦ Schreibe zur ergänzenden Übung eine Inhaltsangabe zur Kurzgeschichte *Der Sieger* von Erich Junge → S. 105 ff.

Inhaltsangabe zu Textauszügen

Ein literarischer Text, der ein Auszug aus einem längeren Text ist, sollte zu Beginn in den Kontext des Gesamttextes eingebettet werden, sofern dir der Ausgangstext bekannt ist oder mit der Aufgabenstellung vorgegeben wird. Folgende Formulierungen können z. B. zur Einbettung in den Kontext verwendet werden:

Beim vorliegenden Textauszug mit der Überschrift „..." handelt es sich um das ... Kapitel aus der Erzählung „..." von ... In den vorausgehenden Kapiteln wird erzählt, wie ...
Im Anschluss an den Textauszug erfährt der Leser ...

Die Darstellung des inhaltlichen Kontextes muss dabei noch viel stärker gekürzt werden als die Inhaltsangabe zum Textauszug selbst.

Textwiedergabe zu einem Sachtext

Im Zusammenhang mit Sachtexten wird eher von einer Textwiedergabe als einer Inhaltsangabe gesprochen, da nicht ein → Geschehen inhaltlich zusammengefasst werden muss, sondern Aussagen und Gedankengänge in verkürzter Form wiederzugeben sind. Grundsätzlich gelten für die Textwiedergabe zu einem Sachtext dieselben formalen Vorgaben, die zu Beginn dieses Teilkapitels genannt wurden (→ S. 66).

Bei einer Textwiedergabe zu einem Sachtext muss zudem besonders darauf geachtet werden, dass

- neben den Grundinformationen zum Text die zentrale Aussage bzw. Meinung des Verfassers zum Thema knapp benannt wird,
- Aussagen und Gedankengänge durch eigene Formulierungen und notwendige Kürzungen nicht zu stark zerrissen oder sogar entstellt werden,
- durch die Verwendung der → indirekten Rede bzw. durch entsprechende Einleitungssätze (z. B. *im ersten Teil des Textes bringt die Verfasserin zum Ausdruck, dass die Selektion der Gäste durch Türsteher vor Kölner Clubs häufig sehr willkürlich sei.*) ganz deutlich wird, dass es sich nicht um die eigene Meinung, sondern um die Wiedergabe der Meinung eines Anderen handelt.

Anders als bei literarischen Texten empfiehlt es sich, bei der Gliederung einer Textwiedergabe zu einem Sachtext dem Verlauf des Textes von Abschnitt zu Abschnitt zu folgen. Das Verfahren wird auf S. 68 als zweite Möglichkeit für die Gliederung einer Inhaltsangabe beschrieben. Zur logischen Verknüpfung der Aussagen in den einzelnen Abschnitten bieten sich folgende Formulierungen an:

- *... im ersten Abschnitt informiert/berichtet/schildert der Verfasser ...*
- *...im folgenden Abschnitt ergänzt/vertieft der Verfasser seiner Aussage, indem er ....*
- *... in Abgrenzung dazu, erklärt der Verfasser im nächsten Abschnitt ...*
- *... der Verfasser belegt seine These durch folgende Beispiele ...*

In den Prüfungsaufgaben ist es möglich, dass → kontinuierliche Sachtexte mit → diskontinuierlichen Sachtexten wie Grafiken, Tabellen und Diagrammen kombiniert werden. Im Gegensatz zu den kontinuierlichen Sachtexten ist das Verfassen einer Textwiedergabe bei den diskontinuierlichen Sachtexten nicht möglich. Um den Inhalt von Grafiken, Tabellen und Diagrammen wiederzugeben, kann aber eine Beschreibung angefertigt werden. Worauf bei der Beschreibung diskontinuierlicher Sachtexte jeweils zu achten ist, erfährst du auf S. 121 ff.

Argumentieren

Argumentieren bedeutet, in schriftlicher oder mündlicher Form einen Beweis zu führen, um andere von der Richtigkeit oder Fehlerhaftigkeit einer Aussage zu überzeugen. Synonym verwendet werden die Begriffe „einen Sachverhalt erörtern" bzw. „eine Erörterung (schriftlich) verfassen". Von ‚Erörtern' und ‚Erörterung' wird in der Regel bei den schriftlichen Formen gesprochen, während ‚Argumentieren' und ‚Argumentation' eher mündliche Formen meint.

Das Argumentieren bzw. Erörtern spielt in verschiedenen Bereichen (Wissenschaft, Politik, Medien, Schule, Alltag) eine wichtige Rolle. Argumentiert wird z. B. im Verlauf einer Podiumsdiskussion, wenn Befürworter bzw. Gegner von Tierversuchen sich mit dem Thema in der Öffentlichkeit auseinandersetzen. Argumentiert wird aber auch, wenn z. B. die Mitbewohner einer Wohngemeinschaft sich darüber unterhalten, wie der Küchendienst in Zukunft zu organisieren und zu verteilen ist.

Im Gegensatz zu einer eher spontanen Äußerung in mündlicher oder schriftlicher Form, spricht man von Argumentieren oder Erörtern, wenn – bezogen auf eine Problemstellung – eine zielgerichtete und adressatenbezogene Aussage getroffen wird, die eine klare Struktur besitzt.

Zwei Freunde stehen vor der Kasse in einem Kino:

Situation A	Situation B
A: Ich will mir Film X ansehen. B: Ich möchte aber lieber Film Y sehen. A: Gut, dann lass uns eine Münze werfen.	A: Ich meine, wir sollten uns Film X ansehen, da er viel aktueller ist als Film Y. Ich habe gelesen, dass im Film eine Auseinandersetzung mit den Möglichkeiten der Genmanipulation stattfindet. B: Das ist sicherlich interessant, aber ich würde trotzdem lieber Film Y sehen, da er genau zu dem Thema passt, das wir gerade im Unterricht behandeln. Zum Beispiel ...

Während in der ersten Gesprächssituation (Beispiel A) lediglich Meinungen ohne Begründung geäußert werden und die Entscheidung dem Zufall (geworfene Münze) überlassen wird, versuchen im Beispiel B die beiden Gesprächspartner eine Entscheidung zu treffen, indem sie ihre persönliche Ansicht begründen und die Begründung mit einem Beispiel belegen.

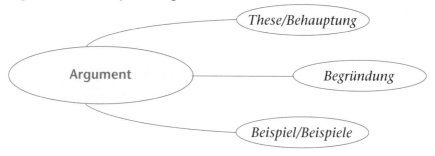

Von einem Argument wird gesprochen, wenn eine Behauptung durch eine Begründung gestützt und mit Beispielen und/oder Belegen verdeutlicht wird.

In der Regel wird dialektisch argumentiert. ‚Dialektik' kommt vom griechischen *dialégesthai* = sich unterreden. Dialektisch argumentieren oder erörtern bedeutet also, dass Argumente und Gegenargumente aufgrund der Bewertung von Begründungen und Beispielen gegeneinander abgewogen werden, um eine Entscheidung zu treffen, eine Position zu beurteilen bzw. zu ihr Stellung zu nehmen. Der Prozess des dialektischen Argumentierens findet auch statt, wenn man für sich selbst eine Entscheidung trifft bzw. eine Erörterung zu einem Thema schreibt. Meist findet dieser Prozess dann nur unterbewusst im Kopf statt.

① Der Anfang des Gesprächs in Beispiel B entspricht eindeutig der Struktur einer dialektischen Argumentation. Erkläre, unter welchen Voraussetzungen Beispiel A vielleicht auch das Ergebnis einer dialektischen Argumentation sein könnte.

Schriftliches Argumentieren

Ausgangspunkt für schriftliches Argumentieren ist stets ein strittiger Gegenstand oder Sachverhalt, der das Argumentieren erforderlich macht. Grundsätzlich kann das schriftliche Argumentieren zwei unterschiedliche Ziele haben:

a) Man hat die Absicht, für sich die eigene Haltung zu einem strittigen Sachverhalt zu klären.
b) Man will einen Adressaten dazu bewegen, die eigene Haltung zu übernehmen und gegebenenfalls entsprechend zu handeln.

Um eine möglichst große Vergleichbarkeit der Anforderungen zu gewährleisten, wird in der Zentralen Prüfung 10 keine freie Argumentation zu einem strittigen Sachverhalt verlangt, sondern es werden Argumente vorgegeben. Dazu wird entweder mit der Aufgabenstellung eine Argumenteliste vorgelegt, aus der zur Vorbereitung der schriftliche Argumentation eine begründete Auswahl zu treffen ist und die durch eigene Argumente ergänzt werden kann (siehe das nächste Kapitel „Argumentation zum einem Sachverhalt", S. 72). Oder es wird mit der Aufgabenstellung ein Text (evtl. auch mehrere kürzere Texte) gegeben, der Argumente zu einem strittigen Sachverhalt enthält. In diesem Fall spricht man von einer textbasierte Argumentation (siehe Teilkapitel „Argumentation zu einem Sachverhalt", S. 72).

Im Rahmen der Zentralen Prüfung 10 werden der strittige Sachverhalt, der Schreibanlass und die Textsorte sowie der Adressatenbezug in der Aufgabenstellung vorgegeben. Dabei wird ein strittiger Sachverhalt gewählt, der einem der beiden verbindlichen Rahmenthemen (→ S. 6) zuzuordnen ist.

Schriftliches Argumentieren bedeutet, dass man zu einem strittigen oder fraglichen Sachverhalt Stellung nimmt, indem man in einer konkreten Situation für einen bestimmten Adressatenkreis die eigene Meinung deutlich werden lässt und diese durch Argumente stützt und mit Beispielen belegt. Z. B. soll man sich als Schülervertreter in einem Brief (Schreibanlass und Textsorte) an den Schulleiter (Adressatenbezug) für die Lockerung des Handyverbots im Schulgebäude (strittiger Sachverhalt) einsetzen.

Durch das schriftliche Argumentieren (Aufgabentyp 3 der Zentralen Prüfung 10) sollst du zeigen, dass du über die erforderlichen Kompetenzen verfügst, um

- eine eigene Position zu einem strittigen oder fraglichen Sachverhalt zu beziehen,
- die eigene Position durch eine situations- und adressatengerechte Auswahl und Anordnung der Argumente zu stützen,
- Begründungen durch treffende Beispiele zu belegen,
- die eigene Position deutlich und sprachlich präzise im Rahmen einer vorgegebenen Textart darzustellen.

Argumentation zu einem Sachverhalt

Auf den nächsten Seiten wird dir eine Beispielaufgabe vorgestellt, die zur Erstellung einer Argumentation zu einem Sachverhalt (Aufgabenformat 3) auffordert. Du erfährst am konkreten Beispiel, wie solche Aufgaben aufgebaut sind, welche Arbeitsschritte durch die Aufgabenstellung verlangt werden und wie eine mögliche Lösung aussehen könnte.

① Lies dir als erstes die gesamte Aufgabenstellung auf den folgenden Seiten aufmerksam durch, um dir zunächst einen Überblick zu verschaffen.

> **TIPP**
>
> Teilaufgaben, die im Zusammenhang mit der Vorstellung der Beispielaufgabe genannt werden, sollten erst im zweiten Schritt bearbeitet werden, wenn du einen Gesamtüberblick hast. So solltest du auch in der Prüfung bei der Bearbeitung der Aufgaben verfahren.

Beispielaufgabe

„Jugendliche als Leser und Mediennutzer"

An deiner Schule wird folgende Frage diskutiert:
Ist es sinnvoll, einen Fernsehraum als offenes Angebot für die Mittagspause einzurichten?

Die SV in eurer Schule hat ein Schwarzes Brett eingerichtet, das eine Rubrik zur Diskussion strittiger Fragen bereithält. Verfasse als SV-Sprecher eine Stellungnahme für das SV-Brett, in der du die oben stehende Frage diskutierst! Bedenke, dass es große Unterschiede im Alter der Schüler gibt, die deine Stellungnahme lesen werden.

In der folgenden Liste sind einige Stichpunkte gesammelt, die Argumente der unterschiedlichen Parteien widerspiegeln und als Grundlage für deine Stellungnahme dienen könnten.

ABER: Nicht alle Punkte aus der Liste stellen tragfähige Argumente dar und sind für deinen Text geeignet!

1. Entspannung durch Unterhaltung
2. Schnelligkeit der Informationsbeschaffung (Tele-Text)
3. Defekte des Geräts, verlegte Fernbedienung, Stromausfall
4. Bewusster und eigenverantwortlicher Umgang mit dem Fernsehangebot als Beitrag zu Medienerziehung
5. Fernsehen als wichtiges Medium der Informationsbeschaffung (Nachrichten usw.)
6. Verschmutzung des Raumes durch Essensreste und Getränke
7. Kostenfrage
8. Streit bei Programmauswahl
9. Bildung durch Dokumentationen, Sachfilme etc.
10. Bewegungsmangel durch passive Pausengestaltung
11. Keine Kontrollmöglichkeit durch die Schule
12. Kopf- und Rückenschmerzen durch zu langes Sitzen
13. Übereinstimmung zwischen häuslicher und privater Freizeitgestaltung
14. Menge der Interessierten, Altersunterschiede
15. Reizüberflutung
16. Gesundheitliche Risiken durch technisches Gerät (Strahlenbelastung, Lautstärke etc.)

17. _____

Aufgabenstellung

1. Erledige folgende Vorarbeiten, bevor du deine Stellungnahme schreibst.
   a) **Prüfe die Stichpunktliste** in Hinblick auf ihre Gültigkeit und Relevanz bezüglich der strittigen Frage sowie hinsichtlich ihrer Überzeugungskraft für die Adressaten.
   b) **Wähle die besten Argumente aus**, die du für deine Stellungnahme verwenden möchtest, und **begründe**, warum du sie für besonders wichtig bzw. geeignet hältst. (Du kannst auch weitere Gesichtspunkte hinzufügen. Es kommt bei deiner Auswahl nicht auf die Anzahl, sondern auf die Überzeugungskraft der Argumente an.)

Nr.	Warum ist das gewählte Argument im Hinblick auf deine Stellungnahme besonders wichtig?

2️⃣ Wähle die Argumente aus der Argumenteliste aus, die dir für die Klärung des strittigen Sachverhalts besonders wichtig erscheinen. Ordne sie zur Vorbereitung der schriftlichen Stellungnahme (Aufgabe 2) so an, dass die Argumente mit der größten Überzeugungskraft ganz am Anfang stehen.

2. Verfasse auf der Grundlage deiner Vorarbeiten deine Stellungnahme für das SV-Brett.

Hinweise zur Anfertigung deiner Stellungnahme:

- In deiner Einleitung solltest du den Sachverhalt erläutern und eine These oder Thesen dazu entwickeln.
- Führe dann Argumente an, um deine These zu stützen und entkräfte mögliche Gegenargumente zu deiner These.
- Die Anzahl der Argumente ist nicht unbedingt entscheidend. Wichtig ist, wie überzeugend deine Gedanken ausgeführt sind. Du kannst zu einem Argument unterschiedliche Aspekte nennen, du kannst Beispiele anführen, dich auf Erfahrungen berufen, Erläuterungen geben, mögliche Situationen entwerfen. Du kannst Argumente durch Gegenbeispiele entkräften, Widersprüche offenlegen.
- Du solltest deine Ausführungen so ordnen, dass die Schwerpunkte deiner Argumentation deutlich werden.
- Am Ende solltest du deine Argumente noch einmal zusammenfassend auf die These und/oder die Diskussion an der Schule beziehen.

Erläuterungen zur Beispielaufgabe

Analyse der Aufgabenstellung

Eine wichtige Voraussetzung für das Gelingen der schriftlichen Stellungnahme ist eine gründliche Analyse der Aufgabenstellung. Dabei sind folgende Aspekte zu beachten:

Erfassen des strittigen Sachverhalts	Wichtig ist, dass du erkennst, was eigentlich strittig ist und welche Positionen sich grundsätzlich zum strittigen Sachverhalt beziehen lassen. Folgende Hilfsfragen können dir dabei helfen: • Was ist das übergeordnete Thema? Welcher Teilbereich steht in der Aufgabe zur Diskussion? • Wer ist beteiligt und welche Position vertreten die Beteiligten genau? • Welche/s Ziel/e verfolgen die Beteiligten? Da der Sachverhalt einem der beiden verbindlichen Rahmenthemen zuzuordnen ist, solltest du als Vorbereitung für fundiertes Sachwissen in beiden Bereichen sorgen.
Bestimmen von Schreibanlass und Schreibziel	Du musst den Aufgabentext sehr gründlich lesen, da dort der Schreibanlass genannt wird (in der Beispielaufgabe: eine Stellungnahme für das SV-Brett zur strittigen Frage *Ist es sinnvoll, einen Fernsehraum als offenes Angebot für die Mittagspause einzurichten?*). Aus dem Schreibanlass leitet sich das Schreibziel ab (Position, die bezogen auf den strittigen Sachverhalt vertreten werden kann). Das Schreibziel ist entweder selbst zu bestimmen oder wird im Aufgabentext vorgegeben (hier: Schreibziel ist selbst zu bestimmen). <u>Die Festlegung des Schreibziels beeinflusst die Wahl der Argumente!</u>
Festlegen von Adressatenbezug und Textsorte	Im Aufgabentext ist auch angegeben, wer der Adressat ist (hier: Leser des SV-Bretts) und welche Textsorte für die Argumentation verwendet werden soll (hier: schriftliche Stellungnahme am SV-Brett). Der Adressatenbezug und die Textsorte bestimmen ganz wesentlich Aufbau und sprachliche Gestaltung der Stellungnahme. Folgende Fragen solltest du dir beantworten: Ist der Adressat einer Gruppe zuzuordnen und welche Position vertritt er als Vertreter dieser Gruppe (z. B. Schüler, Eltern oder Schulleiter)? Welche Argumente ergeben sich aus der Position, die er als Vertreter einer Gruppe einnehmen muss?

Analyse der Argumenteliste

Auswahl und Begründung der Argumente	Bei der Entscheidung für die Auswahl der Argumente sind folgende Fragen zu klären: • Welche Gewichtung haben die Argumente in Bezug zueinander? • Welches sind unter genauer Berücksichtigung des Schreibziels und des Adressaten die wichtigsten Argumente? Die Begründungen für die Auswahlentscheidungen (Aufgabe 1) müssen verdeutlichen, warum ein Argument im Zusammenhang mit dem strittigen Sachverhalt von besonderer Bedeutung ist (z. B. weil es für den Adressaten wahrscheinlich wichtig ist oder weil es sachlich bedeutsam ist usw.)
Anordnung, Anreicherung und Entkräftung der Argumente	Die Anordnung der Argumente in der schriftlichen Entfaltung (Aufgabe 2) muss nicht der Gewichtung der Argumente bei der Bearbeitung von Aufgabe 1 entsprechen, sondern kann – je nach beabsichtigter Wirkung – auch anders gestaltet werden. Auf jeden Fall muss ein Aufbauprinzip erkennbar sein: Linear = stärkstes Argument am Anfang Alternierend = Wechsel von Argumenten und Entkräftung von Gegenargumenten Im Ganzen steigernd = stärkstes Argument am Ende Die Qualität der vorgegebenen Argumente kann angereichert werden, indem • Teilaspekte ergänzt werden, Bezüge zu untergeordneten Argumenten hergestellt werden, • Beispiele genannt bzw. ergänzt werden. Vorgegebene Argumente können auch verwendet werden, um sie zu entkräften, indem z. B. auf persönliche Erfahrungen Bezug genommen wird.

Hinweise zur schriftlichen Entfaltung der Argumentation

Bei der Anfertigung der schriftlichen Entfaltung solltest du auf jeden Fall genau die Hinweise beachten, die in der Aufgabenstellung als Hilfe gegeben werden (vgl. S. 74). Je nach Textsorte, die zu erstellen ist, können diese Hinweise unterschiedlich sein. Das Verfassen einer Stellungnahme für eine Schülerzeitung erfordert z. B. einen anderen Stil als das Erstellen eines argumentativen Briefs (Anrede, Eingangs- und Schlussformel etc.).

Aufbau der Argumente	Bei der Auswahl der Argumente solltest du aus der Argumenteliste nur die Argumente wählen, die eine Bedeutung für die Klärung des stritten Sachverhalts besitzen. Dazu gehören auch wichtige Gegenargumente, die du in der Argumentation entkräften kannst. Verzichten solltest du allerdings auf die Argumente, die keinen Beitrag zur Klärung der strittigen Frage leisten (hier: alle Argumente die mit „– –" oder „–" auf Seite 76 gekennzeichnet sind). Die Qualität deiner schriftlichen Argumentation hängt auch davon ab, wie kreativ du mit den Argumenten in der vorgegebenen Kommunikationssituation umgehst. Dazu gehört, dass einzelne Argumente aufeinander bezogen werden bzw. kontrastierend verwendet werden.
Begründete Schlussfolgerung	Je nach Aufgabenstellung kann es sinnvoll sein bzw. sogar ausdrücklich gefordert werden, dass du deine Argumente mit Blick auf die strittige Fragestellung noch einmal zusammenfasst, um deine Position ganz deutlich werden zu lassen.

75

Lösungen

Im Folgenden findest du die Bewertung aller 16 Argumente, die in der Aufgabe 1 vorgegeben sind (siehe Seite 72). Bei der Beurteilung der Qualität der einzelnen Argumente wird diese Abstufung vorgenommen:

Geeignete Argumente		Nicht geeignete Argumente	
++	Argumente mit größter Bedeutung	––	Irrelevante Argumente
+	Gute Argumente mit untergeordneter Bedeutung	–	Argumente mit mittlerer Passung

1 Vergleiche die Gewichtung und die Begründungen mit deiner Lösung auf Seite 73.

		Begründung
1.	+	Vor dem Hintergrund der Tatsache, dass Schülerinnen und Schüler im Unterricht kognitiv intensiv gefordert werden, ist dies zwar ein gutes Argument, wird allerdings dadurch eingeschränkt, dass es noch andere, vielleicht bessere Möglichkeiten gibt (Bezug zu 10.).
2.	–	Nur bedingt ein gutes Argument, da es in der Regel andere und bessere Informationsquellen in der Schule gibt (z. B. Bücherei, Internet usw.).
3.	––	Kein Argument, da es sich um Sonderfälle handelt, die bei entsprechenden vorkehrenden Maßnahmen eher Ausnahmen darstellen.
4.	++	Ein sehr gewichtiges Argument, da die Erziehung zu einem bewussten Umgang mit dem Medium Fernsehen nicht dadurch stattfinden kann, dass man das Fernsehen verhindert.
5.	+	Ein richtiges Argument, das aber sehr stark davon abhängig ist, welche Programmauswahl getroffen wird (Zusammenhang mit 8.)
6.	–	Kaum ein Argument, da das genannte Problem genau so alle anderen Bereiche betrifft, an denen Pausenaktivitäten stattfinden.
7.	–	Nur bedingt ein Argument, da das auch für viele andere Angebote und Einrichtungen in der Schule zutrifft und speziell das Fernsehen langfristig nicht kostenintensiv ist.
8.	++	Ein Argument mit hoher Bedeutung, da bei der Größe des zu erwartenden Interesses mit Streitereien gerechnet werden muss.
9.	+	Grundsätzlich zwar ein gutes Argument, das aber durch das begrenzte Angebot solcher Sendungen und die Gebundenheit an feste Sendezeiten eingeschränkt wird.
10.	+	Ein wichtiges Argument, das allerdings dadurch relativiert wird, dass auch eine Pausengestaltung ohne Fernsehen Bewegung nicht garantiert.
11.	++	Ein sehr bedeutsames Argument, da auch die Mittagsfreizeit der Aufsichtspflicht der Schule unterliegt.
12.	–	Nur bedingt ein Argument, da man die Zeit vor dem Fernseher und die Art, wie man fernsieht, selbst beeinflussen kann.
13.	––	Kein Argument, da der Hinweis auf persönliche Vorlieben nicht zur Klärung einer Sachfrage beiträgt.
14.	++	Ein sehr wichtiges Argument, das einerseits für die Einrichtung eines Fernsehraums spricht, allerdings ebenso dagegen, da die Menge der Interessierten und die Unterschiedlichkeit der Interessen in einem Raum nicht zu bewältigen ist (Zusammenhang mit 8. und 11.).
15.	–	Nur ein eingeschränktes Argument, da das für die Freizeit zu Hause viel eher zutrifft.
16.	––	Kein Argument, da dies auch für den privaten Bereich gelten würde.

Eine Lösung zur Aufgabe 2 könnte so aussehen:

Fernsehen in der Mittagsfreizeit?

Hallo Leute, wie ihr sicher schon gehört habt, wird in unserer Schule im Moment diskutiert, ob es sinnvoll ist, einen Fernsehraum als offenes Angebot in der Mittagsfreizeit einzurichten. Wir kennen alle diese Momente im Schulalltag, in denen man einfach abschalten und sich entspannen möchte, was beim Fernsehen natürlich recht gut geht. Aber uns ist auch klar, dass die Einrichtung eines Fernsehraums in einer Schule prinzipiell nicht ganz unproblematisch ist.

Schülerinnen und Schüler werden als direkte Adressaten in der Mitteilung angesprochen

Auf der letzten SV-Sitzung haben wir das Thema intensiv diskutiert und sind zu folgendem Ergebnisse gekommen: Wir unterstützen grundsätzlich eure Forderung nach der Einrichtung eines Fernsehraums, sehen aber auch, dass wir dazu einen eigenen Beitrag leisten müssen.

Nennung des strittigen Sachverhalts mit Bezug auf eigene Erfahrungen

Angabe der eigenen Position als These

Die SV ist der Meinung, dass sich Medienerziehung nicht dadurch erreichen lässt, dass man die Nutzung von Medien unterbindet. Gerade in der Schule sollte man die Gelegenheit nutzen, an einen bewussten und eigenverantwortlichen Fernsehkonsum heranzuführen. Das Internet wird schließlich auch nicht mehr aus der Schule verbannt, sondern die richtige Nutzung wird sogar im Unterricht eingeübt.

Wichtigstes Argument an erster Stelle

Stützung des Arguments durch Beispiele

Wir teilen die Bedenken, dass es aufgrund des großen Interesses am Fernsehen in der Mittagsfreizeit zu einem heftigen Andrang und zu Streitereien wegen der Programmauswahl kommen kann. Denn es ist davon auszugehen, dass unsere jüngeren Mitschülerinnen und Mitschüler sicherlich andere Sendungen sehen möchten als die Oberstufenschülerinnen und -schüler. Wir bieten deshalb an, die Aufsicht im Fernsehraum und die Kontrolle der Programmauswahl selbst zu übernehmen und zu organisieren. Um unsere Bereitschaft zu demonstrieren, werden wir einen Aufsichtsplan aufstellen, den wir zusammen mit einem Vorschlag zur Programmauswahl in den kommenden Wochen der Schulleitung übergeben werden.

Begründete Entkräftung eines häufig genannten Gegenarguments

Das Argument, dass ein solcher Fernsehraum Bewegungsmangel durch eine passive Pausengestaltung fördern könne, halten wir nicht für stichhaltig, da es eher vom Typ abhängt, ob man sich in der Pause bewegen möchte oder nicht. Speziell bei unseren jüngeren Mitschülerinnen und -schülern beobachten wir immer wieder, dass sie selbst bei schlechtem Wetter draußen spielen. Davon werden sie sich auch nicht durch die Einrichtung eines Fernsehraums abhalten lassen. Andere, die grundsätzlich keinen Spaß an der Bewegung haben, wird man sicherlich auch nicht dazu anregen können, sich mehr zu bewegen, indem man auf einen Fernsehraum verzichtet. Auch jetzt gibt es schon Schülerinnen und Schüler, die es vorziehen, die Pause ruhig auf einer Bank zu verbringen. Das anfängliche Interesse, das ein solches Zusatzangebot wahrscheinlich auslöst, wird schnell wieder abebben, sodass sich das Pausenverhalten von selbst reguliert.

Abschließende Zusammenfassung, erneute Nennung der eigenen Position zum strittigen Sachverhalt und konkreter Lösungsvorschlag

Die SV wird sich in nächster Zeit verstärkt für die Einrichtung eines Fernsehraums einsetzen. Um unseren Bemühungen Nachdruck zu verleihen, fordern wir besonders Oberstufenschülerinnen und -schüler auf, sich bei uns zu melden, damit wir einen Aufsichtsplan erstellen können.   Eure SV

① Überarbeite gegebenenfalls diesen Lösungsvorschlag bzw. verfasse unter Verwendung der Argumenteliste eine eigene Stellungnahme, wenn du gegenüber dem strittigen Sachverhalt eine andere Meinung vertrittst.

② Verfasse zu Übungszwecken zum strittigen Sachverhalt eine Stellungnahme in Form eines Briefs, den du als Schülervertreter an den Schulleiter schickst.

Textbasierte Argumentation

Anders als bei der freien Argumentation bilden bei dieser Form des schriftlichen Argumentierens ein Text bzw. auch mehrere kürzere Texte den Ausgangspunkt. Das erfordert zunächst

- ein sehr konzentriertes Lesen des Textes/der Texte und der dazugehörigen Aufgabenstellung,
- eine Bestimmung des zentralen Themas und der Position des Verfassers (Kernthese im Text lokalisieren),
- die Überprüfung der angeführten Begründungen und Beispiele,
- die Beurteilung der Schlüssigkeit der Argumente und Klärung des Verhältnisses in Bezug auf die eigene Position zum Thema.

Bei den Textvorlagen handelt es sich in der Regel um Sachtexte. Hilfen zur Analyse von Sachtexten findest du auf S. 109.

Eine textbasierte Argumentation besteht grundsätzlich aus zwei Teilaufgaben, wobei nur die zweite Teilaufgabe als schriftlich ausformuliertes Ergebnis vorzulegen ist:

1. Herausarbeitung der Grundposition des Verfassers und Klärung der Argumentationsstruktur durch die reflektierte Auseinandersetzung mit den Begründungen und Beispielen.
2. Kritische Überprüfung und Bewertung der Argumentation und begründete Darstellung der eigenen Position mit Bezug auf den Ausgangstext.

Die zweite Teilaufgabe fordert dazu auf, der im Text vertretenen Position zuzustimmen bzw. diese abzulehnen und in Abgrenzung dazu eine eigene Position begründet zu entwickeln. Daraus ergeben sich unterschiedliche Strategien:

> ### TIPP
> Das Argumentieren fällt in der Regel leichter, wenn die eigene Meinung in gewissem Widerspruch zu der im Text vertretenen Ansicht steht. Bei völliger Übereinstimmung der fremden und der eigenen Position solltest du besonders darauf achten, dass nicht nur mit eigenen Worten wiederholt wird, was bereits im Text steht. Beachte dann besonders die unten als letztes empfohlene Strategie!

Position des Verfassers – eigenen Position	Strategien der eigenen Argumentation
Ansichten des Verfassers stehen im völligen Widerspruch zu den eigenen	– Prämissen (Grundannahmen) des Textes prüfen und begründet infrage stellen. – Die Qualität der Argumente und die Schlüssigkeit der Argumentation kritisch überprüfen und Schwachstellen nachweisen. – Die Gültigkeit einzelner Thesen begründet einschränken. – Einzelne Begründungen oder Beispiele kritisch reflektieren bzw. als unzureichend darstellen.
Ansichten des Verfassers stimmen teilweise mit den eigenen überein	– Kennzeichnung der Thesen und Begründungen, bei denen eine Übereinstimmung besteht; evtl. Ergänzung weiterer Argumente, die die Ansicht des Verfassers unterstützen – Kennzeichnung der Thesen und Begründungen, bei denen keine Übereinstimmung besteht und Darstellung von Gegenargumenten, die die Ansicht des Verfassers widerlegen
Übereinstimmung zwischen der Meinung des Verfassers und der eigenen Ansicht	– Die Argumentation des Verfassers durch die Ergänzung weiterer Argumente positiv stützen. – Mögliche Gegenargumente, die vom Verfasser nicht berücksichtigt wurden, begründet entkräften.

Hier findest du eine Beispielaufgabe für eine textbasierte Argumentation:

Aufgabenstellung

Lies den Text genau.
– Erscheint dir die Entscheidung des NRW-Landtags von 1997, das Kommunalwahlrecht auf 16 Jahre zu senken, nach wie vor richtig?
– Sind die im Text vorgebrachten Argumente aus heutiger Sicht noch gültig und könnten sie auch für die künftigen Landtagswahlen Gültigkeit beanspruchen?
– Verfasse einen eigenen argumentativen Text, der sich auf die Vorlage bezieht, Gegenargumente berücksichtigt und deine Position eindeutig erkennen lässt.

Herabsetzung des Wahlalters auf 16 Jahre *Franz-Josef Kniola*

Die Landesregierung hat 1997 im Landtag einen Gesetzentwurf mit Änderungen zum Kommunalwahlrecht eingebracht. Die hier dokumentierte Rede vom damaligen NRW-Innenminister Franz-Josef Kniola in der Landtagssitzung am 30. Oktober 1997 zeigt die wesentlichen Änderungen auf.

Der von der Landesregierung vorgelegte Gesetzentwurf zur Änderung des Kommunalwahlgesetzes
geht in seinen beiden wesentlichen Punkten auf die Koalitionsvereinbarung zurück, in der die
Koalitionsparteien übereingekommen waren, verschiedene Regelungen des Kommunalwahlgesetzes
unter Berücksichtigung der Wahlrechtsentwicklung in anderen Ländern zu überprüfen.
Im Einzelnen: Der Gesetzentwurf geht davon aus, dass 16-jährige die nötige Reife und Urteils-
fähigkeit für eine Teilnahme an Wahlen und Abstimmungen auf kommunaler Ebene besitzen.
Ergebnisse von jugendsoziologischen Untersuchungen belegen, dass 16-jährige junge Menschen
politische und gesellschaftliche Entwicklungen durchaus substanziell beurteilen können. Sie sind
daran vielfach nicht weniger interessiert als 18-jährige junge Erwachsene. Das veranlasst uns,
diesen jungen Menschen auch das aktive Wahlrecht bei Kommunalwahlen zu gewähren.
(Das aktive Wahlrecht bei Landtagswahlen und bei Bundestagswahlen, über das vielleicht auch
diskutiert werden könnte, das aber verfassungsrechtlich an die Vollendung des 18. Lebensjahres
geknüpft ist, steht in diesem Zusammenhang nicht zur Disposition.)
Für die Landesregierung geht es darum, bei jungen Menschen bereits frühzeitig dieses Interesse
durch demokratische Mitwirkung zu stärken. Das kann – wenn man das Ziel ernsthaft angehen
will – am ehesten dadurch geschehen, dass jungen Menschen die Teilnahme an politischen Ent-
scheidungsprozessen zumindest auf der überschaubaren kommunalen Ebene auch tatsächlich so
früh wie möglich ermöglicht wird.
Dadurch wird das Kommunalrecht keinesfalls zu einem Wahlrecht zweiter Klasse degradiert, wie
hier und da zu hören ist. Die Herabsetzung des aktiven Wahlalters um zwei Jahre kann vielmehr
der angeblichen Politikverdrossenheit der jungen Generation entgegenwirken. Sie ist auch eine
Chance für die Parteien, bereits früh auf junge Menschen zuzugehen und sie für eine aktive Teilnahme am politischen und gesellschaftlichen Geschehen zu gewinnen.

Empfohlene Arbeitsschritte

Zur Vorbereitung auf das Verfassen der eigenen Argumentation solltest du folgende Arbeitsschritte aus-
führen und Fragen an den Text beantworten:
• Sorgfältiges Lesen der Aufgabenstellung. Die Teilaufgaben bestimmen, die zu bewältigen sind. Welche
  → Operatoren werden in der Aufgabenstellung verwendet?

- Sehr gründliche, möglichst wiederholte Lektüre des Textes. Wichtige Stellen markieren und mit Kommentaren versehen, um die Kernthese im Text zu bestimmen und Stärken bzw. Schwächen der Argumentation zu kennzeichnen. Dazu solltest du dir folgende Fragen beantworten:
  - Welche Absicht verfolgt der Verfasser? Welche Ansicht in Bezug auf das gewählte Thema vertritt er? Gibt er Lösungen vor?
  - Mit welchen Argumenten begründet er seinen Standpunkt? Welche Qualität haben die Argumente und mit welchen Beispielen werden die Begründungen belegt?
  - Welches ist die zentrale These des Verfassers und wo wird sie im Text deutlich zum Ausdruck gebracht?
  - Auf welche Weise gelingt es dem Verfasser, Interesse für seine Ausführungen zu wecken? Welche → rhetorischen Mittel (siehe S. 128) werden dazu verwendet?
  - Gibt es wichtige Aspekte, auf die der Verfasser nicht eingeht? Gibt es Stellen, an denen er zu stark verkürzt oder verallgemeinert?
  - Welche Position vertrete ich selbst?

Für das Verfassen der schriftlichen Argumentation im Anschluss an die Auseinandersetzung mit dem Ausgangstext bietet sich folgende Gliederung an:

1. Einleitung	Grundinformationen zum Text nennen: Verfasser, Titel, Thema, Kerngedanken des Textes
2. Hauptteil	
2.1 Analyse des Textes	Darstellung der zentralen Thesen und der gedanklichen Zusammenhänge in der Textwiedergabe (siehe Seite 66)
2.2 Kritische Reflexion der Argumentation	Kritische Auseinandersetzung mit der Position des Verfassers im Sinne der oben beschriebenen Strategien
3. Schluss	Eigene Position mit Bezug auf die Einleitung oder den Hauptteil zusammenfassen und möglicherweise weiterführende Fragestellungen entwickeln

Achte beim **Ausformulieren der Argumentation** auf Folgendes:
- Verwende in der Textwiedergabe (siehe dazu S. 66) das Präsens und die indirekte Rede (siehe dazu S. 136).
- Verwende Textbelege und Zitate aus dem Text, um deine Aussagen zu belegen. Achte dabei auf richtiges Zitieren (siehe dazu S. 65).
- Achte darauf, dass sehr deutlich wird, bei welchen Passagen es sich um die Darstellung des Ausgangstextes bzw. um deine eigene kritische Reflexion handelt.
- Verwende Absätze, um die Gliederung deiner schriftlichen Argumentation deutlich werden zu lassen.
- Verknüpfe deine Aussagen durch geeignete sprachliche Formulierungen.

Stellungnahme

Im Anschluss an die Auseinandersetzung mit einem Sachtext wirst du eventuell dazu aufgefordert, zu einem dargestellten Sachverhalt oder einer These im Text Stellung zu beziehen. Die → Operatoren „nimm Stellung" bzw. „beziehe Stellung" verlangen nicht, dass du eine vollständig ausformulierte textbasierte Argumentation schreibst. Dies ist nur erforderlich, wenn – wie in der abgedruckten Beispielaufgabe – ausdrücklich dazu aufgefordert wird. Eine Stellungnahme bedeutet, dass du deine eigene Position zur Sache argumentativ klar begründest, aber in deutlich reduzierter Form darstellst. Deine Argumentation bezieht sich dann nicht auf den gesamten Text, sondern nur auf den in der Aufgabenstellung genannten Teilaspekt.

4.2 Lesen – Umgang mit Texten und Medien
Lyrische Texte
Merkmale lyrischer Texte

Dieses Kapitel zeigt, wie lyrische Texte verstanden und interpretiert werden können. Dazu werden Tipps und Hilfen gegeben, um Gedichte angemessen zu lesen, zu untersuchen und zu deuten. In einzelnen Schritten werden Wissen und Methoden vermittelt und in entsprechenden Übungen erprobt und gefestigt. Dazu werden Gedichte herangezogen, die in Prüfungen vorgelegt werden könnten.

Ein Beispiel:

Städter   *Alfred Wolfenstein*

Dicht wie Löcher eines Siebes stehn
Fenster beieinander, drängend fassen
Häuser sich so dicht an, dass die Straßen
Grau geschwollen wie Gewürgte sehn.

5 Ineinander dicht hineingehakt
Sitzen in den Trams die zwei Fassaden
Leute, ihre nahen Blicke baden
Ineinander ohne Scheu befragt.

Unsre Wände sind so dünn wie Haut,
10 Dass ein jeder teilnimmt, wenn ich weine.
Unser Flüstern, Denken ... wird Gegröle ...

– Und wie still in dick verschlossener Höhle
Ganz unangerührt und ungeschaut
Steht ein jeder fern und fühlt: alleine.

Lyrische Texte machen ihre Aussagen auf andere Weise als andere Textsorten, sie lenken die Aufmerksamkeit vor allem auf
– den Klang der Worte z. B. „Grau geschwollen wie Gewürgte sehn."
– die Folge der Worte in einem Sprechzusammenhang z. B. „… stehn … fassen … Straßen … sehn."
– die Verhältnisse von betonten und unbetonten Silben z. B. abwechselnd betont – unbetont: „Dicht wie Löcher eines Siebes stehn." (→ Trochäus)
– die besondere Wortwahl und den Satzbau, z. B. „die Straßen/Grau geschwollen" oder Vergleiche wie: „Wände sind so dünn wie Haut".

Gedichte bedienen sich meist einer bildlichen Sprache oder stellen Sachverhalte so dar, dass sie als Bild für das Gemeinte dienen, z. B. „drängend fassen/Häuser sich so dicht an" (→ Personifikation) oder: „Ineinander dicht hineingehakt/Sitzen in den Trams die zwei Fassaden/Leute, ihre nahen Blicke baden" (→ Metapher).

Zudem gibt es besondere Formen der Lyrik, die immer wieder, auch in ganz verschiedenen Zeiten und Zusammenhängen, genutzt werden, um die Aussagen zu gestalten, wie im vorliegenden Beispiel etwa das → Sonett.

Die Leser müssen viel mehr tun als im Umgang mit anderen Texten, da sie die Andeutungen und Anspielungen oder die oft verschlüsselten oder nicht eindeutigen Aussagen selbst in einen sinnvollen Zusammenhang bringen müssen: In dem Beispielgedicht ist es die Darstellung des Lebens in einer Stadt vor dem Ersten Weltkrieg mit seiner Enge und räumlichen Nähe, in der sich die Menschen dennoch fremd bleiben und jeder ohne innere Verbindung zu anderen ganz für sich lebt.

Je nach Gedicht treten andere Elemente in den Vordergrund, werden je verschiedene Aspekte der Gestaltung und Bedeutungsbildung wichtig. Eine angemessene Interpretation hat die jeweils wichtigen Aspekte entsprechend zu berücksichtigen. Dazu bedarf es besonderer Begriffe, um diese spezifischen Elemente zu erkennen, zu beschreiben und zu deuten.

Begriffe zur Gedichtanalyse

Strophe	Verbindung mehrerer Verse zu einer in sich geschlossenen Einheit. Die Verbindung der Verse kann durch das Metrum, die Reime sowie die Versart und -zahl gegeben sein.	Strophenformen unterscheiden sich durch regelmäßige Versmaße und Reimschemata
Reim	Übereinstimmung von Lauten zweier oder mehrerer Wörter; man unterscheidet Stabreime (Alliteration: anlautende Konsonanten) von Endreimen (auslautende Vokale)	Stabreim: *komm kurzer kräftiger Kerl* Endreim: *Band – Hand*
Reimschema	Darstellung der verschiedenen Endreimformen (meist) durch Kleinbuchstaben	Paarreim (aabbcc …), Kreuzreim (abab …), umarmender Reim (abba)
Metrum	Versmaß mit bestimmten Betonungsverhältnissen im Vers, bestehend aus Versfüßen	betonte Silbe: ´ unbetonte Silbe: ^
Hebungen	Betonungen im Vers: Je nach Zahl der Hebungen im Vers kann etwa vom 5-hebigen oder 6-hebigen Jambus als Versmaß gesprochen werden.	*Es strebe jeder von euch um die Wette* (Blankvers: 5-hebig) *Du siehst, wohin du siehst, nur Eitelkeit auf Erden* (Alexandriner: 6-hebig)
Trochäus	Zweihebiger Versfuß: betont – unbetont	*Aug, mein Aug, was sinkst du nieder?*
Jambus	Zweihebiger Versfuß: unbetont – betont	*Zum Kampf der Wagen und Gesänge …*
Daktylus	Dreihebiger Versfuß: betont – unbetont – unbetont	*Leidenschaft führt mir die Schale zum Munde*
Anapäst	Dreihebiger Versfuß: unbetont – unbetont – betont	*Aus der Hand frisst der Herbst mir sein Blatt: wir sind Freunde.*
Enjambement	„Zeilensprung" eines Satz- und Sinnzusammenhangs über das Vers-/Strophenende hinaus	*Lust und Leid und Liebesklagen/kommen so verworren her/in dem linden Wellenschlagen*
Metapher	Sprachliches Bild, bei dem die Bedeutung des Bildspenders auf den Bildempfänger bezogen wird	*Kenntnisse sind das Salz in der Suppe der Bildung.*
Vergleich	Sprachliches Bild, bei dem verschiedene Dinge oder Sachverhalte nebeneinander gestellt werden	*Wissen ohne Fakten ist wie ein Vogel ohne Flügel.*
Personifikation	Sprachliches Bild, bei dem Gegenstände, Tiere oder abstrakte Sachverhalte als menschliche Personen angesprochen werden	*Berlin handelt mit bestem Wissen und Gewissen.*

Alliteration	gleiche Anlaute von Silben und Worten	*Verantwortung, Veränderung, Vertrauen – das ist, was wir wollen.*
lyrisches Ich	Die Äußerungen in einem Gedicht können nicht unmittelbar auf den Verfasser bezogen werden. Es ist also methodisch sinnvoll, die Stimme, die in einem lyrischen Text zu erkennen ist, von dem Verfasser zu unterscheiden. Hierfür hat sich der Begriff des *lyrischen Ichs* (oder Subjekts) durchgesetzt.	*Du bist mein Mond, und ich bin deine Erde;/Du sagst du drehest dich um mich./Ich weiß es nicht, ich weiß nur, dass ich werde/In meinen Nächten hell durch dich.* (Friedrich Rückert)

Metrum und Reim

Gedichte sind Texte, die in besonderer Weise gestaltet sind. Dies gilt auch für die Anordnung der Worte in den Versen. So fällt bei vielen Gedichten der Endreim auf, aber auch eine Wiederholung der Sprechweise der Zeilen. Sie wird erzeugt durch die Verteilung der Betonungen in einem Vers, so werden in gelesenen Versen Betonungen hörbar. In vielen Gedichten sind die Betonungen regelmäßig verteilt, hier spricht man von einem bestimmten Versmaß. Wichtig ist dabei das Verhältnis von betonten zu unbetonten Silben.

Betonte und unbetonte Silben

Man unterscheidet zunächst betonte und unbetonte Silben, um dann die Verteilung der Betonungen zu betrachten. Hierbei kann man von der Betonung eines Wortes ausgehen. In zweisilbigen Worten wird entweder die erste Silbe betont wie in *Hánd-lung* und *gé-ben* oder die Betonung liegt auf der zweiten Silbe wie bei *Ge-búrt* und *Ver-stánd*. In anderen Worten folgen auf eine betonte zwei unbetonte Silben, wie bei *Strá-ßen-bau* und *Eín-tritts-geld*, oder es wird die letzte Silbe betont wie bei *un-ter-wégs* und *ne-ben-béi*. Die Betonung bestimmter (Wort-) Silben gestaltet Äußerungen und trägt zu deren Wirkung Entscheidendes bei. Bei den Redewendungen „mit Kind und Kegel" oder „mit Haut und Haar" werden jeweils die zweite und vierte Silbe betont, während die erste und dritte (bzw. fünfte) unbetont bleiben. Das Formelhafte und Eingängige von Wendungen dieser Art wird mit diesen Betonungen (auch → Hebungen genannt) verstärkt. Zudem reimen sich die anlautenden Konsonanten: K-K bzw. H-H (→ Alliteration), was die Formulierung nochmals verstärkt und leichter „ins Ohr" gehen lässt.

In lyrischen Texten werden diese Möglichkeiten gezielt genutzt. Verse mit regelmäßigen Betonungsverhältnissen gehorchen einem bestimmten Versmaß (→ Metrum). In der europäischen Literatur sind die aus der Antike stammenden Versmaße von großem Einfluss gewesen (allerdings bezeichnen diese die unterschiedliche Länge von Wortsilben im Griechischen und Lateinischen und sind bei der Übernahme auf die unterschiedlichen Betonungen im Deutschen bezogen worden).

Betonungsverhältnisse bestimmen

In lyrischen Texten werden durch die besondere Gestaltung der sprachlichen Lautungen Wirkungen und Bedeutungen erzeugt. So wechseln sich etwa in einem Gedicht von Friedrich Schiller betonte und unbetonte Silben ab: „Zum Kámpf der Wágen únd Gesánge,/Zog Íbykús, der Götterfréund." Diese Regelmäßigkeit (eines vierhebigen Jambus) verleiht dem Text eine bestimmte Lebendigkeit und Impulsivität. In den Zeilen eines anderen Gedichts von Joseph von Eichendorff wechseln ebenfalls betonte und unbetonte Silben, doch in anderer Weise und mit anderer Wirkung: „Nácht ist wié ein stílles Méer,/Lúst und Léid und Liébes-klágen/Kómmen só verwórren hér". Diese (trochäischen) Betonungsverhältnisse verstärken das Getragene und Schwere der Worte und ihrer Bedeutungen. In dem Gedicht *Städter* (S. 81) wird durchgängig ein → Trochäus verwendet:

Dícht wie Löcher éines Siébes stéhn
Fénster béieinánder, drängend fássen
Häuser sích so dícht an, dáss die Stráßen
Gráu geschwóllen wíe Gewürgte séhn.

83

Nicht immer ergänzen sich jedoch Aussage der Worte und die Gestaltung der Betonungsverhältnisse. So stehen in dem folgenden Vers von Heinrich Heine die (jambischen) Betonungen in Spannung zu den Formulierungen: „Mein Hérz, mein Hérz ist tráurig". Diese Spannung trägt zur ironischen Brechung der Aussagen des lyrischen Ichs bei.

In dem folgenden Gedicht werden die Betonungen so gesetzt wie im Rhythmus des Walzertaktes, wo nämlich der erste Schritt von dreien betont wird. Damit wird im Sprechen des Textes das nachgeahmt, wovon die Rede ist, nämlich der Walzer-Tanz. Zugleich wird das Tanzen zum Bild für das Leben genommen.

Walzer *Novalis*

Hinunter die Pfade des Lebens gedreht
Pausiert nicht, ich bitt euch so lang es noch geht
Drückt fester die Mädchen ans klopfende Herz
Ihr wisst ja wie flüchtig ist Jugend und Scherz.

5 Lasst fern von uns Zanken und Eifersucht sein
Und nimmer die Stunden mit Grillen entweihn
Dem Schutzgeist der Liebe nur gläubig vertraut
Es findet noch jeder gewiss eine Braut.

Während die ganz regelmäßig wiederholten Betonungsverhältnisse als Metrum oder Versmaß (und manchmal auch als Takt) der Verse begriffen werden, so bezeichnet der Rhythmus eines Gedichts das Sprechen in dieser Gleichmäßigkeit, aber mit Rücksicht auf Betonungen nach dem Sinn der Worte und Sätze. Für die Beschreibung des sich wiederholenden Metrums ist es sinnvoll, das sinnbezogene Betonen zu meiden und die sich ergebenden Betonungen besonders hervorzuheben. Eine Hilfe kann sein, sich der Betonungen eines Wortes beim Sprechen zu vergewissern.

❶ Bestimme die Betonungen in den folgenden Wörtern, spreche sie dazu laut vor und übertreibe die Betonungen der Silben, z. B. Strá - ße, Gasse, Masse, Fußweg, abholen, weglassen, Einrichtung, Vergesslichkeit, Brotmischung, Sprungschanze, weglaufen, aufheben, Verantwortung, Gedichtvortrag, Regal, Salatmischung.

❷ Bestimme die Versmaße in dem folgenden Gedicht, lies es laut vor und übertreibe die Betonungen der Silben.

❸ Überlege, welche Bedeutung und Funktion der Wechsel des Metrums haben könnten.

Auf dem See *Johann Wolfgang von Goethe*

Und frische Nahrung, neues Blut
Saug ich aus freier Welt;
Wie ist Natur so hold und gut,
Die mich am Busen hält!
5 Die Welle wieget unsern Kahn
Im Rudertakt hinauf,
Und Berge, wolkig himmelan,
Begegnen unserm Lauf.

Aug, mein Aug, was sinkst du nieder?
10 Goldne Träume, kommt ihr wieder?
Weg, du Traum! so gold du bist;
Hier auch Lieb und Leben ist.

Auf der Welle blinken
Tausend schwebende Sterne
15 Weiche Nebel trinken
Rings die türmende Ferne;
Morgenwind umflügelt
Die beschattete Bucht,
Und im See bespiegelt
20 Sich die reifende Frucht.

Verse und Zeilensprünge (Enjambements)

Die sprachliche Gestaltung eines Gedichts wird vor allem auch durch die Verse bestimmt. Hat ein Gedicht Endreime, so sind die Verse unmittelbar an der Wiederholung der Laute am Zeilenende erkennbar. Bei Gedichten ohne Endreime gehorcht die Versgestaltung noch anderen Regeln. So geht es in einem Gedicht von J.W. Goethe um die Auflehnung des Prometheus gegen den Göttervater Zeus, der diesen bestraft hat, weil er den Menschen das Feuer gebracht hat:

Hier sitz ich, forme Menschen   *Zu genießen und zu freuen sich,*
Nach meinem Bilde,   *Und dein nicht zu achten,*
Ein Geschlecht, das mir gleich sei,   *Wie ich!*
Zu leiden, zu weinen,   *...*

Hier werden mehrere Zeilensprünge deutlich, schon der zweite Vers wird mit der Satzergänzung „Nach meinem Bilde" gestaltet. Beim lauten Lesen wird hörbar, warum dies so ist: Die kurze Pause nach der ersten Zeile und die Betonungen auf den ersten Silben von „meinem" und „Bilde" heben den Anspruch des Sprechers, also Prometheus, hervor. Ein Vers hingegen, der den Satz zusammenlässt („Hier sitz ich, forme Menschen nach meinem Bilde"), hebt dies nicht in gleicher Weise hervor.

④ In dem folgenden Gedicht ist nur die erste Strophe in der originalen Versform abgedruckt. Versuche, sie für die zweite Strophe selbst herzustellen.

Die Stadt   *Alfred Lichtenstein*

Ein weißer Vogel ist der große Himmel.
Hart unter ihn geduckt stiert eine Stadt.
Die Häuser sind halbtote alte Leute.

Griesgrämig glotzt ein dünner Droschkenschimmel. Und Winde, magre Hunde, rennen matt. An
5 scharfen Ecken quietschen ihre Häute. In einer Straße stöhnt ein Irrer: Du, ach, du – Wenn ich
dich endlich, o Geliebte, fände ... Ein Haufen um ihn staunt und grinst voll Spott. Drei kleine
Menschen spielen Blindekuh – Auf alles legt die grauen Puderhände Der Nachmittag, ein sanft
verweinter Gott

Reimformen und Strophenformen

Die Gestaltung lyrischer Sprache von Gedichten beruht größtenteils auf Wiederholungen. Auffallende Wiederholungen sind regelmäßige Betonungsverhältnisse und, oft mit Lyrik selbst gleichgesetzt, der Gleichklang der Wörter am Ende der Zeilen, die Endreime. So können einsilbige Wörter gleich klingen wie *Rand* und *Wand* (männlicher Reim) oder die betonte Silbe und die unbetonte: *Lieder* und *wieder* (weiblicher Reim). Die Folge der → Reime in einem Gedicht kann auf verschiedene Weise gestaltet werden. Man spricht von *Paarreimen* (aabbcc ...), von *alternierenden Reimen* (ababcdcd ...) oder auch *umarmenden Reimen* (abbacddc ...). Wiederum wichtig ist die Frage, inwiefern diese Reimformen wirken und zur Bedeutungsbildung des Gedichts beitragen.

Sprachliche Bilder und deren Bedeutung

Wahl und Konstruktion sprachlicher Bilder sind immer bezogen auf den jeweiligen Sprech- und Schreibzusammenhang mit seinen individuellen, thematischen, historischen und kulturellen Aspekten. Viele Bilder in Gedichten werden so auch aus der Tradition kultureller Überlieferungen bezogen. Lyrische Texte enthalten nun nicht nur diese mit → Metaphern, → Vergleichen und → Personifikationen erzeugten Bilder, sondern können auch in der Darstellung einer konkreten Situation oder eines Sachverhalts bildhafte Aussagen machen, die über das Benannte hinausgehen. Die in dem folgenden Gedicht von Matthias Claudius beschriebene abendliche Landschaft kann etwa als Bild für die Stimmung nach einem langen Tag oder auch einem langen Leben verstanden werden.

Abendlied   *Matthias Claudius*

Der Mond ist aufgegangen
Die goldnen Sternlein prangen
   Am Himmel hell und klar;
Der Wald steht schwarz und schweiget,
5 Und aus den Wiesen steiget
   Der weiße Nebel wunderbar.

Wie ist die Welt so stille,
Und in der Dämmrung Hülle
   So traulich und so hold!
10 Als eine stille Kammer,
Wo ihr des Tages Jammer
   Verschlafen und vergessen sollt.

Gerade für die bildhafte Interpretation solcher konkreten Darstellungen bedarf es geeigneter Kontexte, in deren Zusammenhang sich Bedeutungen ergeben. Vor allem in der modernen Lyrik kann jeder Bezug zu einem konkreten vorstellbaren Handlungs- oder Situationszusammenhang gelöst, nur angedeutet oder ganz aufgegeben sein.

Ein bedeutendes Element von Gedichten ist also der Gebrauch bildlicher Rede. Dabei nutzen Gedichte die Möglichkeiten der Sprache, mit und in Bildern zu formulieren. So spricht man etwa von einer „Durststrecke" nicht nur beim Wandern, sondern auch dann, wenn eine Zeit der Anstrengung ohne prompten Erfolg gemeint ist. Man deutet aber zugleich an, dass, wie beim Erreichen eines Wanderziels, der Durst gelöscht werden kann, dass also der angestrebte Erfolg sich schon noch einstellen werde. Die wichtigsten Formen bildlicher Rede sind der → Vergleich und die → Metapher. In beiden Fällen wird die Bedeutung einer Formulierung auf einen anderen Bereich bezogen.

In dem Gedicht *Du bist mein Mond* (S. 89) wird die Darstellung des Verhältnisses von Erde und Mond genutzt, um die Beziehung eines Ichs zu einem Du zu beschreiben. Das Verhältnis von Erde und Mond wird auf das Verhältnis von Ich und Du bezogen und damit, zwar nicht ausdrücklich, aber doch sehr wahrscheinlich, auf ein Verhältnis eines (wohl männlichen) Sprechers zu einem (weiblichen) Du. Dies wird nicht direkt ausgesprochen, aber die Rede von Liebe („liebst", „Liebesfackel") und Gebärde („Lichtgebärde") sind recht eindeutige Hinweise auf diese Bedeutung. Wer die Wortbilder „Liebesfackel" und „Lichtgebärde" richtig liest, erschließt den für dieses Gedicht wichtigsten Bedeutungsbereich.

Im folgenden Gedicht wird das Verhältnis zweier Segel auf dem Wasser für die Bedeutungsbildung genutzt. Auch hier wird der Bezug auf die Liebesbeziehung nicht ausdrücklich benannt, aber gleichfalls angedeutet.

Zwei Segel   *Conrad Ferdinand Meyer*

Zwei Segel erhellend
Die tiefblaue Bucht!
Zwei Segel sich schwellend
Zu ruhiger Flucht!

5 Wie eins in den Winden
Sich wölbt und bewegt,
Wird auch das Empfinden
Des andern erregt.

Begehrt eins zu hasten,
10 Das andre geht schnell,
Verlangt eins zu rasten,
Ruht auch sein Gesell.

Wie zwei helle (vielleicht weiße) Segel auf dem blauen Wasser aufgebläht werden oder auch bei Windstille
erschlaffen, wird mit der zum Teil nur angedeuteten Beschreibung als konkrete Vorstellung erzeugt. Dass
damit aber nicht eine Darstellung einer Segelregatta gemeint ist, deutet sich an mehreren Stellen an. Schon
die Rede von „Flucht" gehört dazu, dann vor allem die Worte „Empfinden" und „Gesell", aber auch „be-
gehren", „hasten", „gehen" und „rasten". Diese Begriffe bilden den Bedeutungsbereich des Menschlichen
und Persönlichen. Das Gedicht wird deshalb vor allem als Liebesgedicht gelesen und verstanden.
In Gedichten werden sprachliche Bilder in verschiedener Weise für die Aussage verwendet. Das Erkennen
und das Verstehen solcher Bilder kann durch das Erfinden und Anwenden entsprechender Formulierungen
entwickelt und geübt werden. Zunächst können dazu Wortmetaphern aus der Alltagssprache dienen.

⑤ Kläre die Bedeutung der folgenden Metaphern:
Baum-krone, Berg-fuß, Sprech-blase, Tisch-bein, Wasser-berg,
Tal-sohle, Auto-himmel;
Straßen brüllen vor Lärm, Wälder stehen still und schweigen,
der Wind flüstert in den Bäumen

⑥ Sammle weitere Wortmetaphern aus der Alltagssprache.

Vergleich, Metapher und Personifikation

Die Liebenden   *Bertolt Brecht*

Sieh jene Kraniche in großem Bogen!
Die Wolken, welche ihnen beigegeben
Zogen mit ihnen schon, als sie entflogen
Aus einem Leben in ein andres Leben
5 In gleicher Höhe und mit gleicher Eile
Scheinen sie alle beide nur daneben.
Daß so der Kranich mit der Wolke teile
Den schönen Himmel, den sie kurz befliegen
Daß also keines länger hier verweile
10 Und keines andres sehe als das Wiegen
Des andern in dem Wind, den beide spüren
Die jetzt im Fluge beieinander liegen.

So mag der Wind sie in das Nichts entführen
Wenn sie nur nicht vergehen und sich bleiben
15 Solange kann sie beide nichts berühren
Solange kann man sie von jedem Ort vertreiben
Wo Regen drohen oder Schüsse schallen.
So unter Sonne und Monds verschiedenen Scheiben
Fliegen sie hin, einander ganz verfallen.
20 Wohin ihr? Nirgendhin. Von wem davon? Von allen.
Ihr fragt, wie lange sind sie schon beisammen?
Seit kurzem. Und wann werden sie sich trennen? Bald.
So scheint die Liebe Liebenden ein Halt.

Text in alter Rechtschreibung

7 Erläutere das Bild, das hier genutzt wird, um eine Beziehung zu beschreiben.

8 Markiere die Stellen im Text, die darauf hindeuten, dass es um das Thema Liebe geht.

Formen der Lyrik

Es gibt zahlreiche Gedichtformen, von denen die bekanntesten u. a. Akrostichon, Elegie, Hymne, Ode, Haiku, Limerick, Elfchen sowie Lautgedichte, Figurengedichte und freie Formen sind.

Das aus der romanischen Tradition kommende **Sonett** hat in der deutschsprachigen Lyrik zunächst im 17. Jahrhundert (Barock) und wieder zu Beginn des 20. Jahrhunderts (Expressionismus) einen besonders großen Stellenwert erlangt. Es erfreut sich aber bis in die Gegenwart großer Beliebtheit. Die 14 Zeilen des Sonetts werden meist in zwei Quartette (Vierzeiler) und zwei Terzette (Dreizeiler) gegliedert und realisieren sehr oft ein typisches → Reimschema. Der asymmetrische Aufbau erzeuge eine eigentümliche Spannung und, so die Theorie, befördere eine eher argumentative Erörterung und die entsprechende Reflexion von Befindlichkeiten des lyrischen Ichs.

Gedichte untersuchen und interpretieren

Schritte bei der Bearbeitung

1. Die Aufgabenstellung erschließen und verstehen	Was wird in den verschiedenen Aufgabenstellungen verlangt?
2. Kenntnisse zusammenstellen und Vermutungen sammeln	Was weiß ich zu – dem Gedicht (den Gedichten), – dessen Thema oder Motiv, – der Form des Gedichts?
3. Beobachtungen und Fragen zum Text festhalten	Mehrmaliges Lesen des Textes und auffallende Stellen markieren bzw. Notizen machen. Leitfragen dazu: – Wovon handelt das Gedicht? Worum geht es? – Wer spricht? Welche Sichtweise nimmt das lyrische Ich ein? – Wie ist das Gedicht aufgebaut? Ist es eine bekannte Form? – Wie sind die Verse gestaltet? Welche Funktion hat diese Gestaltung? – Welche Wortwahl fällt auf?

	– Welche sprachlichen Bilder werden genutzt? Welche Sachverhalte oder Dinge sind bildlich (metaphorisch) zu verstehen? – In welche Zeit gehört das Gedicht?
4. Plan erstellen und Lösungen entwickeln	Stichwortartig die Ergebnisse zusammenstellen und ordnen.
5. Ergebnisse darstellen	Formulieren und Überarbeiten des eigenen Textes. Als allgemeine Gliederung hilft: – *Einleitung:* Autor/in, Titel, Erscheinungsjahr des Gedichts, Thematik; – *Hauptteil:* Darstellung der Ergebnisse (s. o.); – *Schluss:* Zusammenfassende Interpretation. Aber: meist ergibt sich die Gliederung durch die Reihe der Teilaufgaben.

Wie ist vor diesem Hintergrund die folgende Lösung zu beurteilen? Beschreibe Stärken und Schwächen der Schülertexte A und B.

Die Aufgabe lautete: Erläutere die Personal- und Redesituation des Gedichts.

Du bist mein Mond   *Friedrich Rückert*

Du bist mein Mond, und ich bin deine Erde;
Du sagst du drehest dich um mich.
Ich weiß es nicht, ich weiß nur, dass ich werde
In meinen Nächten hell durch dich.

5 Du bist mein Mond, und ich bin deine Erde;
Sie sagen du veränderst dich.
Allein du änderst nur die Lichtgebärde
Und liebst mich unveränderlich.

Du bist mein Mond, und ich bin deine Erde;
10 Nur mein Erdenschatten hindert dich,
Die Liebesfackel stets am Sonnenherde
Zu zünden in der Nacht für mich.

Lösungsbeispiele

A Das Gedicht „Du bist mein Mond" von Friedrich Rückert handelt von einem lyrischen Ich, das von dem Verhältnis zwischen sich als Erde zum Mond berichtet. Das Gedicht wurde aus der Sicht der Erde geschrieben und aufgefasst. Man kann deutlich erkennen, wie das lyrische Ich die ganze Situation zwischen Erde und Mond beschreibt, zum Beispiel wie der Mond seine Form verändert oder wie er leuchtet.

B In dem Gedicht „Du bist mein Mond" von Friedrich Rückert geht es um zwei Liebende, welche der Autor mit dem Mond und mit der Erde vergleicht. Jemand bezeichnet sich als Erde und seinen Partner als Mond, um seine Liebe auszudrücken. Der Mond, der einen Partner darstellt, erhellt die Erde und ändert sich somit für andere, aber für die Erde bleibt er gleich. Der Partner, der die Erde darstellt und zugleich auch das lyrische Ich ist, beschreibt in diesem Gedicht, wie viel der Mond ihm bedeutet.

Der Winter   *Alfred Lichtenstein*

Von einer Brücke schreit vergrämt ein Hund
Zum Himmel ... der wie alter grauer Stein
Auf fernen Häusern steht. Und wie ein Tau
Aus Teer liegt auf dem Schnee ein toter Fluss.

5 Drei Bäume, schwarzgefrorne Flammen, drohn
Am Ende aller Erde. Stechen scharf
Mit spitzen Messern in die harte Luft,
In der ein Vogelfetzen einsam hängt.

Ein paar Laternen waten zu der Stadt,
10 Erloschne Leichenkerzen. Und ein Fleck
Aus Menschen schrumpft zusammen und ist bald
Ertrunken in dem schmählich weißen Sumpf.

> *fünfhebige Jamben und Zeilensprünge*
> *Vermenschlichung, evtl. personifizierend*
> *Vergleich: Himmel wie Stein*
> *Vergleich: Fluss wie Tau (Strick oder Niederschlag)*
> *Metapher: Bäume als Flammen*
> *Metapher: Äste als Messer*
> *Metapher: Vogelschwarm als Fetzen*
> *Personifizierung*
> *Metapher: Laternen als Leichenkerzen*
> *Metaphorik: Menschen als Fleck, der verschwindet*
> *Widerspruch zwischen Attribut und Substantiv/Nomen*
> *Zweiwertigkeiten und Widersprüche in den Metaphern und sprachlichen Bildern*
> *Stadt wird in einer Krisen- bzw. Untergangsstimmung beschrieben*

10 Schreibe mithilfe der rechts am Rand stehenden Notizen eine Beschreibung des Gedichts, die herausstellt, wie hier das Motiv „Winter in der Stadt" gestaltet wird.

Gedichte vergleichen

Das Besondere in Gestaltung und Aussage eines Gedichts kann vor allem durch Vergleiche mit anderen lyrischen Texten erkannt und beschrieben werden. Im Vergleich müssen die Gemeinsamkeiten und die Unterschiede in der Gestaltung und in den Aussagen beschrieben und (je nach Aufgabenstellung) auch erklärt werden. Für die Darstellung der Ergebnisse gibt es zwei Wege: Zum einen die Beschreibung und Interpretation des einen und dann des anderen Gedichts mit einem Schlussteil, in dem zusammenfassend Gemeinsamkeiten und Unterschiede benannt werden (textorientierter Vergleich). Zum anderen können Gemeinsamkeiten und Unterschiede schrittweise für beide Gedichte nach bestimmten Gesichtspunkten dargestellt und erläutert werden (aspektorientierter Vergleich).

11 Vergleiche das Gedicht *Städter* (S. 81) mit dem folgenden und arbeite die Unterschiede in der Darstellung und Gestaltung heraus:

Ein Winterabend   *Georg Trakl*

Wenn der Schnee ans Fenster fällt,
Lang die Abendglocke läutet,
Vielen ist der Tisch bereitet
Und das Haus ist wohlbestellt.

5 Mancher auf der Wanderschaft
Kommt ans Tor auf dunklen Pfaden.
Golden blüht der Baum der Gnaden
Aus der Erde kühlem Saft.

Wanderer tritt still herein;
10 Schmerz versteinerte die Schwelle.
Da erglänzt in reiner Helle
Auf dem Tische Brot und Wein.

Die Gemeinsamkeiten und Unterschiede der beiden Gedichte können zunächst in einem *Beobachtungsbogen* gesammelt werden:

Gesichtspunkt/Aspekt	Gedicht *Städter*	Gedicht *Winterabend*
Vers-/Strophengestaltung	regelmäßiger Aufbau, der einem Sonett entspricht: zwei Quartette, zwei Terzette	drei gleich gebaute Strophen
Reime	Reimschema: abba, cddc, efg, gef	umarmende Reime: abba, cddc, effe
Metrum	Trochäus	Trochäus
sprachliche Gestaltung: ihre Wirkung und Funktion	bewegte Darstellung mit einigen Zeilensprüngen, kein lyrisches Ich erkennbar, Aussagen erscheinen wie allgemeine Äußerungen	Formulierungen wirken eher ernst und ruhig, Anspielung auf einen Gottesdienst („Brot und Wein"), kein lyrisches Ich erkennbar, Aussagen erscheinen allgemein
Bilder (Vergleiche, Metaphern, Personifikationen)	Vergleiche, die die Verhältnisse in der Stadt abfällig und negativ erscheinen lassen, Metapher der abgeschlossenen Höhle für die Isolation der Menschen in den Städten	Metapher des golden blühenden Baumes, der für die Gnade (Gottes) steht, der Schmerz als Person oder Kraft lässt den Wanderer beim Eintritt erstarren
Aussagen zum Leben	die Enge und das Gedränge der Stadt bringt die Menschen zwar in große räumliche Nähe, in der sie jedoch für sich allein und fremd bleiben	Ruhe und Kraft findet ein Wanderer bei der Rast auf dem Land, wo das ruhige Leben und die Gastfreundschaft herrschen

11 Führe einen Gedichtvergleich durch, der die Gemeinsamkeiten und Unterschiede in der Gestaltung des Motivs „Nacht" herausarbeitet. Lege dazu einen Beobachtungsbogen an, den du mit deinen Notizen ausfüllst.

Um Mitternacht   *Eduard Mörike*

Gelassen stieg die Nacht ans Land,
Lehnt träumend an der Berge Wand,
Ihr Auge sieht die goldne Waage nun
Der Zeit in gleichen Schalen stille ruhn;
5   Und kecker rauschen die Quellen hervor,
    Sie singen der Mutter, der Nacht, ins Ohr
        Vom Tage,
    Vom heute gewesenen Tage.

Das uralt alte Schlummerlied,
10 Sie achtet's nicht, sie ist es müd;
Ihr klingt des Himmels Bläue süßer noch,
Der flüchtgen Stunden gleichgeschwungnes Joch.
    Doch immer behalten die Quellen das Wort,
    Es singen die Wasser im Schlafe noch fort
15   Vom Tage,
    Vom heute gewesenen Tage.

Nachtzauber   *Rose Ausländer*

Der Mond errötet
Kühle durchweht die Nacht

Am Himmel
Zauberstrahlen aus Kristall

5 Ein Poem
    besucht den Dichter

Ein stiller Gott
schenkt Schlaf
eine verirrte Lerche
10 singt im Traum
auch Fische singen mit
denn es ist Brauch
in solcher Nacht
Unmögliches zu tun

91

13 In den beiden folgenden Gedichten ist von den Schwierigkeiten der Liebe die Rede. Erläutere dies anhand der beiden Texte und arbeite dabei vor allem die Unterschiede in der Darstellung heraus.

Rastlose Liebe   *Johann Wolfgang von Goethe*

Dem Schnee, dem Regen,
Dem Wind entgegen,
Im Dampf der Klüfte,
Durch Nebeldüfte,
5 Immer zu! Immer zu!
Ohne Rast und Ruh!

Lieber durch Leiden
Möcht ich mich schlagen,
Als so viel Freuden
10 Des Lebens ertragen.
Alle das Neigen
Von Herzen zu Herzen,
Ach, wie so eigen
Schaffet das Schmerzen!

15 Wie soll ich fliehen?
Wälderwärts ziehen?
Alles vergebens!
Krone des Lebens,
Glück ohne Ruh,
20 Liebe, bist du!

Meine Worte gehorchen mir nicht   *Sarah Kirsch*

Meine Worte gehorchen mir nicht
Kaum hör ich sie wieder mein Himmel
Dehnt sich will deinen erreichen
Bald wird er zerspringen ich atme
5 Schon kleine Züge mein Herzschlag
Ist siebenfach geworden schickt unaufhörlich
Und kaum verschlüsselte Botschaften aus

Epische Texte

Merkmale epischer Texte

Dieses Kapitel zeigt, wie Erzähltexte interpretiert werden können. Dazu werden Tipps und Hilfen gegeben, um Erzählungen angemessen zu lesen, zu untersuchen und zu deuten. In einzelnen Schritten werden Wissen und Methoden vermittelt und in entsprechenden Übungen erprobt und gefestigt. Dazu werden kurze Erzählungen und Kurzgeschichten herangezogen, da diese auch in den Prüfungen zu bearbeiten sind.

Aufgabenstellungen, Kenntnisse und Fähigkeiten zur Bearbeitung

Bei der Bearbeitung von literarischen Erzähltexten geht es immer auch darum, den Inhalt zu erfassen und wiederzugeben, die Erzählweise zu beschreiben und zu erläutern sowie das dargestellte Thema oder Problem zu erörtern.

Eis   *Helga M. Novak*

Ein junger Mann geht durch eine Grünanlage. In einer Hand trägt er ein Eis. Er lutscht. Das Eis schmilzt. Das Eis rutscht an dem Stiel hin und her. Der junge Mann lutscht heftig, er bleibt vor einer Bank stehen. Auf der Bank sitzt ein Herr und liest eine Zeitung. Der junge Mann bleibt vor dem Herrn stehen und lutscht.

5   Der Herr sieht von seiner Zeitung auf. Das Eis fällt in den Sand. Der junge Mann sagt, was denken Sie jetzt von mir?

Der Herr sagt erstaunt, ich? Von Ihnen? Gar nichts.

Der junge Mann zeigt auf das Eis und sagt, mir ist doch eben das Eis runtergefallen, haben Sie da nicht gedacht, so ein Trottel?

10   Der Herr sagt, aber nein. Das habe ich nicht gedacht. Es kann schließlich jedem einmal das Eis runterfallen.

Der junge Mann sagt, ach so, ich tue Ihnen leid. Sie brauchen mich nicht zu trösten. Sie denken wohl, ich kann mir kein zweites Eis kaufen. Sie halten mich für einen Habenichts.

Der Herr faltet seine Zeitung zusammen. Er sagt, junger Mann, warum regen Sie sich auf? Meinetwegen

15   können Sie so viel Eis essen, wie Sie wollen.

Machen Sie überhaupt, was Sie wollen. Er faltet die Zeitung wieder auseinander.

Der junge Mann tritt von einem Fuß auf den anderen. Er sagt, das ist es eben. Ich mache, was ich will. Mich nageln Sie nicht fest. Ich mache genau, was ich will. Was sagen Sie dazu?

Der Herr liest wieder in der Zeitung.

20   Der junge Mann sagt laut, jetzt verachten Sie mich. Bloß, weil ich mache, was ich will. Ich bin kein Duckmäuser. Was denken Sie jetzt von mir?

Der Herr ist böse. Er sagt, lassen Sie mich in Ruhe. Gehen Sie weiter. Ihre Mutter hätte Sie öfter verhauen sollen. Das denke ich jetzt von Ihnen.

Der junge Mann lächelt. Er sagt, da haben Sie recht.

25   Der Herr steht auf und geht. Der junge Mann läuft hinterher und hält ihn am Ärmel fest. Er sagt hastig, aber meine Mutter war ja viel zu weich. Glauben Sie mir, Mutter war ja viel zu weich. Glauben Sie mir, sie konnte mir nichts abschlagen. Wenn ich nach Hause kam, sagte sie zu mir, mein Prinzchen, du bist schon wieder so schmutzig. Ich sagte, die anderen haben nach mir geworfen. Darauf sie, du sollst dich deiner Haut wehren. Lass dir nicht alles gefallen. Dann ich, ich habe

30   angefangen. Darauf sie, pfui, das hast du nicht nötig. Der Stärkere braucht nicht anzufangen. Dann ich, ich habe gar nicht angefangen. Die anderen haben gespuckt. Darauf sie, wenn du nicht lernst, dich durchzusetzen, weiß ich nicht, was aus dir werden soll. Stellen Sie sich vor, sie hat mich gefragt, was willst du denn mal werden, wenn du groß bist? Neger, habe ich gesagt. Darauf sie, wie ungezogen du wieder bist.

35   Der Herr hat sich losgemacht.

Der junge Mann ruft, da habe ich ihr was in den Tee getan. Was denken Sie jetzt?

– Was wird in dieser Geschichte erzählt?
– Wie wird erzählt?
– Um welches Thema oder Problem geht es?

- Um das Geschehen eines Erzähltextes zu erfassen, muss man zwischen wichtigen und nicht so wichtigen Ereignissen und Elementen unterscheiden und diese in eine sinnvolle, meist chronologische Ordnung bringen. Zudem ist es notwendig, die Wiedergabe zu strukturieren, also mit einem → Einleitungssatz, in dem Verfasser, Titel und Textsorte genannt werden, zu beginnen:
  In Helga M. Novaks Kurzgeschichte „Eis" wird von einer zufälligen Begegnung zwischen einem jungen Mann und einem Herrn erzählt. Der junge Mann versucht den Herrn zu provozieren, indem ...
- Um die jeweilige Erzählweise zu bestimmen und in ihrer Wirkung zu beschreiben, muss man entsprechende Begriffe der Analyse kennen und anwenden können:
  Die Handlung wird aus der Sicht eines unbeteiligten Beobachters erzählt, die Erzählerrede gibt nur die Vorgänge und Handlungen wieder. Dabei werden keine Wertungen deutlich, sodass von einer neutralen Erzählhaltung gesprochen werden kann ...
- Um die erzählten Figuren zu verstehen und zu beschreiben, bedarf es der Fähigkeit, sich in deren Sicht-, Denk- und Empfindungsweise hineinzuversetzen und direkte und indirekte Charakterisierungen im Text zu erkennen und zu verstehen:
  Die Art und Weise, in der der junge Mann den Herrn auf der Parkbank anspricht, wirkt sehr provozierend und aggressiv. Auch der Herr wird in dieser indirekten Charakterisierung beschrieben, durch seine Äußerungen und sein Verhalten ...
- Um die Darstellung und Behandlung von Themen und Problemen in erzählenden Texten zu interpretieren, müssen diese in entsprechende Zusammenhänge gestellt und beurteilt werden:
  Der junge Mann unterstellt dem Herrn, er habe Vorurteile, diese direkten Vorwürfe dienen dazu, den älteren Herrn herauszufordern. Dabei aber wird deutlich, wie sehr sich der junge Mann selbst durch Vorurteile leiten lässt ...

Die folgende Übersicht stellt die wichtigsten Begriffe zur Analyse und Beschreibung von Erzähltexten zusammen.

Wichtige Begriffe zur Erzählanalyse

Erzählform	während bei der *Ich-Form* das Geschehen vom Erzähler als selbst erlebt dargestellt wird, erzählt er bei der *Er-/Sie-Form* von anderen
Erzählstandort	auch Erzählerstandort; Position des Erzählers zum Erzählten; Grad der räumlichen, zeitlichen und inneren Distanz oder Nähe
Erzählperspektive	der Erzähler kann nur Aussehen und Handeln einer Figur wiedergeben (*Außensicht*) oder auch noch über ihre Gedanken und Gefühle informieren (*Innensicht*)
Erzählhaltung	deutlich werdende Einstellung des Erzählers zum Geschehen und den erzählten Figuren: unbeteiligt, ironisch, zustimmend ...
Erzählverhalten	der Erzähler kann das Geschehen *auktorial* (über allem stehend, kommentierend, reflektierend, allwissend) oder *personal* (aus der Sicht einer Figur) oder *neutral* (weder aus seiner noch aus der Sicht einer Figur) erzählen
Erzählerrede	verschiedene Formen der Vermittlung durch den Erzähler (Erzählerbericht, Redewiedergabe in Form der indirekten Figurenrede, Beschreibung, Kommentar); abgegrenzt von der direkten Figurenrede und der Wiedergabe innerer Handlung

direkte Figurenrede	Wiedergabe direkter Rede in Erzähltexten, durch die sich die Figur dem Leser scheinbar unmittelbar mitteilt
indirekte Figurenrede	oft im Konjunktiv wiedergegebene indirekte Rede erzählter Figuren, z. B. *Sie sagte, zum Ausreiten fehle ihr heute die rechte Lust.*
erlebte Rede	Ausdruck der Gedanken einer erzählten Figur im Indikativ der 3. Person Präteritum; die erlebte Rede ist also eine Mischung von direkter und indirekter Rede. Die Vorgänge werden in die sich selbst erlebende Figur hineinverlegt, aber in der zu sich selbst Distanz schaffenden 3. Person erzählt: *Hatte er sie wirklich so verletzt? Das hatte er doch nicht gewollt!*
innerer Monolog	Erzähltechnik, die dazu dient, die als Monolog geäußerten Gedanken einer Figur möglichst unmittelbar auszudrücken; man benutzt die 1. Person Singular (seltener Plural) und das Präsens
Charakterisierung	die treffende Darstellung und Beschreibung einer Person oder Figur
direkte Charakterisierung	Charakterisierung in literarischen Texten durch den Erzähler oder andere Figuren im Text
indirekte Charakterisierung	Charakterisierung von Personen/Figuren in literarischen Texten und Filmen durch deren Verhalten oder Redeweise. Bei der indirekten Charakterisierung muss der Leser/Zuschauer Schlüsse aus dem dargestellten Verhalten ziehen
Erzählzeit	zeitliche Dauer des Erzählvorgangs; im Gegensatz zur **erzählten Zeit**, der zeitlichen Dauer des erzählten Geschehens

Das erzählte Geschehen erfassen und wiedergeben

Alle Untersuchungen und Interpretationen von Erzähltexten setzen voraus, das, worum es geht, zu erfassen und zu verstehen. Ein Schritt dazu besteht in der Beschreibung des Textinhalts. In den meisten Aufgabenstellungen bildet die Wiedergabe des Textes eine, in der Regel auch die erste Teilaufgabe. Gesprochen wird dabei von der Zusammenfassung, Beschreibung oder Wiedergabe der Handlung der Geschichte. Gemeint ist eine zusammenfassende und strukturierte Darstellung des erzählten Geschehens in eigenständigen Formulierungen. Wenn zudem die Thematik oder Problematik der Erzählung benannt werden soll, wird auch von einer Inhaltsangabe (→ S. 66 ff.) gesprochen.

Wie auch immer die einzelne Aufgabenformulierung lautet, so geht es auf jeden Fall darum, die wichtigsten Informationen zu den Handlungsträgern, also den Figuren der Erzählung, zu Ort, Zeit und Verlauf des Geschehens der Geschichte zu entnehmen und für die Darstellung in eigener Sprache zu nutzen.

Geschichte und Geschehen

Die folgenden Übungen zeigen die Unterscheidung von Geschehen und Geschichte auf, um in einer Erzählung das Gerüst der Handlung zu erfassen.

Geschehen

In einem gut gefüllten Pariser Autobus der Linie ‚S' fährt ein junger Mann mit Hut; er beschimpft einen älteren Herrn und setzt sich anschließend auf einen frei gewordenen Platz; zwei Stunden später befindet er sich an einer Haltestelle, wo ihm ein Mann sagt, an seinem Mantel fehle ein Knopf.

Geschichte (Vergangenheit) *Raymond Queneau, Stilübungen*

Es war Mittag. Die Fahrgäste stiegen in den Autobus. Wir standen gedrängt. Ein junger Herr trug auf seinem Kopfe einen mit einer Kordel und nicht mit einem Bande umschlungenen Hut. Er hatte einen langen Hals. Er beklagte sich bei seinem Nachbarn wegen der Stöße, die dieser ihm verabreichte. Sobald er einen freien Platz erblickte, stürzte er sich darauf und setzte sich.

5 Ich erblickte ihn später von der Gare Saint-Lazare. Er trug einen Überzieher, und ein Kamerad, der sich dort befand, machte diese Bemerkung: man müsste noch einen Knopf hinzufügen.

1 Welche Unterschiede zwischen Geschehen und Geschichte stellst du fest?

2 Schreibe selbst Geschichten mit dem angeführten Geschehen.
Folgende Muster des Erzählens kannst du dabei nutzen:
Objektiv, Rückwärts, Vorhersage, Amtlicher Brief, Vulgär.

Das Geschehen erfassen

Das Erzählen ergänzt und verändert das Geschehen, indem besondere Blickpunkte und Perspektiven, Bewertungen und Haltungen sowie besondere zeit-, kausallogische Zusammenhänge dargestellt werden. Dabei werden besondere sprachliche und erzählerische Formen genutzt. Das Geschehen bleibt ohne diese jeweiligen Besonderheiten in verschiedenen erzählten Geschichten gleich.

3 Arbeite das erzählte Geschehen der folgenden Geschichte heraus und fasse es in eigenen Worten zusammen. Diese Zusammenfassung sollte nicht länger als etwa 1/3 der Länge des Originals sein.

Ein verächtlicher Blick *Kurt Kusenberg*

Das Telefon summte, der Polizeipräsident nahm den Hörer auf. „Ja?"

„Hier spricht Wachtmeister Kerzig. Soeben hat ein Passant mich verächtlich angeschaut."

„Vielleicht irren Sie", gab der Polizeipräsident zu bedenken. „Fast jeder, der einem Polizisten begegnet, hat ein schlechtes Gewissen und blickt an ihm vorbei. Das nimmt sich dann wie
5 Geringschätzung aus."

„Nein", sprach der Wachtmeister. „So war es nicht. Er hat mich verächtlich gemustert, von der Mütze bis zu den Stiefeln."

„Warum haben Sie ihn nicht verhaftet?"

„Ich war zu bestürzt. Als ich die Kränkung erkannte, war der Mann verschwunden."

10 „Würden Sie ihn wiedererkennen?"

„Gewiss. Er trägt einen roten Bart."

„Wie fühlen Sie sich?"

„Ziemlich elend."

„Halten Sie durch, ich lasse Sie ablösen." Der Polizeipräsident schaltete das Mikrofon ein. Er ent-
15 sandte einen Krankenwagen in Kerzigs Revier und ordnete an, dass man alle rotbärtigen Bürger verhafte.

Die Funkstreifen waren gerade im Einsatz, als der Befehl sie erreichte. Zwei von ihnen probierten aus, welcher Wagen der schnellere sei, zwei andere feierten in einer Kneipe den Geburtstag des Wirtes, drei halfen einem Kameraden beim Umzug, und die übrigen machten Einkäufe. Kaum aber
20 hatten sie vernommen, um was es ging, preschten sie mit ihren Wagen in den Kern der Stadt.
Sie riegelten Straßen ab, eine um die andere, und kämmten sie durch. Sie liefen in die Geschäfte, in die Gaststätten, in die Häuser, und wo sie einen Rotbart aufspürten, zerrten sie ihn fort. Überall stockte der Verkehr. Das Geheul der Sirenen erschreckte die Bevölkerung, und es liefen Gerüchte um, die Hetzjagd gelte einem Massenmörder. Wenige Stunden nach Beginn des Kesseltreibens

war die Beute ansehnlich; achtundfünfzig rotbärtige Männer hatte man ins Polizeipräsidium gebracht.

Auf zwei Krankenwärter gestützt, schritt Wachtmeister Kerzig die Verdächtigen ab, doch den Täter erkannte er nicht wieder. Der Polizeipräsident schob es auf Kerzigs Zustand und befahl, dass man die Häftlinge verhöre. „Wenn sie", meinte er, „in dieser Sache unschuldig sind, haben sie bestimmt etwas anderes auf dem Kerbholz. Verhöre sind immer ergiebig." Ja, das waren sie wohl, jedenfalls in jener Stadt. Man glaube jedoch nicht, dass die Verhörten misshandelt wurden; so grob ging es nicht zu, die Methoden waren feiner. Seit langer Zeit hatte die Geheimpolizei durch unauffälliges Befragen der Verwandten und Feinde jedes Bürgers eine Kartei angelegt, aus der man erfuhr, was ihm besonders widerstand: das Rattern von Stemmbohrern, grelles Licht, Karbolgeruch, nordische Volkslieder, der Anblick enthäuteter Ratten, schlüpfrige Witze, Hundegebell, Berührung mit Fliegenleim, und so fort. Gründlich angewandt, taten die Mittel meist ihre Wirkung: sie entpressten den Befragten Geständnisse, echte und falsche, wie es gerade kam, und die Polizei frohlockte. Solches stand nun den achtundfünfzig Männern bevor.

Der Mann, dem die Jagd galt, befand sich längst wieder in seiner Wohnung. Als die Polizisten bei ihm läuteten, hörte er es nicht, weil er Wasser in die Badewanne strömen ließ. Wohl aber hörte er, nachdem das Bad bereitet war, den Postboten klingeln und empfing von ihm ein Telegramm. Die Nachricht war erfreulich, man bot ihm einen guten Posten im Ausland an — freilich unter der Bedingung, dass er sofort abreise. „Gut", sagte der Mann. „Gut. Jetzt sind zwei Dinge zu tun: der Bart muss verschwinden, denn ich bin ihn leid, und ein Pass muss her, denn ich habe keinen."

Er nahm sein Bad, genüsslich, und kleidete sich wieder an. Dem Festtag zu Ehren, wählte er eine besonders hübsche Krawatte. Er ließ sich durchs Telefon sagen, zu welcher Stunde er auf ein Flugzeug rechnen könne. Er verließ das Haus, durchschritt einige Straßen, in die wieder Ruhe eingekehrt war, und trat bei einem Friseur ein. Als dieser sein Werk verrichtet hatte, begab der Mann sich ins Polizeipräsidium, denn nur dort, das wusste er, war in sehr kurzer Frist ein Pass zu erlangen.

Hier ist nachzuholen, dass der Mann den Polizisten in der Tat geringschätzig angeschaut hatte – deshalb nämlich, weil Kerzig seinem Vetter Egon ungemein glich. Für diesen Vetter, der nichts taugte und ihm Geld schuldete, empfand der Mann Verachtung, und die war nun, als er Kerzig gewahrte, ungewollt in seinen Blick hineingeraten. Kerzig hatte also richtig beobachtet, gegen seine Meldung konnte man nichts einwenden.

Ein Zufall wollte es, dass der Mann beim Eintritt ins Polizeipräsidium erneut dem Polizisten begegnete, der ihn an Vetter Egon erinnerte. Dieses Mal aber wandte er, um den anderen nicht zu kränken, seine Augen rasch von ihm ab. Hinzu kam, dass es dem Armen offenbar nicht gut ging; zwei Wärter geleiteten ihn zu einem Krankenwagen.

So einfach, wie der Mann es gewähnt, ließ sich die Sache mit dem Pass nicht an. Es half ihm nichts, dass er mancherlei Papiere bei sich führte, dass er das Telegramm vorwies: die vermessene Hast des Unternehmens erschreckte den Passbeamten. „Ein Pass", erklärte er, „ist ein wichtiges Dokument. Ihn auszufertigen, verlangt Zeit."

Der Mann nickte. „So mag es in der Regel sein. Aber jede Regel hat Ausnahmen."

„Ich kann den Fall nicht entscheiden", sagte der Beamte. „Das kann nur der Polizeipräsident."

„Dann soll er es tun."

Der Beamte kramte die Papiere zusammen und erhob sich. „Kommen Sie mit", sprach er. „Wir gehen den kürzesten Weg — durch die Amtszimmer."

Sie durchquerten drei oder vier Räume, in denen lauter rotbärtige Männer saßen. „Drollig", dachte der Mann. »Ich wusste nicht, dass es ihrer so viele gibt. Und nun gehöre ich nicht mehr dazu."

Wie so mancher Despot, gab der Polizeipräsident sich gern weltmännisch. Nachdem der Beamte ihn unterrichtet hatte, entließ er ihn und hieß den Besucher Platz nehmen. Diesem fiel es nicht leicht, ein Lächeln aufzubringen, denn der Polizeipräsident ähnelte seinem Vetter Arthur, den

er gleichfalls nicht mochte. Doch die Muskeln, die ein Lächeln bewirken, taten brav ihre Pflicht
75   – es ging ja um den Pass.
„Kleine Beamte", sprach der Polizeipräsident, „sind ängstlich und meiden jede Entscheidung.
Selbstverständlich bekommen Sie den Pass, sofort, auf der Stelle. Ihre Berufung nach Istanbul ist
eine Ehre für unsere Stadt. Ich gratuliere." Er drückte einen Stempel in den Pass und unterschrieb.
Lässig, als sei es ein beliebiges Heftchen, reichte er seinem Besucher das Dokument. „Sie tragen
80   da", sprach er, „eine besonders hübsche Krawatte. Ein Stadtplan – nicht wahr?"
„Ja", erwiderte der Mann. „Es ist der Stadtplan von Istanbul."
„Reizender Einfall. Und nun" – der Polizeipräsident stand auf und reichte dem Mann die Hand
– „wünsche ich Ihnen eine gute Reise." Er geleitete den Besucher zur Tür, winkte ihm freundlich
nach und begab sich in die Räume, wo man die Häftlinge vernahm.
85   Ihre Pein zu kürzen, hatten die Bedauernswerten manches Delikt eingestanden, nur jenes nicht,
dessen man sie bezichtigte. „Weitermachen!" befahl der Polizeipräsident und ging zum Mitta-
gessen.
Bei seiner Rückkehr fand er eine Meldung vor. Ein Friseur hatte ausgesagt, er habe am Vormittag
einen Kunden auf dessen Wunsch seines roten Bartes entledigt. Den Mann selbst könne er nicht
90   beschreiben, doch erinnere er sich eines auffälligen Kleidungsstückes: einer Krawatte mit einem
Stadtplan.
„Ich Esel!", schrie der Polizeipräsident. Er eilte die Treppe hinunter, zwei Stufen mit jedem Satz.
Im Hof stand wartend sein Wagen. „Zum Flugplatz!", rief er dem Fahrer zu und warf sich auf den
Rücksitz. Der Fahrer tat, was er vermochte. Er überfuhr zwei Hunde, zwei Tauben und eine Katze,
95   er schrammte eine Straßenbahn, beschädigte einen Handwagen mit Altpapier und erschreckte
Hunderte von Passanten. Als er sein Ziel erreichte, erhob sich weit draußen, auf die Sekunde
pünktlich, das Flugzeug nach Istanbul von der Rollbahn.

Erzählweisen beschreiben

Das gleiche Geschehen kann in ganz unterschiedlichen Weisen erzählt werden. Dies ist schon bei der Unterscheidung von Geschehen und Geschichte deutlich geworden, wie auch die folgende Erzählung des
Geschehens noch einmal zeigt:

Geschehen

In einem gut gefüllten Pariser Autobus der Linie ‚S' fährt ein junger Mann mit Hut; er beschimpft
einen älteren Herrn und setzt sich anschließend auf einen frei gewordenen Platz; zwei Stunden
später befindet er sich an einer Haltestelle, wo ihm ein Mann sagt, an seinem Mantel fehle ein
Knopf.

Pech

Oh je, jetzt ist der Bus wieder so voll, ich komme kaum hinein, in dem Gedränge muss ich meinen
Hut festhalten, herrje, kann der nicht aufpassen, stößt mich von der Seite einfach an, unmöglicher
Mensch, jetzt, da ist jemand aufgestanden, da setz ich mich schnell hin, das Wetter ist aber auch
wieder mal zum … puh, das war ja eine Fahrt, ach, da ist ja mein Nachbar, na so ein Zufall, trifft
5   man sich hier an der Haltestelle, was, jetzt hab ich in dem Gedränge auch noch einen Knopf
verloren, heut geht aber auch alles schief …

Wie ist *Pech* erzählt? In der Ich-Form wird das Geschehen in der Perspektive des jungen Mannes wiedergegeben, und zwar so, dass die jeweiligen Ereignisse aktuell kommentiert und von den Gedanken des
Erzählers begleitet werden. Als Leser hört man die innere Stimme des Erzählers, der zugleich eine Figur
der Geschichte ist. Eine andere Erzählweise, etwa aus der Sicht eines unbeteiligten Beobachters, erzeugt
aus dem gleichen Geschehen eine andere Geschichte. Deshalb ist es notwendig, die Art und Weise des

Erzählens genau zu untersuchen, wenn man die Bedeutung und Aussage von Erzähltexten erfassen möchte. Dazu braucht man einige Begriffe und Unterscheidungen, die in diesem Kapitel eingeführt und erprobt werden.

Erzähler – Autor

Wer erzählt eigentlich die Geschichte? Bei mündlichen Erzählungen in alltäglichen Gesprächen ist der Sprecher auch der Erzähler. In literarischen Erzählungen fallen Verfasser der Texte und Erzähler auseinander. Dies wird besonders deutlich bei einer Ich-Erzählung, wo eine (erfundene) Figur der Geschichte selbst erzählt und somit vom Autor klar zu unterscheiden ist (Text 3). Aber auch wenn in der 3. Person Singular erzählt wird, ist ein eigener Erzähler zu erkennen, vor allem dann, wenn es sich um einen unabhängigen, außerhalb der Geschichte stehenden und allwissenden Erzähler handelt (Text 2). Der Erzähler einer Er/Sie-Erzählung kann aber auch ganz hinter die Figuren einer Geschichte treten und aus deren Sicht erzählen, dann ist er nur noch in einzelnen Aussagen und Bewertungen zu vernehmen (Text 1).

Text 1: Der Prozess   *Franz Kafka*

Jemand musste Josef K. verleumdet haben, denn ohne dass er etwas Böses getan hätte, wurde er eines Morgens verhaftet. Die Köchin der Frau Grubach, seiner Zimmervermieterin, die ihm jeden Tag gegen acht Uhr früh das Frühstück brachte, kam diesmal nicht. Das war noch niemals geschehen. K. wartete noch ein Weilchen, sah von seinem Kopfkissen aus die alte Frau, die ihm
5 gegenüber wohnte und die ihn mit einer an ihr ganz ungewöhnlichen Neugierde beobachtete, dann aber, gleichzeitig befremdet und hungrig, läutete er. Sofort klopfte es und ein Mann, den er in dieser Wohnung noch niemals gesehen hatte, trat ein. Er war schlank und doch fest gebaut, er trug ein anliegendes schwarzes Kleid, das, ähnlich den Reiseanzügen, mit verschiedenen Falten, Taschen, Schnallen, Knöpfen und einem Gürtel versehen war und infolgedessen, ohne dass
10 man sich darüber klar wurde, wozu es dienen sollte, besonders praktisch erschien. „Wer sind Sie?", fragte K. und saß gleich halb aufrecht im Bett. Der Mann aber ging über die Frage hinweg, als müsse man seine Erscheinung hinnehmen, und sagte bloß seinerseits: „Sie haben geläutet?" „Anna soll mir das Frühstück bringen", sagte K. und versuchte, zunächst stillschweigend, durch Aufmerksamkeit und Überlegung festzustellen, wer der Mann eigentlich war. Aber dieser setzte
15 sich nicht allzu lange seinen Blicken aus, sondern wandte sich zur Tür, die er ein wenig öffnete, um jemandem, der offenbar knapp hinter der Tür stand, zu sagen: „Er will, dass Anna ihm das Frühstück bringt." Ein kleines Gelächter im Nebenzimmer folgte, es war nach dem Klang nicht sicher, ob nicht mehrere Personen daran beteiligt waren.

Text 2: Der Zauberberg   *Thomas Mann*

Die Geschichte Hans Castorps, die wir erzählen wollen, nicht um seinetwillen (denn der Leser wird einen einfachen, wenn auch ansprechenden jungen Menschen in ihm kennen lernen), sondern um der Geschichte willen, die uns in hohem Grade erzählenswert scheint (wobei zu Hans Castorps Gunsten denn doch erinnert werden sollte, daß es seine Geschichte ist, und daß nicht
5 jedem jede Geschichte passiert): diese Geschichte ist sehr lange her, sie ist sozusagen schon ganz mit historischem Edelrost überzogen und unbedingt in der Zeitform der tiefsten Vergangenheit vorzutragen.
Das wäre kein Nachteil für eine Geschichte, sondern eher ein Vorteil; denn Geschichten müssen vergangen sein, und je vergangener, könnte man sagen, desto besser für sie in ihrer Eigenschaft
10 als Geschichten und für den Erzähler …

Text in alter Rechtschreibung

Text 3: Deutschstunde   *Siegfried Lenz*

Sie haben mir eine Strafarbeit gegeben. Joswig selbst hat mich in mein festes Zimmer gebracht, hat

die Gitter vor dem Fenster beklopft, den Strohsack massiert, hat sodann, unser Lieblingswärter, meinen metallenen Schrank durchforscht und mein altes Versteck hinter dem Spiegel. Schweigend, schweigend und gekränkt hat er weiterhin den Tisch inspiziert und den mit Kerben bedeckten
5 Hocker, hat dem Ausguß sein Interesse gewidmet, hat sogar, mit forderndem Knöchel, dem Fensterbrett ein paar pochende Fragen gestellt, den Ofen auf Neutralität untersucht, und danach ist er zu mir gekommen, um mich gemächlich abzutasten von der Schulter bis zum Knie und sich beweisen zu lassen, daß ich nichts Schädliches in meinen Taschen trug. Dann hat er vorwurfsvoll das Heft auf meinen Tisch gelegt, das Aufsatzheft – auf dem grauen Etikett steht: Deutsche
10 Aufsätze von Siggi Jepsen –, ist grußlos zur Tür gegangen, enttäuscht, gekränkt in seiner Güte; denn unter den Strafen, die man uns gelegentlich zuerkennt, leidet Joswig, unser Lieblingswärter, empfindlicher, auch länger und folgenreicher als wir. Nicht durch Worte, aber durch die Art, wie er abschloß, hat er mir seinen Kummer zu verstehen gegeben: lustlos, mit stochernder Ratlosigkeit fuhr sein Schlüssel ins Schloß, er zauderte vor der ersten Drehung, verharrte wiederum, ließ
15 das Schloß noch einmal aufschnappen und beantwortete sogleich diese Unentschiedenheit, sich selbst verweisend, mit zwei, mit zwei schroffen Umdrehungen. Niemand anders als Karl Joswig, ein zierlicher, scheuer Mann, hat mich zur Strafarbeit eingeschlossen.
Obwohl ich fast einen Tag lang so sitze, kann und kann ich nicht anfangen: schau ich zum Fenster hinaus, fliegt da durch mein weiches Spiegelbild die Elbe; mach ich die Augen zu, hört sie nicht
20 auf zu fließen, ganz bedeckt mit bläulich schimmerndem Treibeis.

Text in alter Rechtschreibung

④ Beschreibe die jeweiligen Besonderheiten der verschiedenen Erzählformen: Wo ist die Stimme des Erzählers gut auszumachen, wo weniger gut? Was wissen die Erzähler vom Geschehen und den Figuren?

⑤ Alle drei Texte sind Anfänge von größeren Erzählungen, nämlich Romanen. In solchen Anfängen werden meist schon Andeutungen gemacht, um was es im weiteren Verlauf gehen könnte. Welche Andeutungen findest du hier?

Formen und Perspektiven des Erzählens

Eine kurze Geschichte *Franz Hohler*

Kommst du den Kindern noch gute Nacht sagen?, rief die Frau ihrem Mann zu, als sie um acht Uhr aus dem Kinderzimmer kam.
Ja, rief der Mann aus seinem Arbeitszimmer, ich muss nur noch den Brief zu Ende schreiben.
Er kommt gleich, sagte die Mutter zu den Kindern, die beide noch aufgerichtet in ihren Betten
5 saßen, weil sie dem Vater zeigen wollten, wie sie die Stofftiere angeordnet hatten. Als der Vater mit dem Brief fertig war und ins Kinderzimmer trat, schliefen die Kinder schon.

Diese Geschichte kann von verschiedenen Standpunkten aus erzählt werden. Wenn es solche sind, die auch in der Erzählung selbst vorkommen, spricht man von Figurenperspektiven, in diesem Fall die Kinder, Vater und Mutter. Diese Perspektiven können in verschiedenen → Erzählformen vermittelt werden, die Figuren könnten selbst erzählen (Ich-Form) oder ein Erzähler erzählt (Er-/Sie-Form). Dabei könnte die Sicht einer oder mehrerer Figuren eingenommen und vermittelt oder ganz neutral erzählt werden, aus einer objektiven Sicht.

6 Erzähle die Geschichte in verschiedenen Erzählformen und aus unterschiedlichen → Erzählperspektiven.

7 Welche Unterschiede ergeben sich zwischen den verschiedenen Fassungen?

Abdankung   *Heinrich Mann*

Alle wollten Fußball spielen; Felix allein bestand auf einem Wettlauf.

„Wer ist hier der Herr?", schrie er, gerötet und bebend, mit einem Blick, dass der, den er traf, sich in einen Knäuel von Freunden verkroch.

„Wer ist hier der Herr!" – es war das erste Wort, das er, kaum in die Schule eingetreten, mit ihnen
5 sprach. Sie sahen verdutzt einander an. Ein großer Rüpel musterte den schmächtigen Jungen und wollte lachen. Felix saß ihm plötzlich mit der Faust im Nacken und duckte ihn.

„Weiter kannst du wohl nichts?", ächzte der Gebändigte, das Gesicht am Boden.

„Laufe mit mir! Das soll entscheiden."

„Ja, lauf!", riefen mehrere.

10 „Wer ist noch gegen das Laufen?", fragte Felix, aufgereckt und ein Bein vorgestellt.

„Mir ist es wurscht", sagte faul der dicke Hans Butt. Andere bestätigten: „Mir auch."

Ein Geschiebe entstand, und einige traten auf Felix' Seite. Denen, die sich hinter seinen Gegner gereiht hatten, ward bange, so rachsüchtig maß er sie.

„Ich merke mir jeden!", rief er schrill.

15 Zwei gingen zu ihm über, dann noch zwei. Butt, der sich parteilos herumdrückte, ward von Felix vermittels einer Ohrfeige den Seinen zugesellt.

Felix siegte mit Leichtigkeit. Der Wind, der ihm beim Dahinfliegen entgegenströmte, schien eine begeisternde Melodie zu enthalten; und wie Felix, den Rausch der Schnelligkeit im pochenden Blut, zurückkehrte, war er jedes künftigen Sieges gewiss. Dem Unterlegenen, der ihm Vergeltung beim
20 Fußball verhieß, lächelte er achselzuckend in die Augen. Als er aber das nächste Mal einen, der sich seinem Befehl widersetzte, niederwarf, war's nur Glück, und er wusste es. Schon war er verloren, da machte sich's, dass er loskam und dem anderen einen Tritt in den Bauch geben konnte, sodass er stürzte. Da lag der nun, wie selbstverständlich – und doch fühlte Felix, der auf ihn herabsah, noch den Schwindel der schwankenden Minute, als Ruf und Gewalt auf der Schneide standen. Dann
25 ein tiefer Atemzug und ein inneres Aufjauchzen; aber schon murrte jemand: Bauchtritte gälten nicht. Jawohl, echote es, sie seien feige. Und von neuem musste man der Menge entgegentreten und sich behaupten. Bei den meisten zwar genügten feste Worte. Die zwei oder drei kannte Felix, mit denen er sich noch zu messen hatte; die anderen gehorchten schon. Zuweilen überkam ihn – nicht in der Schule, denn hier war er immer gespannt von der Aufgabe des Herrschens, aber
30 daheim –, ihn überkam Staunen, weil sie gehorchten. Sie waren doch stärker! Jeder Einzelne war stärker! Wenn dem dicken Hans Butt eingefallen wäre, dass er Muskeln hatte! Aber das war auch so ein weicher Klumpen, aus dem sich alles machen ließ.

8 Um welche Erzählform handelt es sich hier?

9 Wie vermittelt der Erzähler die Perspektiven der Figuren?

10 Schreibe die Geschichte mit einem anderen Erzähler um.

Erzählhaltungen

Wie so mancher Despot, gab der Polizeipräsident sich gern weltmännisch. Nachdem der Beamte ihn unterrichtet hatte, entließ er ihn und hieß den Besucher Platz nehmen. Diesem fiel es nicht leicht, ein Lächeln aufzubringen, denn der Polizeipräsident ähnelte seinem Vetter Arthur, den er gleichfalls nicht mochte. Doch die Muskeln, die ein Lächeln bewirken, taten brav ihre Pflicht – es ging ja um den Pass.
„Kleine Beamte", sprach der Polizeipräsident, „sind ängstlich und meiden jede Entscheidung."

An diesem Auszug aus der Kurzgeschichte *Ein verächtlicher Blick* (S. 96 ff.) wird deutlich, wie sich durch die Art und Weise des Erzählens die Haltung des Erzählers vermittelt. Wenn der Polizeipräsident z. B. als „Despot", als Willkürherrscher also, bezeichnet wird, dann distanziert sich der Erzähler deutlich von dieser Figur.

Erzähler- und Figurenrede

Bei der Vermittlung des Geschehens durch den Erzähler werden verschiedene Formen voneinander abgegrenzt. Wenn nur die Stimme des Erzählers vernehmbar ist, wird von Erzählerrede gesprochen. Diese kann berichtend sein, kommentierend oder erörternd. Wenn die Figuren selbst zur Sprache kommen, handelt es sich um die Figurenrede, die direkt (also wörtlich) oder indirekt wiedergegeben werden kann (→ S. 95).

Zeitgestaltung

11 Um sich die Bedeutung der Zeitgestaltung in Erzähltexten vor Augen zu führen, kann folgender Versuch helfen:
   – Erzähle in genau drei Minuten den Verlauf der letzten großen Ferien.
   – Beschreibe in genau drei Minuten, wie du dir heute Morgen die Schuhe angezogen hast.

Bei der Zeitgestaltung wird zwischen **erzählter Zeit** (die Zeit, von der in Geschichten erzählt wird) und **Erzählzeit** (die Zeit, die das Erzählen benötigt) unterschieden. Das Verhältnis zwischen den beiden macht die Zeitbehandlung einer Erzählung deutlich. In der Regel ist die erzählte Zeit länger als die Erzählzeit: In der Geschichte *Ein verächtlicher Blick* (S. 96 f.) wird in einigen Minuten von einem Zeitraum von mehreren Stunden erzählt. Dennoch kann man feststellen, wo die Erzählzeit im Verhältnis zur erzählten Zeit länger wird und es zur Zeitdeckung oder sogar Zeitdehnung kommt. So fällt auf, dass der Anfang und das Ende der Handlung mit der Meldung des Polizisten sowie das Gespräch des Mannes mit dem Polizeipräsidenten ausführlicher als der übrige Teil dargestellt wird. Besonders die Stellen, wo sich das Verhältnis zugunsten der erzählten Zeit verschiebt, verdienen demnach große Aufmerksamkeit. Oft wird dort auch die Spannung gesteigert.

Räume und Orte in Erzählungen

Das erzählte Geschehen spielt sich an bestimmten Orten und Schauplätzen ab. Diese werden je nach Zusammenhang und Funktion entweder nur genannt oder eingehender beschrieben. Wie es an dem Ort des Geschehens aussieht, wie er ausgestattet ist, welche besonderen Elemente hervortreten, welche Stimmung dort herrscht (Wetter!), wird über solche Beschreibungen vermittelt. Man spricht dann von dem *erzählten Raum* und meint damit den Zusammenhang von der Ausstattung des Ortes und der Atmosphäre, die sich in der Darstellung vermittelt.

Ort/Schauplatz	Ausstattung	Wetter	Pflanzen	Gebäude

12 Welche Elemente passen zusammen? Fülle das Schema mit möglichen Elementen des Ortes so aus, dass sich eine überzeugende Darstellung ergibt.

Sprachliche Mittel

Bedeutung und Wirkung von Erzählweisen werden besonders auch durch die Art und Weise des Sprachgebrauchs bestimmt. Die Wahl von Formulierungen betrifft dabei vor allem die Worte und den Satzbau.

Wortwahl

Vor allem die Wortwahl trägt zur sprachlichen Gestaltung und Wirkung wesentlich bei. In *Ein verächtlicher Blick* wird davon erzählt wird, wie die Polizei besondere, eben „feiner[e]" Foltermethoden nutzt: „Gründlich angewandt, taten die Mittel meist ihre Wirkung: sie entpressten den Befragten Geständnisse, echte und falsche, wie es gerade kam, und die Polizei frohlockte." (S. 97, Z. 36 f.) Dass die Mittel ihre Wirkung tun, zeigt die Sicht und das Selbstverständnis dieser Polizei, die sowohl über echte wie falsche Geständnisse frohlockt. In dieser Beschreibung wird die Ironie besonders deutlich, die die Erzählweise der ganzen Geschichte bestimmt. Wenn an anderer Stelle von der „vermessene[n] Hast" (S. 97, Z. 61 f.) des Unternehmers gesprochen wird, der dem Mann einen Posten im Ausland anbietet, dann wird damit die Sicht des Passbeamten vermittelt, der damit nicht zurechtkommt. Auch hier wird der langsame und schwerfällige Beamten- und Staatsapparat ironisiert und lächerlich gemacht.

Satzbau

Beim Satzbau kann man einfache Sätze, die nebeneinandergestellt und aneinandergereiht werden, von → Satzgefügen unterscheiden, in denen Sätze über- und untergeordnet sind. Texte, in denen die Nebenordnung von Sätzen bestimmend ist, werden als parataktisch, und solche, in denen Über- und Unterordnungen den Stil bestimmen, werden als hypotaktisch bezeichnet. Der Satzbau, der den Text oder die Textpassage prägt, bestimmt somit Stil und Aussage mit. Vor allem dann, wenn der Erzählstil sich ändert, fallen diese Elemente besonders ins Auge.

In der Erzählung *Ein verächtlicher Blick* sind die Abschnitte, in denen die Zeit gedehnt wird (s. o.) in parataktischem Stil geschrieben, während die eher zeitraffenden Abschnitte in hypotaktischem Stil gefasst sind. Somit wird dieser Unterschied zwischen den Teilen der Erzählung, wo der Polizeipräsident die Meldung des Polizisten erhält und wo er mit dem gesuchten Mann spricht und ihm den gewünschten Pass ausstellt, auch im Satzbau noch einmal deutlich. Dort, wo der Polizeipräsident schließlich erkennt, dass der Gesuchte derjenige ist, dem er selbst den Pass ausgestellt hat, und er die Verfolgung aufnimmt, wird die Dramatik dieser Fahrt vor allem durch parataktische Reihungen vermittelt: „Der Fahrer tat, was er vermochte. Er überfuhr zwei Hunde, zwei Tauben und eine Katze, er schrammte eine Straßenbahn, beschädigte einen Handwagen mit Altpapier und erschreckte Hunderte von Passanten." (S. 98, Z. 94 ff.). Der letzte Satz wiederum verringert diese Spannung wieder: „Als er sein Ziel erreichte, erhob sich weit draußen, auf die Sekunde pünktlich, das Flugzeug nach Istanbul von der Rollbahn." (S. 98, Z. 96 f.)

🔟③ Die Kurzgeschichte *Eis* (S. 93) wird weitgehend im hypotaktischen Stil erzählt. Schreibe ausgewählte Passagen dieser Erzählung in parataktischen Stil um und prüfe die jeweiligen Wirkungen der verschiedenen Fassungen. Beispiel:

Auf der Bank sitzt ein Herr, der Zeitung liest. Der junge Mann lutscht ein Eis, während er vor dem Herrn stehen bleibt.

Gattungen und Formen

Alle Gattungen und Formen des Erzählens werden zu den epischen Texten gerechnet. Epische Texte waren in der Antike Erzählungen in Versen und wurden *Epen* genannt. Heute versteht man unter epischen Texten erzählende Texte. Man unterscheidet verschiedene Gattungen und Formen.

Kurzgeschichte

Es gibt keine festen Regeln für Kurzgeschichten, aber es können einige Merkmale genannt werden, die für Kurzgeschichten vor allem seit dem Ende des Zweiten Weltkriegs bis Ende der 1960er Jahre typisch sind.

Kennzeichnend für diese Kurzgeschichten ist der direkte Einstieg in die Handlung, es fehlt sozusagen eine Einführung oder Einleitung. Oft gibt es keinen Abschluss, sondern ein plötzliches und offenes Ende, das somit zum Weiter- und Nachdenken auffordert. Handlung und Figuren kommen in der Regel aus dem Alltag, es finden sich keine außergewöhnlichen Charaktere. Dargestellt wird aber immer ein Konflikt, der im Verhältnis zu anderen oder in den Figuren selbst angesiedelt ist. Oft wird von einer Wende im Leben der Figuren erzählt. Eine typische Gliederung solcher Kurzgeschichten besteht aus drei bis vier Abschnitten:
- Schilderung einer Situation,
- Entwicklung des Problems oder der Spannung,
- Verzögerung der Lösung und/oder
- Lösung.

Die Lösung darf nicht als Lösung des Problems verstanden werden, sie kann gerade auch das Fehlgehen oder Scheitern einer Figur beinhalten. Die → Erzählperspektive ist häufig die des Ich-Erzählers (Rückschau, chronologische Anordnung) mit eingeschränktem Wissen für den Leser. Er erfährt oft nicht mehr (sogar weniger) als der Ich-Erzähler zum Zeitpunkt des Geschehens weiß. Andere Kurzgeschichten haben oft einen Er-Erzähler, der weit hinter (oder in) die Hauptfigur(en) zurücktritt. Manchmal erzählt er in einem *Bewusstseinsstrom* einer oder mehrerer Personen (→ innerer Monolog) oder er verhält sich wie ein völlig neutraler Beobachter, ohne die Gedanken und Gefühle seiner Figuren preiszugeben.
Ein wesentliches Kennzeichen ist natürlich die Kürze. Gemeint ist damit nicht nur die Länge des Textes, sondern auch der einfache Aufbau mit wenigen Figuren in einem überschaubaren zeitlichen und räumlichen Rahmen.
In Deutschland entstanden besonders in der Nachkriegszeit bedeutende Kurzgeschichten z. B. von Wolfgang Borchert, Heinrich Böll, Wolfdietrich Schnurre, Ilse Aichinger, Hans Bender, Elisabeth Langgässer, Alfred Andersch, Marie Luise Kaschnitz, Siegfried Lenz und Gabriele Wohmann.

Roman und Novelle
Als längste und umfangreichste Form erzählender Literatur steht der Roman in der Tradition des antiken Epos, das die Erfahrung des Lebens und der Welt vermitteln wollte. Der Roman kann viele verschiedene Erzählformen und Elemente aller literarischen Gattungen enthalten und miteinander vermischen. So können Romane längere Dialoge wiedergeben und sich so einem Drama nähern. In den Romanen der Romantik finden sich auch viele Gedichte. Romane können ganz verschiedene Stoffe, Themen und Motive verarbeiten. Eine Novelle ist eine etwas kürzere Erzählung mit einem besonderen thematischen Schwerpunkt.

Parabel
Der Begriff *Parabel* für eine bestimmte Art von Erzähltexten geht auf das griechische Wort *parabole* – Gleichnis zurück. Parabeln erzählen Geschichten, die sich auf einen Sachverhalt beziehen und die eine Erkenntnis, Lehre oder auch Kritik mit der Darstellung vermitteln. Die beiden Bereiche, die in der Erzählung aufeinander bezogen werden, nennt man *Bildebene* und *Sachebene*. Oft werden beide genannt und direkt miteinander in Verbindung gebracht. In modernen Parabeln bleibt die Sachebene aber oft auch ungenannt, sodass die Leser diese selbst finden müssen.

Satirische Formen
Es gibt annähernd so viele Bestimmungen der satirischen Schreibweise, wie es Satiriker gibt, und keine Bestimmung trifft auf die Gesamtheit der Satiren zu. Ihre Gegenstände, Mittel und Funktionen wandeln sich im Laufe der Geschichte. Es ist daher unmöglich, sie scharf von der *Komik*, der *Parodie* oder der *Polemik* zu trennen. Die Satire kann folgende Funktionen haben:
Kritik, Polemik (Einseitigkeit, Parteilichkeit), die direkte oder indirekte Absicht zu belehren und zu bessern, und Unterhaltung.
Die Satire bedient sich häufig der Übertreibung, stellt Widersprüche gegenüber und zeigt Einstellungen und Verhalten von Menschen in übertriebener Weise, verzerrt Sachverhalte, vergleicht sie mit einem Ide-

alzustand und gibt ihren Gegenstand der Lächerlichkeit preis. Die Kurzgeschichte *Ein verächtlicher Blick* (S. 96 ff.) ist ein Beispiel für diese Erzählweise.

Lösungen beurteilen – Aufgabenstellungen bearbeiten

1. Gib das erzählte Geschehen in der folgenden Kurzgeschichte in eigenen Worten wieder.

2. Beschreibe die Beziehungen zwischen den Jungen und erläutere, mit welchen erzählerischen Mitteln diese dargestellt werden.

3. Welche Voraussetzungen müssen gegeben sein, damit die Lösung des Konflikts so möglich wird wie in der Erzählung dargestellt?

Der Sieger *Erich Junge*

Vielleicht hatte er erwartet, als er uns jetzt herausfordernd der Reihe nach anblickte, dass wir über seine Niederlage in lauten Jubel ausbrechen würden? – Aber wir taten ihm den Gefallen nicht; wir hatten uns alle gut in der Gewalt, denn es war gefährlich, ihn zu reizen.

Wir mochten ihn nicht, diesen Kraftprotz, der, wenn er einmal den Mund aufmachte, was höchst
5 selten geschah, von nichts anderem sprach als von seinen Kräften, vom Expanderziehen, Gewichtheben, Ringen und Boxen. Diese Niederlage hatte er verdient, und es gab wohl keinen unter uns, der sie ihm nicht von Herzen gönnte.

Es herrschte eine Art Spannung, die jeder spürte, und die doch jeder zu ignorieren versuchte, und von der man nicht wusste, wie sie sich lösen würde; aber es war klar, dass dies hier nur der
10 Anfang war, dazu kannten wir ihn zu genau. Wir hatten vor allem etwas Angst um Bert, der so unbeschwert glücklich war, weil er den Fünfkampf gewonnen hatte und an nichts anderes mehr denken konnte.

Erst als Dr. Brenner vom unteren Ende des Platzes heraufkam (er hatte sich von dem letzten, entscheidenden Wurf Berts persönlich überzeugt), wirkten alle ein bisschen gelöster.
15 „Großartig", sagte er, „Riedel, das haben Sie großartig gemacht", und er schüttelte Bert die Hand. Und dann gingen wir alle hin und schüttelten ihm die Hand, klopften ihm auf die Schulter und sagten „prima" oder „fabelhaft hast du das hingekriegt, alter Junge", wie man das so sagt mit siebzehn, achtzehn. „Dannwitz", sagte Dr. Brenner, „gehen Sie hin und gratulieren Sie ihm!"
Dannwitz blieb stehen und rührte sich nicht, den kräftigen, muskulösen Oberkörper nach vorn
20 geneigt, mit unruhig hin und her pendelnden Armen stand er da und rührte sich nicht, tat keinen Schritt, und als Bert von sich aus auf ihn zuging, drehte er sich um, zeigte sein breites Kreuz und zog sich umständlich die Trainingsjacke über den Kopf.

Vielleicht hatte der Lehrer es nicht bemerkt; er tat jedenfalls so, zog den Notizblock hervor und rechnete die Punkte noch einmal zusammen. Außerdem hatte er es eilig, er musste die Siegerur-
25 kunden ausschreiben, denn heute Abend war Schulfest, und da sollten sie verteilt werden. Wir hatten geduscht und fühlten uns wunderbar erfrischt und dachten im Augenblick an nichts anderes mehr als an den kommenden Abend.

Wir gingen über den sonnenbeschienenen Platz, hatten die Trainingsblusen über dem Arm, und Bert ging in der Mitte, zwischen Bruno und mir. „Wie hast du das nur gemacht?", fragte Bruno.
30 „Es war Technik", sagte Bert, „ich habe viel geübt, und vor allem habe ich mir genau angesehen, wie es die Diskus- und Speerwerfer machen. Jeder von euch kann das ebenso gut."
„Na, na", sagte Bruno, „und Dannwitz, hast du den gesehen?"
„Der ist viel stärker als ich", sagte Bert, „aber er macht es eben nur mit der rohen Kraft, wenn der noch die richtige Technik beherrschte, wäre er nicht zu schlagen." Die Straßen waren kühl und
35 mittagsleer, aber wir gingen am Rande der Stadt entlang zum Fluss hinunter, den Weg, der von

Büschen und einem hüfthohen Zaun umsäumt war und über den Ameisen und blitzende kleine Käfer liefen. Wir hatten es gar nicht bemerkt, dass er uns gefolgt war, denn wir sprachen über den Abend und über das Fest und über das Mädchen, das jeder von uns eingeladen hatte. Mit einem Mal war er plötzlich da. Sein Schatten lag breit und gefährlich vor unseren Füßen. Wir standen
40 wie auf Kommando still. Sein Atem ging keuchend, und wir froren, als wir ihm ins Gesicht sahen. Der Weg lief hier in eine Wiese hinein, durch die ein kleines Gewässer plätschernd zum Fluss hinunterglitt. Eine Ziege lag in der Wiese, starr, wie ein weißer Fleck. Bert hatte gerade gesagt: „Sie hat mir versprochen, dass sie kommt."
Dannwitz' Adamsapfel ging auf und nieder, sein Gesicht war schweißnass, und die Haare hingen
45 ihm wie Fransen in die Stirn. „Ihr seid doch drei", sagte er kaum hörbar, „kommt, ihr seid doch drei ..." Niemand antwortete.
Nach einer Weile sagte Bert: „Geht man, geht man nach Hause, ich will nicht, dass ihr da hineingezogen werdet." Er schob uns zur Seite und stellte sich mit hängenden Armen hin. „Nun fang an", sagte er flüsternd. „Ich wehre mich nicht einmal, ich weiß, dass es keinen Zweck hat, sich
50 zu wehren, also, fang an ..."
Die Glocken der Michaeliskirche läuteten plötzlich über den Mittag hin. Die Ziege erhob sich träge und kam langsam an den Weg heran. Dannwitz stand da, mit geballten Fäusten und einem flackernden Licht in den Augen, das aber langsam erlosch. Sein Unterkiefer fiel herab, was seinem Gesicht einen merkwürdig hilflosen Ausdruck verlieh, seine breiten Schultern sackten zusammen,
55 die Fäuste lösten sich, und wahrhaftig, er weinte.
Wir sahen es fassungslos.
Und dann, so plötzlich, wie er gekommen war, drehte er sich auf dem Absatz herum und trabte davon mit schwankenden Schritten, wie ein großer, verwundeter Bär.
„Er hat geweint", sagte ich zu Hause bei Tisch. „Nie hätten wir so etwas für möglich gehalten."
60 „Seit wann ist er bei euch?", fragte der Vater.
„Ich glaube, seit anderthalb Jahren, aber wir mochten ihn nicht, von Anfang an mochten wir ihn nicht, ganz besonders nicht, als er anfing, seine Kräfte auszuspielen."
„Womit hätte er euch sonst imponieren sollen?"
„Imponieren?"
65 „Na ja, was sonst", sagte mein Vater. „Ihr seid doch eine Clique, nicht wahr, ihr kennt euch seit zehn und mehr Jahren. Er kam dazu, ein Fremder, einer, der neu war, ist es nicht so?"
Ich schwieg.
Es war Abend und der Abend war mild und weich. Sie hatten bunte Lampions aufgehängt, die Musiker waren schon da, und ich freute mich auf jeden und auf alles. Und da sah ich ihn stehen,
70 er stand unter den Buchen, nicht vom Licht des Festplatzes getroffen, er stand da, wesenlos, wie ein Schatten, und ich erkannte nur die Konturen seines Gesichtes. Ich ging schweigend an ihm vorbei, aber mein Herz schlug mir im Halse. Hatte ich etwa Angst? Nein, Angst war es nicht, was mir die Kehle zuschnürte.
Bert rief mich an. „Die Mädchen sind da", sagte er. Die anderen kamen hinzu, der Kreis war
75 geschlossen. Ich blickte verstohlen zu den dunklen Buchen hin. Ich ging fort und setzte mich an einen Tisch, über dem ein roter Mond baumelte. Ich stieß den Mond mit dem Finger an, und er schaukelte hin und her. „Was ist?", fragte Bert, und er setzte sich neben mich.
Ich zuckte mit den Schultern. „Er steht da", sagte ich nach einer Weile und wies mit dem Kopf in die Richtung der Buchen. „Du kannst seinen Schatten sehen, mehr nicht, er steht da, als ob
80 er nicht zu uns gehörte." Wir schwiegen beide. Der Mond über uns schwang hin und her. „Ich würde es versuchen", sagte ich dann, „aber ich kann es nicht, deinetwegen."
„Was soll ich denn tun?"
„Hör zu, Bert, wir haben ihm niemals eine Chance gegeben, niemals, ich glaube, das ist es!"
„Gut", sagte Bert und stand auf.

5 „Falls du es vergessen haben solltest", rief ich ihm nach, „er heißt Werner." Ich weiß nicht, was sie miteinander gesprochen haben, ich will es auch nicht wissen. Aber sie kamen zusammen zwischen den Bäumen hervor, lässig gingen sie nebeneinander, als sei es schon immer so gewesen, und ich dachte, wer von ihnen hat nun eigentlich heute gewonnen?

Der Mond über mir stand still. Ich gab ihm noch einen kräftigen Schubs. Als wir zu dritt den

0 Festplatz erreichten, begann die Musik zu spielen.

Lösungsbeispiel

1. In der Kurzgeschichte *Der Sieger* von E. Junge geht es um das Dazugehören oder Ausgeschlossensein. Es wird von einem Sportwettkampf erzählt, den überraschenderweise nicht der Stärkste der Jungen gewinnt, sondern ein anderer. Dadurch entsteht eine schwierige Situation, da der sehr ehrgeizige Werner Dannwitz Bert Riedel den Sieg nicht gönnt. Die Freunde von Bert rechnen mit der Rache von Dannwitz, doch dieser wendet sich bloß weinend und völlig gebrochen ab. Einer der Jungen berichtet den Vorfall zu Hause, wo sein Vater darauf hinweist, dass sie als Gruppe den neu in die Klasse gekommenen Dannwitz nicht aufgenommen haben. Auf dem Weg zu dem am Abend stattfindenden Fest holt Bert den allein gebliebenen Dannwitz in die Gruppe, und gemeinsam gehen sie auf das Fest.

2. Der Gruppe der Jungen mit dem Ich-Erzähler, Bert Riedel und Bruno steht Werner Dannwitz gegenüber. Werner ist neu in die Klasse gekommen und hat offensichtlich versucht, seine körperliche Stärke zu nutzen, um den Jungen zu imponieren. Dennoch hat dies nicht dazu geführt, dass er in die Gruppe aufgenommen wurde. Er bleibt weiterhin allein, und um dieses Defizit hinsichtlich des Dazugehörens auszugleichen, hat er körperliche Gewalt gewählt. Als dies nicht mehr gelingt, macht sich Hilflosigkeit breit, die hier durch das Weinen deutlich gemacht wird. Als Werner den Wettkampf verliert, verliert er auch die Grundlage, auf der er seine Position in der Klasse und gegenüber der Gruppe der Jungen aufgebaut hatte.

Als er dies erkennen muss, bricht seine auf körperliche Kraft gebaute Persönlichkeit gleichsam zusammen. Seine Schwäche, die er nun zeigt, ist in der Geschichte der Auslöser, dass die Jungen über ihr Verhältnis zu Werner und ihr eigenes Verhalten nachdenken. Eine Schlüsselstelle dafür ist der Satz „... und ich dachte, wer von ihnen hat nun eigentlich gewonnen?". Die Geschichte zeigt, dass Konflikte durch Einfühlung gelöst werden können. Solche Lösungen kennen keine Verlierer.

Das Gespräch des Ich-Erzählers mit seinem Vater fördert dieses Nachdenken und das Eindenken und Einfühlen in den Anderen und dessen Sicht der Dinge (Empathie). Der Vater führt durch seine Fragen den Sohn zu der Einsicht, dass Werner Dannwitz auf die körperlichen Leistungen setzt, weil er seinen sozialen Stellenwert in der Klasse sichern will, um das Ausgeschlossensein durch die Klassengemeinschaft als soziale Gruppe zu kompensieren. Zunächst schweigt der Sohn, was ein Zeichen dafür ist, dass ihm die Fragen des Vaters zu denken geben. Dass er sich entschlossen hat, auf Werner Dannwitz zuzugehen, deutet sich dort an, wo er auf dem Weg zum Fest auf Werner trifft: „Ich ging schweigend an ihm vorbei, aber mein Herz schlug mir im Halse. Hatte ich etwa Angst? Nein, Angst war es nicht, was mir die Kehle zuschnürte." Diesen Entschluss setzt er in die Tat um. Bemerkenswert ist, dass jetzt erst der Vorname „Werner" erwähnt wird. Vorher ist nur von „Dannwitz" die Rede.

Erzählt wird dieses Geschehen aus der Sicht eines Ich-Erzählers, der selbst an dem Geschehen beteiligt ist. Die Erzählung setzt unmittelbar ein, ohne besondere Einführung wird sogleich die Situation nach dem entscheidenden Wurf von Bert Riedel erzählt. Nachdem Bert am Abend Werner in die Gruppe geholt hat, endet die Erzählung ebenso unvermittelt. Damit werden besondere Eigenschaften von Kurzgeschichten deutlich, die in der Regel auch eine entscheidende Situation oder Wendung im Leben der erzählten Figuren darstellen. Dies ist auch hier der Fall: Die Jungen beziehen nun Werner Dannwitz, vor dem sie zunächst nur Angst und den sie bisher ausgeschlossen hatten, in ihre Gruppe ein.

Die Gliederung des Textes ist dreiteilig: Nach der Konfrontation der Jungen mit Werner Dannwitz auf dem Sportplatz und dem Weg nach Hause folgt das Gespräch in der Familie des Ich-Erzählers, den Schluss bildet die Lösung auf dem Weg zu dem Schulfest.

Besonders wichtig sind dabei das innere Geschehen und die innere Entwicklung des Ich-Erzählers. Der Wendepunkt in der Geschichte ist das Gespräch des Ich-Erzählers mit seinem Vater, in dem dieser dem Sohn Fragen stellt, die zum Nachdenken und schließlich zu der Lösung des Konflikts führen.

Das innere Geschehen wird einmal durch die Gedanken des Ich-Erzählers dargestellt. An vielen Stellen wird es zudem durch die Beschreibung des Verhaltens der anderen Figuren deutlich, vor allem dort, wo die nicht-sprachliche Kommunikation beschrieben wird, z. B.: „Dannwitz blieb stehen und rührte sich nicht, den kräftigen, muskulösen Oberkörper nach vorn geneigt, mit unruhig hin und her pendelnden Armen stand er da und rührte sich nicht, tat keinen Schritt, und als Bert von sich aus auf ihn zuging, drehte er sich um, zeigte sein breites Kreuz und zog sich umständlich die Trainingsjacke über den Kopf."

3. Die Geschichte behandelt das Verhältnis von Einzelnen zu einer Gruppe. Werner Dannwitz gilt zwar als gefürchteter Starker, doch er bleibt von der Gemeinschaft der Gruppe ausgeschlossen. So wird deutlich, dass sein Verhalten auch mit dieser Ablehnung oder sogar Isolation zu tun hat. Andere Möglichkeiten, als mit seiner körperlichen Stärke den anderen zu imponieren, hat er offensichtlich nicht. In dem Moment, in dem er mit dieser Strategie erfolglos bleibt (Verlieren des Wettkampfes), bricht seine ganze Persönlichkeit zusammen. Nun ist er der Schwächere und die anderen könnten über ihn triumphieren. Doch ist diese Entwicklung für sie so überraschend, dass der Ich-Erzähler beginnt, über die Beziehung zwischen ihnen als Gruppe und dem Außenseiter gebliebenen Werner nachzudenken.

Die zweite wichtige Voraussetzung für die Entwicklung der Lösung ist, dass Werner vor der Gruppe seine Schwäche gezeigt hat. Absehen von Gewalt und Verzicht darauf, die Schwäche eines anderen auszunutzen, sind die wichtigsten Aspekte dabei. Ohne das Gespräch des Ich-Erzählers jedoch, das dieser mit Bert führt, der schließlich auf Werner zugeht, mit ihm spricht und in die Gruppe aufnimmt, wäre die Lösung des Konflikts nie möglich geworden. Das Gespräch und den Austausch zu suchen sind damit weitere Voraussetzungen. Die Geschichte führt diese ideale Entwicklung vor; in der Realität sind oft andere zu beobachten, da die genannten Voraussetzungen nicht erfüllt sind.

Sachtexte

Lesestrategien und -methoden

Lesestrategien erleichtern die Erarbeitung von Sachtexten und fiktionalen Texten. Lesetechniken sind Verfahren, die du anwendest, um das zentrale Thema, die zentralen Gedanken, den Aufbau und die Machart eines Textes festzustellen. Lesestrategien kannst du erlernen und einüben und mit ein bisschen Übung bei Klassenarbeiten, Tests, den *Zentralen Prüfungen* und bei der eigenständigen Erschließung von Texten, z. B. für Referate und Facharbeiten, erfolgreich einsetzen.

Aufgabenstellungen lesen und klären

Was soll ich bzw. was will ich machen? Wenn du dich mit einem fremden Text auseinandersetzt, hast du meist ein bestimmtes Leseinteresse. Du willst aus einem Text Informationen zu einem bestimmten Thema gewinnen, du willst wissen, wie die Autorin argumentiert, du willst herausfinden, mithilfe welcher sprachlichen Mittel der Autor sein Thema gestaltet und veranschaulicht.
Die Aufgabenstellung bei Klassenarbeiten, Tests, Referaten usw. gibt zumeist ein konkretes Leseziel vor, an dem du dich bei der Bearbeitung der Texte orientieren kannst.

Häufig lautet der Arbeitsauftrag: **Analysiere den Text**. Dieser Arbeitsauftrag bedeutet, du sollst einem fremden Leser darlegen,
– worum es in dem Text geht (Thema),
– welche Position der Autor/die Autorin vertritt,
– wie der Text aufgebaut ist bzw. seine Argumentation verläuft.
Der fremde Leser soll so über den Inhalt und die Machart des Textes informiert werden, dass er ihn selbst nicht mehr lesen muss.

Zumeist wird die Aufgabenstellung jedoch noch weiter präzisiert und du erhältst einen Leitfaden für deine Textanalyse. Diese ergänzenden Formulierungen können sich sowohl auf das Thema beziehen, das besonders in den Blick genommen werden soll, als auch auf das methodische Vorgehen.
Immer wieder verwendete Formulierungen, die das Augenmerk auf einen bestimmten thematischen Schwerpunkt legen, sind z. B.
Analysiere den Text unter besonderer Berücksichtigung von …
Analysiere den Text im Hinblick auf …
Analysiere den Text, gehe dabei insbesondere auf … ein.

Darüber hinaus zeigen dir Handlungsanweisungen in Form von Verben, was du methodisch machen sollst. Diese Handlungsanweisungen nennt man **Operatoren** (→ S. 8 f.).

 Lies die folgenden Aufgabenstellungen und erkläre mit deinen eigenen Worten, was die einzelne Aufgabe jeweils von dir verlangt.

Beispiel 1:
Analysiere den Text.
Weise dabei nach, wie der Verfasser zu der These steht: „Ausländer seien um ein Vielfaches krimineller als Deutsche". Achte auch auf die sprachlichen Besonderheiten.

Beispiel 2:
Benenne die Argumente, mit denen der Autor die These „Ausländer seien um ein Vielfaches krimineller als Deutsche" zurückweist.
Nimm auf dem Hintergrund deiner Kenntnisse aus dem Unterricht zu seinen Argumenten Stellung.

Beispiel 3:

Gib die zentralen Aussagen des Textes im Hinblick auf die Ausländerkriminalität wieder.

Vergleiche die Aussagen des Autors mit anderen dir aus dem Unterricht bekannten Materialien über Ausländerkriminalität.

Die folgenden **Lesemethoden** helfen bei der Erschließung von Sachtexten. Führe bei der Analyse von Sachtexten die einzelnen Schritte zunächst systematisch der Reihe nach aus. Bei mehr Routine gehen sie automatisch ineinander über.

Die 6-Schritt-Lesemethode

1. Schritt	**antizipierendes Lesen** Sieh dir Überschrift und – falls vorhanden – Zwischenüberschriften des Textes an. – Was weißt du bereits über das Thema, mit dem sich Text und Aufgabenstellung beschäftigen? *Ziel:* Klärung des Vorwissens, Einordnung der neuen Informationen in vorhandenes Wissen
2. Schritt	**überfliegendes Lesen** Überfliege den Text. – Welche Hinweise geben die äußeren Textmerkmale im Hinblick auf Thema und Intention des Textes? – Welche Informationen geben die innertextlichen Signale wie Überschrift, Untertitel, Anfang und Ende des Textes sowie der jeweils erste Satz eines Absatzes über Inhalt, Thema und Intention des Textes? – Welcher Zusammenhang besteht zwischen dem Text und der Aufgabenstellung? *Ziel:* erste Orientierung über Inhalt, Thema und Intention des Textes mit Blick auf die Aufgabenstellung
3. Schritt	**klärendes Lesen** Lies dir den Text durch, unterstreiche die Wörter und Formulierungen, die du nicht verstehst und kläre sie, indem du – im Wörterbuch nachschlägst, – sie aus dem Zusammenhang selbst erschließt oder – Mitschüler/-innen oder die Lehrperson fragst. *Ziel:* Textverständnis klären
4. Schritt	**konzentriertes Lesen** Lies den Text mit Blick auf die Aufgabenstellung konzentriert durch. Welches sind die zentralen Aussagen des Textes bezogen auf die Aufgabenstellung? – Markiere dabei die Aussagen, Formulierungen und zentralen Begriffe (Wörter und Wortgruppen), die für die Beantwortung der Aufgabenstellung bzw. dein Leseinteresse wichtig sind. – Gehe mit den Markierungen sparsam um. Darüber hinaus kannst du die Markierungen mit Symbolen (Ausrufezeichen, Pfeilen, Sternen etc.) am Rand des Textes ergänzen. *Ziel:* Erarbeitung des Informationsgehalts des Textes mit Blick auf die Aufgabenstellung bzw. das Leseinteresse
5. Schritt	**zusammenfassendes Lesen** Lies den Text mit Blick auf seinen gedanklichen Aufbau. – Aus welchen Abschnitten besteht der Text, wie bauen sie aufeinander auf? Gliedere den Text in Sinnabschnitte und notiere dir am Rand zu jedem Sinnabschnitt eine Zwischenüberschrift in Form von Stichwörtern oder kurzen Sätzen. Oft ist die bestehende Einteilung des Textes in Absätze hilfreich. *Ziel:* Erkennen des Sinnzusammenhangs der einzelnen Abschnitte und damit des Textaufbaus

6. Schritt	**Lesen** im Hinblick auf **sprachliche Besonderheiten**
	Lies den Text erneut und markiere dabei sprachliche Besonderheiten, die dir auffallen: Satzbau, Wortwahl, rhetorische Figuren etc.
	– Welche sprachlichen Mittel werden verwendet, um die inhaltliche Aussage zu stützen?
	– Welche Aspekte des Layouts verstärken die Textaussage? (Bilder, Tabellen, Grafiken, Schriftbild etc.)
	Ziel: Erkennen der sprachlichen Machart eines Textes

Durch das immer wieder neue Lesen des Textes unter anderen Gesichtspunkten erschließt du dir die verschiedenen Aussageebenen.

Übungen

zu den einzelnen Schritten der 6-Schritt-Lesemethode

– Aufgabenstellung: Analysiere den Text. Weise dabei nach, wie der Verfasser zu der These steht: „Ausländer seien um ein Vielfaches krimineller als Deutsche". Achte auch auf die sprachlichen Besonderheiten.
– Text: Wolfgang Benz, *Ausländerfeindlichkeit*

Ausländerfeindlichkeit   *Wolfgang Benz*

Die Behauptung, Ausländer seien um ein Vielfaches krimineller als Deutsche, gehört zum Repertoire rechtsradikaler Propaganda, aber auch einiger konservativer Politiker, die damit die Forderung nach geschlossenen Grenzen untermauern. Zum Beweis wird die Kriminalstatistik zitiert, die angeblich dokumentiert, dass nahezu ein Drittel aller von der Polizei ermittelten Tatverdächtigen einen ausländischen Pass hätten, während aber höchstens neun Prozent der Wohnbevölkerung in Deutschland „Ausländer" sind. Jugendliche Ausländer gar seien in Großstädten viermal so häufig wie junge Deutsche als Tatverdächtige oder Täter auffällig. Solchen simplen Behauptungen steht eine vielfältigere Wirklichkeit gegenüber.

Um ein richtiges Bild zu bekommen, muss man zunächst die Delikte[1] in der Kriminalstatistik gesondert betrachten, die nur Ausländer begehen können, weil sie mit ihrer besonderen Lage in Verbindung stehen: Meldevergehen, falsche Angaben über die Herkunft oder die Einreisewege, illegaler Grenzübertritt.

Irreführend in der Kriminalstatistik ist zweitens die fehlende Unterscheidung zwischen Ausländern, die zur Wohnbevölkerung in Deutschland gehören (und die mit dem Vorwurf besonderer Kriminalität diskriminiert werden sollen), und illegalen, durchreisenden, vorübergehend in Deutschland lebenden Personen. Grundtatsache ist, dass integrierte Ausländer in Deutschland, und sie bilden die überwältigende Mehrheit, nicht öfter mit dem Gesetz in Konflikt kommen als Deutsche. Ein Viertel bis ein Drittel der Ausländer, die in der Kriminalstatistik erscheinen, sind dagegen Touristen, Illegale und alle, die ausschließlich zum Zweck ungesetzlicher Taten (Diebstahl, Raub, Drogenhandel, Prostitution und Zuhälterei, Schmuggel) ins Land einreisen. International operierende Verbrecherbanden können allenfalls in vordergründiger demagogischer Absicht mit den Ausländern verglichen werden, die zum Teil in dritter Generation in Deutschland leben.

Weiterhin muss beachtet werden, dass Ausländer (ohne Rücksicht darauf, ob sie Arbeitsmigranten[2], Touristen, Grenzgänger, Bandenkriminelle sind) generell schneller unter Tatverdacht geraten als Deutsche („Tatverdachteffekt"), unter anderem, weil die Anzeigefreudigkeit der Bevölkerung gegenüber „Ausländern" größer ist als gegenüber Deutschen („Anzeigeeffekt"). Zur Verzerrung des Bildes trägt zusätzlich bei, dass die Kriminalstatistik Tatverdächtige aufführt, die nicht notwendigerweise auch Täter sein müssen.

Experten verweisen außerdem darauf, dass Kriminalstatistiken nur aussagefähig sind, wenn das Sozialprofil[3] der Täter bzw. Tatverdächtigen in die Betrachtung einbezogen wird. Als Ergebnis einer differenzierenden Auswertung der Kriminalstatistik ergibt sich, dass die Kriminalität der ausländischen Wohnbevölkerung (Arbeitsmigranten) gegenüber vergleichbaren deutschen sozialen Gruppen geringer ist. Ausländer, die ständig in Deutschland leben, sind also gesetzestreuer als Deutsche in gleicher sozialer Position.

35 Eine Tatsache steht freilich fest: Auch in einer bereinigten Kriminalstatistik, die nach Statusgruppen unterscheidet, sind jugendliche Ausländer, insbesondere 14- bis 17-Jährige, im Vergleich zu deutschen Altersgenossen mit mehr Straftaten (Eigentums- und Gewaltdelikten) vertreten. Das hat verschiedene Gründe, zu denen unter anderem wirtschaftliche Probleme, mangelnde Integrationshilfen, unzureichende Sprachkenntnisse und fehlende Chancen auf dem Arbeitsmarkt

40 gehören. Jugendkriminalität ist, bei Ausländern wie bei Deutschen, nicht zuletzt eine Folge der Bildungsmisere.

1 Delikte: Straftaten
2 Arbeitsmigranten: Menschen, die um Arbeit zu finden, in ein anderes Land eingewandert sind
3 Sozialprofil: Merkmale, die die Zugehörigkeit zu einer gesellschaftlichen Gruppe bestimmen

Schritt 1: Antizipierendes Lesen

– Beantworte stichwortartig folgende Fragen:

1. Zu welcher Unterrichtseinheit passen das Thema des Textes und die Aufgabenstellung?

2. Was weißt du bereits über Kriminalität von Ausländern und Jugendlichen?

3. Was erwartest du von einem Text zum Thema „Ausländerfeindlichkeit", der von der Bundeszentrale für politische Bildung herausgegeben worden ist?

Schritt 2: Überfliegendes Lesen

Äußere Textmerkmale

Die folgende Grafik zeigt, welche Informationen die äußeren Textmerkmale enthalten und welche Schlussfolgerungen der Leser daraus ziehen kann.

äußere Textmerkmale	Angaben zu dem vorgegebenen Artikel	mögliche Schlussfolgerungen
Autor/Autorin	Wolfgang Benz	
Titel des Textes	Ausländerfeindlichkeit. Aus: Benz, Wolfgang: Argumente gegen rechtsextreme Vorurteile. Bonn: Bundeszentrale für politische Bildung 2001 (Informationen zur politischen Bildung aktuell)	offizielle Schriftenreihe der Bundesregierung; Erwartung einer sachlichen Argumentation
Textsorte	Kommentar	Argumentation
Erscheinungsjahr	2001	Frage nach der Aktualität?
Erscheinungsort	Bonn	
Adressaten	politisch interessierte Bürgerinnen und Bürger	sachlicher, allgemein verständlicher Sprachgebrauch
Thema	der Umgang mit Ausländerkriminalität als Zeichen für Ausländerfeindlichkeit	mögliche Intention: Stellungnahme gegen Ausländerfeindlichkeit auf der Basis von Statistiken zur Ausländerkriminalität

Innertextliche Signale
- Die Überschrift – häufig in Titel und Untertitel aufgespalten – nennt das Thema und den Blickwinkel, den die Autorin/der Autor bezogen auf das Thema einnimmt. Daraus lässt sich häufig die These ableiten.
- Die ersten Sätze eines Textes oder Abschnitts informieren über die zentralen Gedanken/Unterthemen des Textes. Der Schlusssatz kann eine Zusammenfassung bzw. Schlussfolgerung enthalten.
- *Eyecatcher* wie Bilder oder Grafiken oder andere grafisch besonders hervorgehobenen Einzelheiten wie Fett- oder Kursivgedrucktes geben weitere Informationen über den Textinhalt.

Schritt 3: Klärendes Lesen vgl. *Mit dem Wörterbuch umgehen* (→ S. 145 f.)
Schritt 4: Konzentriertes Lesen und
Schritt 5: Zusammenfassendes Lesen
- Aufgabenstellung: Analysiere den Text. Weise dabei nach, wie der Verfasser zu der These steht: „Ausländer seien um ein Vielfaches krimineller als Deutsche". Achte auch auf die sprachlichen Besonderheiten.

Text mit Markierungen im Hinblick auf die Aufgabenstellung	Randbemerkungen
Ausländerfeindlichkeit *Wolfgang Benz* Die Behauptung, Ausländer seien um ein Vielfaches krimineller als Deutsche, gehört zum Repertoire rechtsradikaler Propaganda, aber auch einiger konservativer Politiker, die damit die Forderung nach geschlossenen Grenzen untermauern. Zum Beweis wird die Kriminalstatistik, die angeblich dokumentiert, dass nahezu ein Drittel aller von der Polizei ermittelten Tatverdächtigen einen ausländischen Pass hätten, während aber höchstens neun Prozent der Wohnbevölkerung in Deutschland „Ausländer" sind. Jugendliche Ausländer gar seien in Großstädten viermal so häufig wie junge Deutsche als Tatverdächtige oder Täter auffällig. Solchen simplen Behauptungen steht eine vielfältigere Wirklichkeit gegenüber. Um ein richtiges Bild zu bekommen, muss man zunächst die Delikte in der Kriminalstatistik gesondert betrachten, die nur Ausländer begehen können, weil sie mit ihrer besonderen Lage in Verbindung stehen: Meldevergehen, falsche Angaben über die Herkunft oder die Einreisewege, illegaler Grenzübertritt. (...)	**These rechtsextremer Propaganda:** Ausländer sind krimineller als Deutsche **Argument:** Hinweis auf Kriminalstatistiken **Antithese des Autors:** Die Behauptung ‚Ausländer seien krimineller als Deutsche' ist eine falsche Vereinfachung. Angaben der Kriminalstatistiken werden falsch gelesen **Argument 1:** Art der Delikte

Schritt 6: Lesen im Hinblick auf sprachliche Besonderheiten
Inhaltliche Aussagen und die Machart eines Textes sind eng miteinander vernetzt. Durch die sprachliche Gestaltung kann der Autor das Thema und die Intention seines Textes besonders deutlich machen.
Bei der Untersuchung der sprachlichen Besonderheiten eines Textes konzentrierst du dich auf folgende Aspekte:
- **Satzbau:** Aneinanderreihung von Hauptsätzen (Parataxe), Wechsel von Haupt- und Nebensätzen (Hypotaxe), unvollständige Syntax, Verwendung bestimmter Satzarten: Fragesätze, Ausrufesätze etc.
- **Wortwahl:** Verwendung von Schlüsselwörtern, Fachvokabular, ausdrucksstarken Adjektiven und Verben, umgangssprachlichen Formulierungen
- **Rhetorische Figuren:** Wiederholungen von einzelnen Wörtern oder Satzbaumustern, Darstellung von Gegensätzen, rhetorische Fragen, Vergleiche, Verallgemeinerungen (z. B. *wir* statt *ich*) etc. (→ S. 128)
Wichtig ist, dass du die stilistischen Gestaltungselemente nicht nur benennst, sondern ihre Funktion für die inhaltliche Aussage des Textes in den Blick nimmst.

113

Beispiel für eine Texterschließung unter Berücksichtigung sprachlicher Besonderheiten:

Text	Sprachliche Gestaltungs-mittel	Funktion
Weiterhin muss beachtet werden, dass Ausländer (ohne Rücksicht darauf, ob sie Arbeitsmigranten, Touristen, Grenzgänger, Bandenkriminelle sind) generell schneller unter Tatverdacht geraten als Deutsche	Verwendung strukturierender Formulierungen (Konjunktoren)	Klarheit, Stringenz
(„Tatverdachteffekt"), unter anderem, weil die Anzeigefreudigkeit der Bevölkerung gegenüber „Ausländern" größer ist als gegenüber Deutschen („Anzeigeeffekt"). Zur Verzerrung des Bildes trägt zusätzlich bei, dass die Kriminalstatistik Tatverdächtige aufführt, die nicht notwendigerweise auch Täter sein müssen.	Verwendung von Fachvokabular	Autor als Kenner des Themas
	Verwendung von Anführungszeichen	Kritik an dieser Einstellung (alle Ausländer werden gleichgesetzt)
	Wertung	
Experten verweisen außerdem darauf, dass Kriminalstatistiken nur aussagefähig sind, wenn das Sozialprofil der Täter bzw. Tatverdächtigen in die Betrachtung einbezogen wird. Als Ergebnis einer differenzierenden Auswertung der Kriminalstatistik ergibt sich, dass die Kriminalität der ausländischen Wohnbevölkerung (Arbeitsmigranten) gegenüber vergleichbaren deutschen sozialen Gruppen geringer ist. Ausländer, die ständig in Deutschland leben, sind also gesetzestreuer als Deutsche in gleicher sozialer Position. (...)	vereinzelter Gebrauch von Adjektiven	Beurteilung der anderen Position; Hervorhebung der besonderen Bedeutung der Aussage
	insgesamt überschaubare Syntax (zumeist Hauptsatz-Nebensatz/ keine Bandwurmsätze)	Erleichterung des Leseprozesses mit Blick auf den Adressatenkreis

Neben den sprachlichen Besonderheiten solltest du auch das → Layout des Textes in den Blick nehmen: z. B. Veranschaulichung durch Bilder und Grafiken, leserfreundliche Gestaltung des Textes durch Zwischenüberschriften, Absätze etc.

Weitere Lesemethoden

Neben der 6-Schritt-Lesemethode gibt es noch weitere Lesestrategien, die bei der Texterschließung hilfreich sein können, z. B.

Fragen an den Text stellen:
- Wer hat den Text wann und zu welchem Zweck verfasst?
- An wen wendet sich der Text?
- Worum geht es in dem Text? (Thema)
- Welches sind die wichtigsten Aussagen des Textes bezogen auf das Thema und die Aussageabsicht?
- Wie ist der Text aufgebaut?
- Mit welchen sprachlichen und formalen Mitteln macht der Autor seine Aussageabsicht deutlich?

Texte in „Bildern" wiedergeben:
- Mind-Map
- Zeichnung/Bild
- Filmleiste: Text in Einzelbilder auflösen
- Strukturdiagramm/ Flussdiagramm

Einen Sachtext analysieren

Unter Sachtexten versteht man alle Texte, die keinen fiktionalen Charakter haben, d. h. deren Inhalt nicht erfunden ist. Sie beziehen sich direkt auf einen bestimmten Wirklichkeitsausschnitt: der *Reisebericht* auf das Land, von dem er berichtet, die *Gebrauchsanweisung* auf den Gegenstand, den sie erklärt, der *Kommentar*, auf das Geschehen, zu dem er Stellung nimmt, das *Diagramm* auf die Umfragedaten, die es veranschaulicht.

Man kann Sachtexte nach den Funktionen, die sie in erster Linie erfüllen, unterscheiden.

Informierende Funktion: Hier geht es in erster Linie um Informationsvermittlung. Hierzu zählen u. a *Nachricht, Bericht, Grafik, Lexikonartikel, Gesetzestext.*

Argumentierende Funktion: Es geht darum, zu einem bestimmten Sachverhalt Position zu beziehen. Dies kann z. B. in Form eines sachlichen *Kommentars*, einer unterhaltsam aufgemachten *Glosse*, einer ironisierenden *Karikatur* geschehen.

Appellierende Funktion: Hier soll eine Verhaltensänderung bei den Adressaten herbeigeführt werden. Typische Textsorten sind das *politische Flugblatt* oder die *öffentliche Rede*, aber auch die *Werbeanzeige* oder der *Werbespot*, die den Adressaten zum Kauf einer bestimmten Ware animieren wollen.

Die Analyse eines Sachtextes umfasst mehrere Schritte:
- Texterschließung mithilfe geeigneter Lesemethoden (→ S. 110 f.),
- Erstellen eines Schreibplans (→ siehe unten),
- Gliederung der erarbeiteten Ergebnisse (→ siehe unten),
- Verfassen der Analyse (→ S. 117 f.),
- Überarbeitung des eigenen Textes (→ S. 120)

Einen Schreibplan erstellen

Ein Schreibplan hilft dir, Zweck und Ziel deines Schreibvorhabens zu klären. Auf diesem Hintergrund kannst du mithilfe von Schreibstrategien Klassenarbeiten und Klausuren gezielt vorbereiten.

Grundmuster eines Schreibplans – insbesondere für Klassenarbeiten und Klausuren[1] geeignet:

> - Für welche Personen schreibe ich? (Adressatenbezug)
> - Mit welchem Ziel schreibe ich? (Information, Analyse, Unterhaltung …)
> - Welche Texterschließungsmethoden (Lesemethoden) und Schreibstrategien wende ich an?
> - Was muss unbedingt in meinem Text stehen? (Bezugnahme zur Themen- bzw. Aufgabenstellung, Schwerpunkte)
> - Welche ist die angemessene Textsorte für meinen Text? (Inhaltsangabe, Analyse, Stellungnahme …)
> - Wie soll mein Text geschrieben werden (ausführlich/kurz; sachlich/anschaulich; informativ/unterhaltsam …)?
> - Wie viel Zeit habe ich? (z. B. zwei Unterrichtsstunden)

Arbeitsergebnisse gliedern

Bevor du mit der Ausformulierung der Erschließungsergebnisse beginnst, empfiehlt es sich, die Teilergebnisse zu gliedern. Die Gliederung hängt dabei von der Textsorte ab, die du verfassen willst.

---

[1] *In Anlehnung an: Schreibstrategien und Schreibprozesse. Förderung der Schreibkompetenz. Materialien für Unterricht und Lehrerbildung. Erprobungsfassung. Hrsg. v. Landesinstitut für Schule und Weiterbildung. Bönen: Verlag für Schule und Weiterbildung 2001*

Bei einer → **Inhaltsangabe** geht es nur darum, die zentralen Aussagen des Textes bezogen auf das Thema zusammenzufassen. Die argumentative Struktur des Textes sowie die sprachlichen Besonderheiten werden hier nicht berücksichtigt. Auch arbeitet man hier nicht mit Textbelegen.

Bei einer → **Textanalyse** muss man die inhaltlichen Aussagen des Textes, seinen gedanklichen Aufbau sowie seine Gestaltung durch formale und sprachliche Mittel in den Blick nehmen.

Bei einer → **Stellungnahme** muss man bezogen auf einzelne Aussagen des Textes eigene Argumente entfalten und eine eigenständige Position entwickeln.

Bei der **Gliederung einer Textanalyse** machst du dir am besten die Makro- und die Mikrostruktur des Textes klar:

Die *Makrostruktur* zeigt die zentralen Sinnabschnitte des Textes und ihre jeweilige Funktion für den Textaufbau auf. Dadurch wird der rote Faden des Textes deutlich.

Die *Mikrostruktur* geht detailliert auf die inhaltlichen Aussagen der einzelnen Sinnabschnitte ein.
Die damit verbundene *Analyse der sprachlichen Gestaltungsmittel* konzentriert sich auf die sprachliche Machart des Textes: Besonderheiten des Satzbaus, die Wortwahl des Textes, die Verwendung poetischer und rhetorischer Mittel, das Aufgreifen von Zitaten etc. Dabei ist es wichtig, die Funktion der sprachlichen Gestaltungsmittel (→ S. 117) für die Textaussage zu erläutern.
In der folgenden Tabelle findest du ausgewähltes Fachvokabular zur Kennzeichnung der Funktion einzelner Textabschnitte innerhalb eines Textes:

Aufhänger	Hinführung zum Thema, Aufriss des Problems
These	Behauptung, Standpunkt, den der Autor vertritt
Antithese	der These entgegengesetzte Behauptung
Argument	Begründung/Angabe eines Grundes
Gegenargument	Nennung eines Grundes, der gegen eine Aussage spricht
Beispiel	Veranschaulichung durch ein konkretes Geschehen
Schlussfolgerung	Zusammenfassung der Ergebnisse
Weiterführung	Ausblick auf mögliche weitere Entwicklungen
Exkurs	Verweis auf etwas, was nicht direkt mit dem Thema zusammenhängt

Bei der Gliederung einer Sachtextanalyse kannst du dich an folgendem Schema orientieren:

Die Ausführungen beziehen sich auf *Ausländerfeindlichkeit* (S. 111 f.)

Zeilen	Makrostruktur: Gliederung des Textes in Sinnabschnitte und Kennzeichnung ihrer Funktion	Mikrostruktur: Detailaussagen der Sinnabschnitte	Mikrostruktur: Sprachliche und formale Besonderheiten und ihre jeweilige Funktion
Z. 1–2	These rechtsextremer Propaganda: Ausländer sind krimineller als Deutsche		

Z. 3–6	Argument: Kriminalstatistiken	Verhältnis von straffälligen Ausländern und ihr Anteil an der Bevölkerung	Infragestellung der Argumentation durch die Verwendung von wertenden Füllwörtern (*angeblich, gar …*)
Z. 7–8	Antithese des Autors: Die These rechtsextremer Propaganda vereinfacht und ist falsch		Abwertung der These durch das Aufstellen von Gegensätzen (*simpel – vielfältig*)
Z. 9–12	Argument 1: Art der Delikte	Beispiele: Meldevergehen, illegaler Grenzübertritt	Aufzählung, um die Vielzahl der Delikte deutlich zu machen, die nur Ausländer begehen können
Z. (x–x)	…	…	…

Sprachliche Gestaltungsmittel

Häufig verwendete sprachliche Gestaltungsmittel, die die Aussagen eines Textes unterstützen, findest du in der folgenden Aufstellung:

Sprachliche Gestaltungsmittel	
bezogen auf einzelne Wörter:	**bezogen auf Satzkonstruktionen:**
– Wortwiederholungen – Verwendung von veranschaulichenden Verben oder Adjektiven – Wörter aus einer Fachsprache – Wörter aus der Umgangssprache	– Rhetorische Fragen – Ausrufe – Verkürzte Syntax – Verwendung von Hauptsätzen – Verwendung von Haupt- und Nebensatzkonstruktionen – Vergleiche

Die Sachtextanalyse ausformulieren

Ausgehend vom Schreibplan und der Gliederung erfolgt die Ausformulierung der Sachtextanalyse. Die Sachtextanalyse gliedert sich in drei Teile:

Arbeitsteile	Inhalte/Arbeitsschritte
Einleitung	– die äußeren Textmerkmale bestimmen – Thema und These bzw. den Standpunkt des Autors formulieren
Hauptteil	– Informationen zusammenfassen – den Aufbau eines Textes darlegen – die Sprache eines Textes beschreiben und ihre Funktion aufzeigen
Schluss	– Ergebnisse zusammenfassen – evtl. Stellung beziehen zu inhaltlichen oder formalen Aspekten des Textes (häufig in einer eigenen Aufgabenstellung formuliert)

Einleitung schreiben

Die Einleitung in deine Textanalyse dient dem Leser als Orientierungshilfe. Er will den Text einordnen können und wissen, worum es geht. Dementsprechend sollte die Einleitung möglichst knapp gehalten werden und noch keine Details enthalten.

117

- **Äußere Textmerkmale**
  Bei der Formulierung der Einleitung gehst du von den äußeren Textmerkmalen aus, bestimmst das Thema und nennst – wenn vorhanden – die aufgestellte These.
  - Wer hat den Text verfasst? (Autor)
  - Welchen Titel hat der Text? (Überschrift)
  - Was für ein Text liegt vor? (Textsorte)
  - Wann ist der Text erschienen? (Zeit der Veröffentlichung)
  - Wo ist der Text erschienen? (Ort der Veröffentlichung)
  - An wen wendet sich der Text? (Adressaten)

  Angaben zu den äußeren Textmerkmalen findest du in den Quellenangaben des Textes. Diese stehen zumeist unter dem Text.

- **Thema und Standpunkt des Autors**
  Thema und Aussageabsicht eines Textes lassen sich mithilfe des überfliegenden Lesens bestimmen (→ S. 112). Das Thema musst du dir wie eine „Käseglocke" vorstellen, unter die sich alle anderen Aussagen des Textes unterordnen lassen. Den Standpunkt des Autors, seine These, kannst du mithilfe folgender Frage ermitteln:
  Welche Haltung hat der Autor zu dem Thema, das er behandelt?

- **Beispiel für eine Einleitung** (Bezugstext *Ausländerfeindlichkeit*):

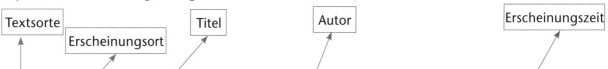

Der Kommentar „Ausländerfeindlichkeit" von Wolfgang Benz stammt aus einer Informationsschrift der Bundesregierung zum Thema „Argumente gegen rechtsextreme Vorurteile" aus dem Jahr 2001.
Thema des Textes ist eine bestimmte Form von „Ausländerfeindlichkeit", wie sie in der Auslegung der Kriminalstatistiken durch rechtsextreme Gruppen deutlich wird.
Der Autor stellt die These auf, dass die Kriminalstatistiken zur Ausländerkriminalität vereinfachend sind und falsch ausgelegt werden.

Viele Schreiber formulieren Thema und These erst, *nachdem* sie die Arbeit fertiggestellt haben, weil sie dann einen besseren Überblick über die Aussagen des Textes haben und Thema und These präziser formulieren können.

Hauptteil formulieren

Im Hauptteil gibst du mit Blick auf die Aufgabenstellung bzw. die Teilaufgaben die zentralen Gedanken des Textes wieder und zeigst den Textaufbau bzw. den Argumentationsgang sowie seine sprachliche Gestaltung auf.
Du formulierst deine Teilergebnisse aus, die du in Form des Gliederungsrasters (→ S. 115 f.) festgehalten hast. Dabei musst du darauf achten, dass du die → indirekte Rede, d. h. den → Konjunktiv I und/oder entsprechende *Redeeinleitungen*, verwendest, wenn du die Äußerungen des Autors/der Autorin wiedergibst.

Beispiel für die Formulierung einer **Textanalyse** (Auszug).
Bezug: Text *Ausländerfeindlichkeit* (S. 111 ff.)

Der Autor stellt zu Beginn seines Kommentars die These rechtsextremer Gruppierungen vor: „Ausländer seien krimineller als Deutsche." (Z. 1–2). Er verweist darauf, dass diese Gruppierungen ihre These aus den Zahlen der Kriminalstatistik ableiten, aus denen vordergründig abzulesen ist, dass Ausländer mehr Straftaten als Deutsche begehen (Z. 3–7). Dabei macht er jedoch schon in den ersten Sätzen durch Wörter wie „angeblich" (Z. 4) oder „gar" (Z. 6) deutlich, dass er diese Auffassung nicht teilt.

Dementsprechend stellt er anschließend der These eine Antithese gegenüber: Die Auslegung der Kriminalstatistiken durch rechtsextreme Gruppierungen sei vereinfachend und daher treffe es nicht zu, dass die Ausländerkriminalität grundsätzlich höher sei als die deutscher Bürger (Z. 7 f.).

Als erstes Argument für seine Auffassung geht er auf die Art der Vergehen ein, die nur Ausländer begehen können. Er nennt als Beispiele „Meldevergehen, falsche Angaben über die Herkunft oder die Einreisewege, illegaler Grenzübertritt" (Z. 11 f.). Durch die Aufzählung der Delikte betont er die vereinfachende Auslegung der Kriminalstatistiken, welche entsteht, wenn man nur die Zahlen betrachtet ...

   : Überleitungen als Strukturierungshilfen für den eigenen Text

   : Formulierungshilfen, die die Absicht des Autors/der Autorin den Lesern verdeutlichen

Um die gedanklichen Zusammenhänge in einem Text zu vermitteln, ist es wichtig, dass du mit **Überleitungen** arbeitest, die deine Gedankenführung deutlich machen. Der Text wird auf diese Weise verständlicher und lässt sich flüssiger lesen. Beispiele für Überleitungen zwischen einzelnen Gedanken sind hier aufgeführt:

Funktion der Überleitungen	Beispiele
Aneinanderreihung von Aussagen oder Argumenten	*zunächst einmal, darüber hinaus, weiterhin, ergänzend, diese unterstützend, ferner ...*
Verweise auf Gegenargumente; Einschränkungen	*andererseits, im Gegensatz dazu, demgegenüber ist zu bedenken, auf der anderen Seite, zwar ... aber*
Schlussfolgerungen; Sicherung von Ergebnissen	*zusammenfassend, aus alle dem ist zu ersehen, man kann also festhalten*

- **Formulierungshilfen**, die die Absicht des Autors / der Autorin den Lesern verdeutlichen:
  - Verdeutlichung, dass ein Sachverhalt durch die Autorin / den Autor dargestellt wird:
    Die Autorin / der Autor erklärt, betont, weist darauf hin, erläutert, hebt hervor, verdeutlicht, führt an, benennt, erklärt, spricht von, führt an ...
  - Verdeutlichung, dass der Autor / die Autorin dem Sachverhalt kritisch gegenübersteht:
    Die Autorin / der Autor widerspricht, sagt im Gegensatz dazu, begründet seine ablehnende Haltung damit, bemängelt, kritisiert, erhebt den Vorwurf, bestreitet ...
  - Verdeutlichung, dass der Autor / die Autorin den Leser beeinflussen will:
    Die Autorin / der Autor möchte den Leser dazu bewegen, fordert die Leser dazu auf, will erreichen, warnt deutlich, zieht die Leser auf ihre Seite dadurch, dass ...

Schlussteil verfassen

Der Schlussteil hat die Funktion, die Ergebnisse der Textanalyse kurz zusammenzufassen und je nach Aufgabenstellung ein eigenes begründetes Urteil zu formulieren. Hierzu gibt es oft eine direkte Aufgabenstellung.

- Ergebnisse zusammenfassen
  Hierbei geht es nicht darum, alle Ergebnisse deiner Textanalyse noch einmal zu wiederholen. Vielmehr ist es wichtig, dass du mit Blick auf das Thema und die Haltung des Autors zu diesem Thema nur die wichtigsten Ergebnisse deiner Untersuchung darlegst. Dabei sollte eine Verbindung zwischen Einleitung und Schlussteil bestehen.

- Stellung beziehen

In diesem Teil ist deine persönliche Meinung gefragt. Je nach Aufgabenstellung sollst du eine Position zu dem Thema des Textes oder zu einzelnen Aussagen des Textes beziehen. Auch hier ist wichtig, dass du deinen Standpunkt mit eigenen Argumenten und Beispielen untermauerst.

Checkliste:
Worauf ich beim Schreiben einer Sachtextanalyse achten muss

- Aufgabenstellung im Blick behalten
- Schreibplan aufstellen
- Arbeitsergebnisse gliedern
- Arbeit in Einleitung, Hauptteil und Schluss aufteilen
- sachlichen Sprachstil verwenden (auf unnötige Ausschmückungen z. B. durch Adjektive und Füllwörter wie *also, nämlich ...* verzichten)
- klaren Satzbau verwenden – keine Bandwurmsätze
- logische Zusammenhänge aufzeigen – Überleitungen nutzen
- Aussageabsicht des Autors durch entsprechende Formulierungen deutlich machen
- Gliederung optisch kennzeichnen: Absätze bilden
- im Präsens schreiben
- indirekte Rede (Konjunktiv I) zur Wiedergabe der Aussagen anderer Personen nutzen und/oder entsprechende Redeeinleitungen verwenden
- eigene Wortwahl benutzen – sich von der Textvorlage lösen
- Aussagen am Text belegen durch Zitate und Zeilenverweise
- Zeitvorgabe berücksichtigen

Informationen aus Grafiken entnehmen und auswerten

Grafiken in Form von Tabellen und Diagrammen ergänzen häufig die Aussagen von Sachtexten. Dabei stellen sie bestimmte Sachverhalte und Themen visuell mithilfe von Daten dar. Daten, die in Tabellen und Diagrammen verwendet werden, werden z. B. in Umfragen erhoben. Eine bestimmte Anzahl von Personen wird zu einem bestimmten Sachgebiet befragt, die Daten werden aufgearbeitet und in Form von Tabellen, Diagrammen oder Schaubildern präsentiert.

In einer **Tabelle** werden einzelnen inhaltlichen Bereichen konkrete Zahlen, die Erhebungsdaten, zugeordnet. Eine zusätzliche Veranschaulichung erfolgt nicht. Die Zahl der Befragten wird häufig in folgender Form angegeben: N = 100. Das heißt, es sind 100 Personen befragt worden. Häufig werden jedoch keine absoluten Zahlenangaben, sondern Prozentangaben gemacht.

Beispiel:

Berechnete Geräuschbelastung der Bevölkerung (alte Länder) durch Straßenverkehr

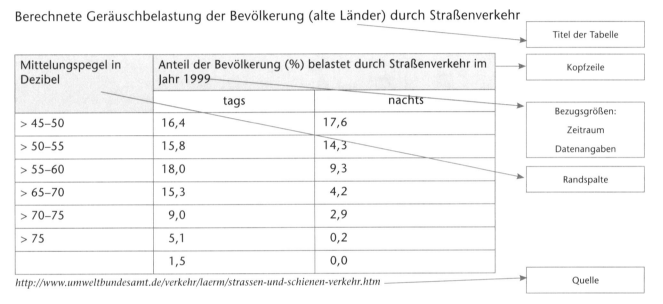

Mittelungspegel in Dezibel	Anteil der Bevölkerung (%) belastet durch Straßenverkehr im Jahr 1999	
	tags	nachts
> 45–50	16,4	17,6
> 50–55	15,8	14,3
> 55–60	18,0	9,3
> 65–70	15,3	4,2
> 70–75	9,0	2,9
> 75	5,1	0,2
	1,5	0,0

Titel der Tabelle

Kopfzeile

Bezugsgrößen:
Zeitraum
Datenangaben

Randspalte

Quelle

http://www.umweltbundesamt.de/verkehr/laerm/strassen-und-schienen-verkehr.htm

Checkliste für die Informationsentnahme aus Tabellen

Arbeitsschritt 1 – Tabelle beschreiben – Überblick gewinnen

Titel/Überschrift beachten	Worüber informiert die Tabelle?
Quellenangabe berücksichtigen	Wer hat die Tabelle wann erstellt?
Kopfzeile ansehen	Worauf beziehen sich die Daten in der Tabelle?
Randspalten lesen	Zu welchen Bereichen wurden Daten erhoben?
Zeilen und Spalten in Beziehung setzen	Welche Daten liegen zu den einzelnen Teilbereichen vor?
Fußnoten beachten	Welche zusätzlichen Erklärungen sind für das Verständnis einzelner Daten wichtig?

Arbeitsschritt 2 – Tabelle auswerten – detaillierte Informationen entnehmen

Aufgabenstellungen ansehen	Was soll mithilfe der Tabelle herausgefunden werden?
Informationen entnehmen	Welche Informationen zu der Frage enthält die Tabelle?
Informationen festhalten	Welche Teilergebnisse halte ich für meine Arbeit fest?

121

Diagramme stellen die erhobenen Werte in einem Koordinatensystem dar. Bei Diagrammen steht – anders als bei Tabellen – die Anschaulichkeit im Vordergrund.

- *Säulendiagramme* stellen die Erhebungswerte in Form von senkrechten Säulen in einem Koordinatensystem dar. Durch die Anordnung von Säulen verschiedener Größe wird die Bedeutung einzelner Elemente für eine Fragestellung deutlich.

- *Balkendiagramme* ordnen die Ergebnisse in waagerechten Balken an.

Beispiel für ein Säulendiagramm:

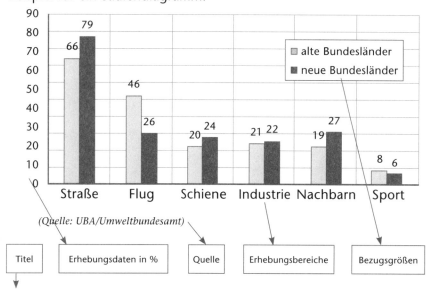

(Quelle: UBA/Umweltbundesamt)

Lärmbelästigte Bürger (alte und neue Bundesländer in Prozent im Jahr 1999)

- *Kreisdiagramme* setzen die einzelnen Ergebnisse wie Tortenstücke zu einem Kreis zusammen. Kreisdiagramme zeigen, wie sich die einzelnen Teile zu einem Ganzen verhalten.

Beispiel für ein Kreisdiagramm:

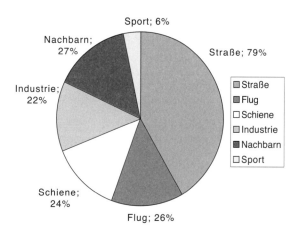

- *Verlaufsdiagramme* zeigen die Entwicklung von bestimmten Faktoren über einen bestimmten Zeitraum an. Diese werden zumeist in Form einer Verlaufskurve aufgezeigt. Als Bezugsgröße dient ein Koordinatensystem: Auf der x-Achse sind dabei die Zeiteinheiten eingetragen und auf der y-Achse die Mengenangaben.

Beispiel für ein Verlaufsdiagramm

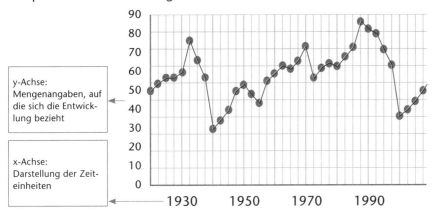

y-Achse:
Mengenangaben, auf
die sich die Entwick-
lung bezieht

x-Achse:
Darstellung der Zeit-
einheiten

Checkliste für die Erarbeitung von Diagrammen

Arbeitsschritt 1 – Diagramm beschreiben

Titel/Überschrift beachten	Was ist das Thema des Diagramms?
Quellenangabe berücksichtigen	Wer hat wann das Diagramm erstellt?
Diagrammtyp bestimmen	Was soll das Diagramm veranschauli-chen?
Erhebungsbereiche ansehen	Zu welchen Inhalten gibt das Diagramm Auskunft?
Darstellung der Erhebungsdaten klären	Welche Bezugsgrößen liegen für die Erhebungsdaten vor?

Arbeitsschritt 2 – Diagramm auswerten – Informationen entnehmen

Aufgabenstellungen ansehen	Wozu sollen Informationen entnommen werden?
Informationen entnehmen	Welche Informationen enthält das Diagramm?
Informationen festhalten	Welche Teilergebnisse halte ich für meine Arbeit fest?

Mediale Texte

Eine Aufgabe in der *Zentralen Prüfung* zu den medialen Texten im Zusammenhang mit dem Rahmenthema *Massenmedien* könnte lauten: Einen medialen Text analysieren und interpretieren.

Aufgaben

1 Analysiere die gegenüberliegende Werbeanzeige.
   – Beschreibe den Bildaufbau,
   – untersuche und deute die Sprache der Bildelemente,
   – erfasse und erkläre die Text-Bild-Beziehung.

2 Beurteile die Qualität der Werbeanzeige vor dem Hintergrund des Themas *Sprache und Bilder in Massenmedien.*

Was sind mediale Texte?

Zu den medialen Texten gehören alle Texte, die über die Medien (Rundfunk, Fernsehen, Internet und Presse) massenhaft verbreitet werden. Dazu gehören Zeitungstexte und Werbeanzeigen ebenso wie Werbespots oder Internetseiten. Da das Internet und das Fernsehen die bedeutsamsten Massenmedien der Gegenwart sind, werden bestimmte Veröffentlichungen dort zu den medialen Texten gezählt. Die Seite einer Homepage z. B., die aus einer Text-Bild-Kombination – eventuell ergänzt durch interaktive Elemente – besteht, ist in der Grundstruktur mit einem Artikel in einer Illustrierten zu vergleichen, auch wenn Publikationsform und Adressatenkreis anders sind. Da Auszüge aus Internetseiten, wenn sie nicht in Textform vorliegen, oder Beiträge aus dem Fernsehen im Rahmen der *Zentralen Prüfung* sich nur schlecht präsentieren lassen und deshalb wahrscheinlich nicht ausgewählt werden, konzentriert sich *Finale* hier auf mediale Texte aus Zeitungen/Illustrierten und dabei speziell auf Werbeanzeigen.

Folgende Kompetenzen sollst du hier erwerben:
– Kenntnisse zur Informationsvermittlung und Meinungsbildung in Texten der Massenmedien,
– Verfahren der Text- und Bildanalyse,
– medienkritische Positionen beurteilen und selbst vertreten,
– Sicherheit im Umgang mit notwendigen Fachbegriffen.

Analyse von Werbeanzeigen

Da es sich bei Werbeanzeigen um eine Sonderform der Sachtexte handelt, gilt für die Bearbeitung im Wesentlichen das, was im vorherigen Kapitel *Sachtexte* (→ S. 109 ff.) über die Informationsentnahme und Analyse gesagt wurde. Das Spezifische an Werbeanzeigen ist, dass Aussage und Wirkung aus der unmittelbaren Kombination von Text und Bild entstehen. Anders als bei den → diskontinuierlichen Sachtexten stellt das Bild in der Regel nicht nur eine Ergänzung zum Text dar, sondern bestimmt besonders in solchen Anzeigen, in denen der Bildanteil groß ist, Aussage und Wirkung des gesamten medialen Textes. Da die methodischen Schritte zur Analyse von Sachtexten im oben genannten Kapitel ausführlich besprochen worden sind, konzentriert sich die folgende Übersicht in erster Linie auf die Bildanalyse und dabei auf die Auswertung und Deutung der spezifischen → Bild-Text-Kombination.

1. Beschreibe die Bild-Text-Kombination der abgedruckten Anzeige (HL-Sportförderung S. 124) und versuche sie zu deuten.

2. Suche in Zeitschriften und Illustrierten nach Werbeanzeigen, bei denen die Bild-Text-Kombination unterschiedlich gestaltet ist.

Bildanalyse

Das eigentliche Lockmittel der Werbung ist in der Regel das Produkt selbst. Gezielt werden Bilder als zusätzliche Mittel eingesetzt, um die Aufmerksamkeit auf das Produkt zu lenken und das Angebot zu unterstützen.

Reine Textanzeigen sind aufgrund der modernen Drucktechnik fast vollständig aus der Werbung verschwunden. Aufgrund der hohen Qualität der Bildelemente wird dem Textteil heute häufig nur eine sekundäre Funktion zugewiesen. Die Funktion, Aufmerksamkeit zu wecken (A in der AIDA-Formel), soll heute meistens durch die Bilder der Werbeanzeigen und das Layout der gesamten Anzeige realisiert werden.

> Die **AIDA-Formel** bezeichnet mit den Anfangsbuchstaben die vier wichtigsten Ziele der Werbung:
>
> 1. Erweckung von Aufmerksamkeit (attention),
> 2. die Steuerung des Interesses (interest);
> 3. die Weckung von Konsumwünschen (desire) und
> 4. die Veranlassung einer Kaufhandlung (action).

Eine Bildanalyse sollte folgende Aspekte berücksichtigen:

* Bildbeschreibung
  - Gesamteindruck (Größe/Format, Farbe, Text-Bild-Verhältnis)
  - Beschreibung des Bildmittelpunktes (evtl. Produkt)
  - Gegliederte Beschreibung weiterer Bilddetails (sprunghafte Darstellungen bzw. Aufzählungen sind zu vermeiden: auf mögliche Übergänge achten)
  - Besonderheiten des Bildes (Darstellung des Produktes, Logos etc.)
* Deutung des Bildes
  - Sprache des Bildes und der Bildelemente
  - Deutungsansätze vor dem Hintergrund der Bild-Text-Kombination

Bildbeschreibung

Ausgangspunkt der Beschreibung sollte der Gesamteindruck sein, in dem Format, Art des Bildes (Zeichnung, Foto usw.), Farbgebung und inhaltlicher Schwerpunkt bestimmt werden, bevor der Blick auf Einzelelemente gerichtet wird. Besondere Aufmerksamkeit bei der Beschreibung der Einzelelemente ist dem *Bildmittelpunkt* zu widmen. In vielen Anzeigen bildet das präsentierte Produkt diesen Mittelpunkt. Formulierungen wie

125

„im Zentrum des Bildes" oder „im Vordergrund" betonen die Bedeutsamkeit dieser Bildelemente. Insgesamt ist darauf zu achten, dass die Beschreibung der Bildelemente nicht sprunghaft verläuft, sondern klar gegliedert wird, indem die *Einzelelemente* nacheinander besprochen werden, wobei die Reihenfolge einer festen Richtung folgen sollte (von rechts nach links, von oben nach unten oder im Uhrzeigersinn). In diesem Teil der Analyse kommt es ganz besonders auf die sprachliche Präzision an, damit auch ein Leser, der die Anzeige nicht direkt vor sich hat, eine Vorstellung entwickeln kann, wie das Werbebild aussieht.

Deutung des Bildes

Die Bilder der Werbeanzeigen haben häufig folgende Funktionen, von denen die eine oder andere im Vordergrund stehen kann:

– *Darbietung und Belebung bestimmter Werbestrategien* – ein Produkt wird über eine längere Zeit in einem festen Zusammenhang dargestellt: z. B. ein Mineralwasser bei sportlichen Veranstaltungen.
– *Darstellung idealer Verwendungssituationen* – die Anwendung des Produktes wird so gezeigt, das allgemein hoch besetzte Werte damit verbunden sind: Jugend, Reichtum, Urlaub usw.
– *Abbildung von Sekundärsendern* – das Produkt wird direkt oder indirekt in Verbindung gebracht mit positiv besetzten Personen oder Dingen: z. B. Werbung für ein Kleidungsstück vor einer Luxuslimousine.
– *Bildhafte Aufforderung zum Warenkonsum* – das Produkt wird so dargestellt, dass man fast zugreifen kann.
– *Darstellung des Produktes* – das Produkt selbst wird abgebildet.

Die *Bildelemente* von Werbeanzeigen besitzen eine eigene Bildsprache, die den rhetorischen Figuren (→ S. 128 f.) der geschriebenen Sprache durchaus ähnlich ist. Bei der Deutung der Bildsprache sind verschiedene *Ebenen* zu berücksichtigen, die das Bild als Ganzes oder mehr die Einzelelemente betreffen:

* **symbolische Ebene**, die mit festen Vorstellungen (Konnotationen) verbunden ist, wobei grundsätzlich zwei Typen zu unterscheiden sind:
  – historische Bildzeichenebene = Bedeutungen, die mit der Vergangenheit verbunden werden (*historische Kostüme, antike Orte usw.*)
  – publizistische Bildzeichenebene = Bedeutungen, die mit der Gegenwart verbunden sind (*moderne Autos, Fotomodelle, neue Medien usw.*)

* **bildliche Figuren**, die wie bei den rhetorischen Figuren der Sprache Bildkombinationen und Bedeutungsfiguren verwenden, um die Aussagewirkung zu steigern. In Werbeanzeigen häufig verwendete bildliche Figuren sind:

Bildliche Metapher	Die Anordnung einzelner Bildelemente veranschaulicht einen übergeordneten Aspekt, indem z. B. Kerzen, silbernes Besteck und gut gekleidete Menschen auf eine luxuriöse Umgebung und angenehme Atmosphäre verweisen.
Bildliche Metonymie (pars pro toto)	Ein Ganzes wird durch die Darstellung eines Teils ausgedrückt: z. B. wird durch die Darstellung gesunder Kühe auf grüner Wiese für eine bestimmte Milch geworben.
Bildliche Personifikation	Dargestellte Gegenstände werden vermenschlicht, indem sie z. B. mit Sprechblasen versehen werden oder sich bewegen können.
Bildliche Hyperbel	Übertreibung, die z. B. dadurch entsteht, dass ein Gegenstand oder Produkt im Vergleich zu anderen Gegenständen überdimensional dargestellt wird.

Bildliche Antonomasie	Das Allgemeine wird dargestellt durch ein Einzelnes, wenn Einzelbilder auf die Gattung verweisen. So kann z. B. eine Frau, die ein bestimmtes Getränk trinkt, auf alle Frauen verweisen.
Bildlicher Vergleich	Durch das Nebeneinanderstellen einzelner Bildelemente werden sie miteinander in Beziehung gebracht: z. B. eine moderne Uhr, die neben einer Sanduhr abgebildet wird.

- **topische Bildebene**, bei der die Bedeutung weniger von der Darstellungsweise als viel mehr vom Darstellungsinhalt ausgeht. Allgemeingültige bzw. überlieferte Wert- oder Moralvorstellungen werden durch die Auswahl bestimmter Bildelemente angesprochen: z. B. das Schönheitsideal durch die Darstellung junger Frauen, das Männlichkeitsideal durch die Darstellung „harter Männer" oder die Jugend als Ideal durch die Abbildung überwiegend junger Menschen.

- **grafische Bildebene**, die durch den Gebrauch ausgewählter grafischer Möglichkeiten (Drucktypen, Bildwiedergabe, Farbgestaltung usw.) eine eigene Wirkung hat, die die gesamte Werbung beeinflussen kann. Ein Schwarz-Weiß-Bild z. B. kann auf die lange Tradition eines Produktes verweisen

> ## INFO
>
> Die → Ersatz- oder Austauschprobe ist ein geeignetes Mittel, um die Wirkung einzelner Bildelemente zu erfassen. Dazu werden in der eigenen Vorstellung die in der Anzeige gewählten Bildelemente durch andere ersetzt, um zu überprüfen, was sich dadurch ändern würde. So macht es z. B. schon einen erheblichen Unterschied, ob in einer Anzeige für Milchprodukte mit Kühen auf einer grünen Bergwiese oder im Stall geworben wird.

Folgende Fragen solltest du dir stellen, um Gestaltung und Wirkung des Bildes zu erschließen:
– Welchen Gesamteindruck vermittelt das Bild?
– Welche Bildelemente enthält die Anzeige?
– Welche Bildelemente werden hervorgehoben?
– Gibt es Bildelemente, die gezielt ausgespart werden?
– Gibt es im Bild einen Blickfang?
– Wie wird das Produkt im Bild dargestellt und in welchem Bezug stehen die Bildelemente zum Produkt?
– Welche Assoziationen können mit den Bildern verbunden werden?
– In welchem Verhältnis stehen Bild und Werbetext?
– Wie wirkt die grafische Gestaltung des Bildes?

③ Beschreibe möglichst genau das Bild der Anzeige (S. 124).

④ Bestimme die Funktion des Bildes und erläutere, mit welchen bildsprachlichen Mitteln diese Funktion erzielt werden soll.

⑤ Übe die Analyse von Werbebildern an selbst ausgewählten Beispielen.

Analyse des Anzeigentextes

Für die Analyse von Werbetexten gilt im Wesentlichen das, was an anderen Stellen von *Finale* zur Analyse von Sachtexten (→ S. 109 ff.) oder literarischen Texten (→ S. 81 ff./93 ff.) gesagt worden ist. Bei der Analyse der meistens eher kurzen Textpassagen der Werbeanzeigen solltest du auf folgende Aspekte achten: Layout des Textes, Satzbau, Wortwahl, rhetorische Mittel, semantische Aufwertung (z. B. durch Steigerung und Schlüsselwörter).

Layout des Textes

Werbeanzeigen in Zeitschriften und Illustrierten bestehen in der Regel aus vier Elementen, die ganz unterschiedlich über die Seite verteilt sein können: Schlagzeile, Slogan, Produktname, Werbetext.

Folgende Fragen solltest du dir stellen, um das Layout einer Anzeige zu erfassen:

- Ist die Anzeige textreich oder textarm?
- Gibt es nur einen oder mehrere Textteile?
  Wie sind die Textteile aufeinander bezogen?
- Sind die Textteile stärker auf den Adressaten, mehr auf den Hersteller oder das Produkt ausgerichtet?
- Will der Text eher informieren oder stärker durch suggerierende Anreize zum Kauf verlocken?
- Welche Aufgaben erfüllen Schlagzeile bzw. Slogan?
  Wie sind sie grafisch und sprachlich gestaltet?
- Wie und wo ist der Produktname abgebildet und wie wirkt er?

Satzbau

Werbetexte sind in der Regel sehr kurz und komprimiert, da sie ganz eindeutig auf einen Zweck ausgerichtet sind: Anreiz zum Kauf des Produktes schaffen. Das wirkt sich auch deutlich auf den Satzbau aus, der meist sehr einfach gestaltet ist, da Werbetexte schnell zu lesen und einfach zu verstehen sein sollen. Längere Satzgefüge sind daher eher die Seltenheit. Es dominieren einfache Hauptsätze oder → Satzreihen. Von den → Satzarten spielt der Aufforderungssatz aufgrund des Appellcharakters der Werbung eine wichtige Rolle. Besonders der Slogan oder die Schlagzeile bestehen häufig aus unvollständigen Kurzsätzen (Ellipsen).

Wortwahl

Da Werbetexte mit der Weckung der Aufmerksamkeit und dem Anpreisen eines Produktes eindeutige Ziele verfolgen, ist die Wortwahl sehr durchdacht. *Substantive/Nomen* kommen als Wortart am häufigsten vor (Nominalstil), da durch sie die Produkte, die Eigenschaften und die Umwelt benannt werden können. An zweiter Stelle der Häufigkeit rangieren die *Adjektive*, da sich durch ihre charakterisierende und wertende Funktion die Vorzüge von Produkten besonders anpreisen lassen. Erst an dritter Stelle folgen die *Verben*, die in Aufforderungen zum Kauf oder zur Beschreibung der Funktion und Wirkungsweise von Produkten verwendet werden.

Rhetorische Figuren

Speziell im Slogan oder in der Schlagzeile, aber auch im übrigen Werbetext finden sich in Anzeigen viele rhetorische Figuren, die durch Originalität die Aufmerksamkeit wecken sollen und besonders einprägsam gestaltet sind. Ein gutes Beispiel dafür ist der seit Jahren bekannte Slogan „Geiz ist geil". Hier eine kleine Auswahl an rhetorischen Figuren, die besonders häufig in Werbeanzeigen verwendet werden:

Figur	Erklärung	Beispiel
Alliteration	mehrere Wörter in unmittelbarer Abfolge beginnen mit demselben Anfangslaut	*Milch macht müde Männer munter.*
Anapher	Wiederholung des Anfangswortes in aufeinanderfolgenden Sätzen, Satzteilen oder Zeilenanfängen in Gedichten	*Alles wird gut! Alles wird besser! Alles wird sich bestimmt zum besten wenden.*
Antiklimax	negative Steigerung	*Volk, Menschen, Kinder*
Antithese	Gegenüberstellung von Gegensätzen	*Krieg und Frieden*
Ellipse	verkürzter, unvollständiger Satz	*Geld oder Leben!*
Euphemismus	ein eher negativer Sachverhalt wird beschönigend dargestellt	*Entsorgungspark* für *Müllkippe*

Hyperbel	Übertreibung	*dünn wie eine Bohnenstange*
Klimax	Steigerung	*Ich kam, sah und siegte.*
Litotes	Verneinung des Gegenteils	*nicht übel* statt *gut*
Metapher	bildhafter Ausdruck; Übertragung	*Redefluss; Wolkenmeer*
Personifikation	Belebung von Tieren, Dingen oder eines Abstraktums	*Der Herbst lehnt am Gartenzaun.*
Rhetorische Frage	Scheinfrage, auf die keine Antwort erwartet wird	*Möchten Sie gern mehr Geld?*
Symbol	konkretes Zeichen für etwas	*Taube als Friedenssymbol*
Vergleich	bildhafte Verbindung zweier Bereiche	*Jason kämpft wie ein Löwe.*

Semantische Aufwertung

Neben den rhetorischen Figuren, die in den kurzen und kompakten Werbetexten manchmal in gehäufter Form vorkommen, spielt die semantische Aufwertung eine besondere Rolle. Durch die Verwendung von Superlativen und Komparativen (→ S. 137) soll die Qualität bzw. Einmaligkeit eines Produktes hervorgehoben werden:

XY – Das beste Auto aller Zeiten

Nie hatten sie einen schnelleren Zugriff auf das Internet.

Bestimmte Wörter, deren Inhalte mit klaren Wert- oder Zielvorstellungen verbunden sind, werden als **Schlüsselwörter** oder Reizwörter verwendet. Hier eine kleine Auswahl gängiger Schlüsselwörter in Werbeanzeigen:

frei, Freiheit, bequem, Bequemlichkeit, biologisch, deutsch, erfahren, Erfahrung, Europa, europäisch, Forschung, Fortschritt, frisch, erfrischen, Genuss, genießen, gesund, Gesundheit, global, Globalisierung, Heim, jung, Kenner, leisten, Leistung, modern, Natur, natürlich, persönlich, rein, Reinheit, schön, Schönheit, schützen, Schutz, vernetzt, Vernunft, vernünftig, Vitamin, Welt, Wert, wertvoll, Wissenschaft, wissenschaftlich.

Folgende Fragen solltest du dir stellen, um die Sprache des Werbetextes zu erschließen:
– Ist der Text klar und verständlich?
– Kommen Fremdwörter, Fachwörter oder Wortneuschöpfungen vor?
– Ist die Sprache auf eine bestimmte Zielgruppe ausgerichtet?
– Sind die Sätze eher kurz oder lang? Gibt es unvollständige Sätze?
– Welchen Eindruck erzeugt die Wortwahl? Gibt es bestimmte Wortarten, die besonders häufig oder gar nicht verwendet werden?
– Gibt es im Text Schlüsselwörter? Welche Wirkung wollen sie erzeugen?
– Wie sind Schlagzeile, Slogan und der Produktname gebildet? Welche Wirkung geht von ihnen aus?

Analyse der Bild-Text-Kombination

Werbeanzeigen in Zeitschriften und Illustrierten bestehen meistens aus einer Kombination aus Bild und Text. Text- und Bildanteile können dabei recht unterschiedlich gestaltet sein. Grundsätzlich lassen sich Anzeigen unterscheiden, bei denen
– die Bildelemente dominant sind,
– die Textelemente dominant sind,
– Bild- und Textelemente in einem ausgewogenen Verhältnis stehen.

Zudem kann der Bezug, der in einer Anzeige zwischen Bildelementen und Textelementen besteht, unterschiedlich ausfallen. Es lassen sich Anzeigen finden, bei denen

- ein enger Bezug zwischen Werbetext und Bildelementen besteht (das Bild bringt konkret zum Ausdruck, was im Text angesprochen wird),
- der Bezug zwischen Text und Bild sehr locker ist (das Bild visualisiert nur einen Teilaspekt, der im Werbetext angesprochen wird,
- kein direkter Bezug zwischen Bild und Text zu erkennen ist (das im Text beworbene Produkt hat nichts mit dem zu tun, was im Bild dargestellt wird. Die Wirkung des Bildes soll vom Betrachter auf das Produkt übertragen werden).

Folgende Fragen solltest du dir stellen, um die Bild-Text-Kombination zu erschließen:
- Welchen Gesamteindruck vermittelt die Anzeige?
  Wie wirkt die Anzeige auf dich?
- Wie hoch ist der Bild- bzw. Textanteil?
- In welcher Form sind Bild- und Textteile aufeinander bezogen?
- Für welches Produkt wird mit welcher Werbestrategie geworben?
- Wie beurteilst du Gestaltung und Wirkung der gesamten Anzeige?

⑥ Beschreibe die Gestaltung der Bild-Text-Kombination in der Anzeige (HL-Sportförderung, S. 124) und deute sie.

⑦ Suche in Zeitschriften und Illustrierten nach Werbeanzeigen, bei denen die Bild-Text-Kombination unterschiedlich gestaltet ist.

Das Schreiben der Werbeanalyse

Bei der schriftlichen Analyse musst du unbedingt darauf achten, dass du die Teilaufgaben, die mit der Aufgabenstellung gegeben werden, beantwortest. Das Stellen solcher Teilaufgaben bedeutet eine Schwerpunktbildung, damit nicht alle Aspekte mit gleicher Ausführlichkeit bearbeitet werden müssen.
Folgende Grobgliederung bietet sich für die schriftliche Analyse einer Werbeanzeige an:

Einleitung
Art der Werbung, Fundort, grobe Gestaltung der Anzeige, erster Gesamteindruck, Besonderheiten, erster kurzer Hinweis auf die Werbestrategie
Hauptteil
1. Analyse der Bildelemente
2. Analyse der Textelemente
3. Analyse der Bild-Text-Kombination
Schluss
Eigene Bewertung der Qualität, der Gestaltung und Wirkung

Die zweite Aufgabe zur Analyse von Texten in den *Zentralen Prüfungen* fordert häufig das ein, was der Schlussteil leisten soll: Beurteilung, Bewertung und Entwicklung eines eigenen Standpunktes.
Da auch die Analyse einer Werbeanzeige immer einem der beiden Rahmenthemen der *Zentralen Prüfung* zugeordnet ist, solltest du bei deiner Bewertung gezielt darauf eingehen. Folgende Aspekte könnten dabei angesprochen werden:
- Welcher Bezug der Werbeanzeige besteht zum Rahmenthema?
- Welcher Aspekt des Rahmenthemas wird durch die Anzeige angesprochen bzw. welche Aspekte werden nur wenig oder gar nicht berührt?
- Werden die angesprochenen Aspekte differenziert oder eher verkürzt und klischeehaft dargestellt?

– Welche Werbestrategie steht im Vordergrund?
 Soll eher informiert oder manipuliert werden?
– Handelt es sich um eine Werbeanzeige, die typisch für viele andere ist oder stellt sie in ihrer Art eine Besonderheit dar?

Beispielanalyse für die Überarbeitung

Die eine DIN-A4-Seite große, überwiegend im Schwarz-Weiß-Kontrast gehaltene Anzeige der HL-Sportförderung ist einer Illustrierten entnommen. Die Anzeige fordert den jugendlichen Leser dazu auf, in der Freizeit Sport in einem Sportverein zu treiben, anstatt sich mit anderen zu schlagen. Den Hintergrund für die Anzeige bildet eine in Schwarz- und Grautönen gestaltete reliefartige Abbil-
5 dung einer Rangelei zweier Jungen. Während die beiden Jungen auf dem Boden liegen, werden sie von Zuschauern umringt, die einen Halbkreis um die beiden Kämpfenden bilden. Im sehr deutlichen Kontrast dazu sind im Vordergrund in Grau-Weiß-Tönen zwei Jugendliche in Sportkleidung abgebildet, die in engem Körperkontakt auf einem unsichtbaren Spielfeld um den Besitz eines Basketballs kämpfen. Die kontrastive Farbgestaltung unterstützt dabei den bildlichen Vergleich.
10 Die große, fettgedruckte und weiß gehaltene Schlagzeile „Sport statt Gewalt" am oberen Bildrand greift den bildlichen Vergleich direkt auf, indem sie im Sinne einer Aufforderung das positiv besetzte Sporttreiben gegen jede Form der Gewalt setzt. Die etwas kleiner – ebenfalls im Fettdruck gehaltene – zweite Schlagzeile „Fairer Zweikampf statt Kloppe" setzt die Antithetik des bildlichen Vergleichs (dunkel = Gewalt/hell = Sport) und der Schlagzeile (Sport/Gewalt) fort, indem – auch im Sinne einer
15 Aufforderung – ein „fairer" Zweikampf gegen „Kloppe" gestellt wird.
Der kurze fünfzeilige Haupttext besteht nur aus zwei Sätzen. Unter der Bedingung, dass der jugendliche Leser seine Kräfte messen möchte (Bedingungssatz in Kopfstellung), wird im ersten Aufforderungssatz die Erprobung eines Sportvereins angeraten. Dieser Satz steht also im direkten Bezug zu den beiden Basketball spielenden Jungen. Demgegenüber bezieht sich der zweite Satz unmittelbar
20 auf den Hintergrund der Anzeige. Dieser als rhetorische Frage gestaltet Satz appelliert an die Vernunft des Betrachters, indem auf die negativ besetzte Situation („wälzen im Dreck" und gaffende Zuschauer) verwiesen wird. Insgesamt wird recht drastisch – und durch die kontrastive Gestaltung der Bild- und Textelemente etwas klischeehaft – Sport als eine Möglichkeit zur Vermeidung von gewalttätigen Auseinandersetzungen in der Anzeige dargestellt. Damit wird gleichzeitig eine im All-
25 gemeinen positiv zu bewertende Art der Freizeitgestaltung junger Leute angesprochen, die auch im städtischen Lebensraum ohne Probleme möglich ist. Ich persönlich finde, dass in dieser Anzeige der Sport zu positiv bewertet wird.

🔘 Diese Beispielanalyse ist bereits ganz gut gelungen, enthält aber noch einige Stellen, die inhaltlich und sprachlich verbessert werden könnten. Überarbeite den Text und verwende dabei auch Absätze, um die Gliederung deutlich werden zu lassen.

🔘 Suche dir aus Zeitungen und Illustrierten Werbungen heraus, die ebenfalls einen Bezug zu den beiden möglichen Rahmenthemen der *Zentralen Prüfung* haben und fertige zu einzelnen eine schriftliche Analyse an.

Analyse von Zeitungstexten

Die Analyse von Zeitungstexten entspricht im Wesentlichen dem, was im Kapitel *Sachtexte* (→ S. 109 ff.) erläutert und geübt wird. Folgende Fragen solltest du dir stellen, um einen Zeitungstext zu erschließen:
– Um welche → journalistische Stilform handelt es sich? Woran wird diese Stilform deutlich?
– Wo und wann ist der Text erschienen? Lassen sich daraus Rückschlüsse auf den Adressaten ziehen?
– Wie ist der Sprachstil des Textes? Ist er eher leicht zu verstehen oder anspruchsvoller? Werden Fachbegriffe und Fremdwörter verwendet?

– Lassen sich aus dem Ort der Veröffentlichung und/oder der Sprache Rückschlüsse auf den Adressaten ziehen?
– Was ist das zentrale Thema des Textes? Welche Kernaussage wird zum Thema getroffen und wo lässt diese sich genau im Text lokalisieren?
– Welche Argumente werden eingebracht? Sind die Argumente logisch verknüpft und werden sie begründet sowie durch Beispiele belegt?
– In welchem Bezug steht das Thema des Textes zum Rahmenthema?
– Wie bewertest du die Position, die im Text vertreten wird?

Gliederung einer schriftlichen Analyse

Einleitung	Nennung der Schlagzeile, des Orts und des Datums der Veröffentlichung, der journalistischen Stilform und knappe Bestimmung des Themas
Hauptteil	1. Beschreibung des formalen Aufbaus (Länge, Anzahl der Spalten, Zwischenüberschriften, Schriftart, Zusatzmaterial ...)
	2. Gedankliche Gliederung, zentrale Aussagen in den einzelnen Abschnitten, Kernaussage des gesamten Textes
	3. Erläuterung der Argumentation (Welche Argumente werden gebracht, wie werden sie begründet und durch welche Beispiele werden sie belegt?), Erklärung ausgewählter Textstellen durch gründliche Textarbeit (Satzbau, Wortwahl, sprachliche Figuren usw.)
Schluss	Bewertung der Schlüssigkeit der Argumentation, Darstellung der eigenen Position in Anlehnung oder Abgrenzung zum Text mit gründlicher Begründung; kritische Reflexion des Bezugs zum Rahmenthema

1 Suche aus Zeitungen Texte mit unterschiedlichen journalistischen Stilformen aus. Begründe die jeweilige Zuordnung und schreibe eine Analyse.

4.3 Reflexion über Sprache

Eis (Original)

Ein junger Mann geht durch eine Grünanlage. In einer Hand trägt er ein Eis. Er lutscht. Das Eis schmilzt. Das Eis rutscht an dem Stiel hin und her. Der junge Mann lutscht heftig, er bleibt vor einer Bank stehen. Auf der Bank sitzt ein Herr und liest eine Zeitung. Der junge Mann bleibt vor dem Herrn stehen und lutscht.
5 Der Herr sieht von seiner Zeitung auf. Das Eis fällt in den Sand.
Der junge Mann sagt, was denken Sie jetzt von mir?

Eis (Variante 1)

Durch eine sehr gepflegte Grünanlage geht ein junger, lässig angezogener Mann. In seiner Hand, der rechten, trägt er vorsichtig ein schnell schmelzendes Eis, das langsam aber stetig am hölzernen Stiel hin und her rutscht. Während er vor einer Bank, auf der ein sehr elegant gekleideter älterer Herr seine akkurat aufgefaltete Zeitung liest, stehen bleibt, lutscht er noch heftiger. – In
5 den schmutzigen Sand fällt das leckere Eis. – Der Herr sieht langsam von seiner Zeitung auf. – Der jetzt nervöse junge Mann fragt sich, was der Herr wohl von ihm denkt.

Eis (Variante 2)

Ein junger Mann, der durch eine Grünanlage ging, trug in einer Hand ein Eis. Er hatte heftig gelutscht, aber es rutschte am Stiel hin und her, weil das Eis schmolz. Vor einer Bank, auf der ein Herr saß und Zeitung las, blieb der junge Mann stehen und lutschte weiter. Als der Mann von der Zeitung aufsieht, fällt das Eis in den Sand. Der junge Mann fragt, was der Herr jetzt von ihm
5 denke.

Eis (Variante 3)

Wenn einmal ein junger Mann durch eine Grünanlage gehen wird, trägt er vielleicht ein Eis. Soll er heftig lutschen, wenn das Eis schmilzt und am Stiel hin und her rutscht? „Halt! Bleib stehen!", wird er sich sagen, wenn er einen Herrn trifft, der auf einer Bank sitzt und Zeitung liest. Wenn dann das Eis in den Sand fällt und der Herr von der Zeitung aufsieht, wird der junge Mann wissen
5 wollen, was der Herr denkt.

Bei den kurzen Texten oben handelt es sich um drei Varianten des Originalanfangs der Kurzgeschichte *Eis* von Helga M. Novak (→ S. 93). Beim Lesen wirst du sicher schnell festgestellt haben, dass die Texte aufgrund der vorgenommenen Veränderungen sehr unterschiedlich wirken. Schwieriger ist sicherlich, die *sprachlichen Veränderungen* genau zu beschreiben, um die *unterschiedliche Wirkung* zu erklären. Überprüfe dazu auch die abgedruckten Beispielaufgaben zum Teil I der *Zentralen Prüfung* im Kapitel *2.1 Erster Prüfungsteil* (→ S. 21 ff.)

Hier findest du zur Wiederholung und Vertiefung eine Zusammenstellung des wichtigsten Basiswissens zur Grammatik, das zur Bewältigung solcher Aufgaben sehr hilfreich ist. Dabei handelt es sich nur um eine Auswahl, die unter folgenden Gesichtspunkten vorgenommen wurde:

– Wiederholung der bis zum Ende der Klasse 10 eingeführten Fachterminologie im Bereich Grammatik
– Bedeutung der dargestellten grammatischen Phänomene für die Bewältigung möglicher Prüfungsaufgaben speziell im Lernbereich *Reflexion über Sprache*
– Grad der Funktionalität für die Analyse von Texten

Grammatik: Wortarten

		Bezeichnung	Grundform	Beispiel
flektierend	konjugierend	Verb	*spielen* *haben* *singen* *klingen*	*ich spiele* *du hast gespielt* *er sang* *es hat geklungen*
	deklinierend	Substantiv/Nomen	*Ball*	*Bälle* *(mit) Bällen*
		Adjektiv	*rund*	*(mit) <u>runden</u> Bällen*
		Artikel	*der, die, das* *einer, eine, eines*	*<u>die</u> runden Bälle* *(mit) <u>einem</u> runden Ball* *mir, meines, welchem …*
		Pronomen	*ich, mein, welche …*	
nicht flektierend		Präposition	*an, auf, mit,* *zwischen …*	*zwischen den Stühlen sitzen* *… und weil ich müde bin.*
		Konjunktion	*und, oder, weil,* *dass …*	*oft gehe ich abends …* *Das ist halt ziemlich schade.*
		Adverb	*sehr, oft, abends …*	*Nein, ich will nicht.*
		Partikel	*halt, eh, ziemlich …*	
		Negationswort	*nein, nicht, kein …*	

Die Wörter der deutschen Sprache werden aufgrund ihrer Merkmale in Gruppen gegliedert. Diese Gruppen werden als Wortarten bezeichnet. Einige **Wortarten** können in der Form verändert werden (flektiert), andere nicht (unflektiert).

Für die schriftliche Analyse von Texten jeglicher Art ist es wichtig, unterschiedliche Wortarten erkennen und präzise benennen zu können. Bei der Beschreibung von Texten sollte man auch auf die **Wortwahl** eingehen und sich folgende Frage beantworten:
– Gibt es Wortarten, die in Teilen des Textes oder im gesamten Text besonders häufig oder gar nicht vorkommen?

Zu erwähnen und für die Analyse auszuwerten sind in erster Linie besondere Auffälligkeiten:
– Im Text werden deutlich mehr Substantive/Nomen als Verben verwendet (**Nominalstil**): *(Die Stadt – überall Häuser, Geschäfte, Autos und Menschen)* statischer Eindruck
– Im Text werden deutlich mehr Verben als Substantive/Nomen verwendet (**Verbalstil**): *(Die Stadt – jeder rennt, hastet, ruft und gestikuliert wild)* dynamischer Eindruck
– Im Text werden viele Adjektive verwendet: Veranschaulichung, Genauigkeit im Detail
– Im Text wird weitgehend auf Adjektive verzichtet: Bewusster Verzicht auf Details, Konzentration auf das Wesentliche
– Im Text werden gehäuft Substantive/Nomen aus bestimmten **Wortfeldern** verwendet (z. B. aus dem Bereich Natur, Technik usw.): Betonung bzw. Hervorhebung dieser Bereiche

① Vergleiche unter dem Aspekt der Wortwahl den Originalanfang der Kurzgeschichte *Eis* mit dem Anfang der Variante 1 (→ S. 133).

② Formuliere deine Beobachtungen zur Übung schriftlich und versuche dabei die Wortwahl als bewusst verwendetes Stilmittel zu deuten.

Flektierbare Wortarten – Verb

Von allen Wortarten hat das Verb die wichtigste Aufgabe und den größten Formenbestand. Kaum ein Satz kann ohne Verb gebildet werden. Mit Verben lassen sich Handlungen und Vorgänge (dynamisch) bzw. Zustände (statisch) ausdrücken.

> Die infiniten Verbformen lassen sich nicht konjugieren:
>
> **Infinitiv** (Grundform): *gehen, schmelzen, sitzen*
> **Partizip I** (Mittelwort der Gegenwart): *gehend, schmelzend, sitzend*
> **Partizip II** (Mittelwort der Vergangenheit): *gegangen, geschmolzen, gesessen*

Die finiten Verbformen sind konjugiert, ihnen lassen sich fünf Informationen entnehmen:

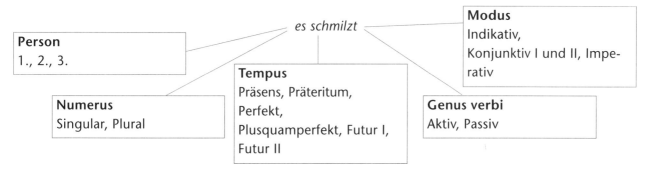

es schmilzt → 3. Person Singular Präsens Aktiv Indikativ
sie wurden geschmolzen → 3. Person Plural Präteritum Passiv Indikativ

Das Tempus des Verbs gibt die zeitliche Zuordnung an. Die grammatischen Tempora (Zeitformen) haben keine eindeutige Zuordnung zu realen Zeitverhältnissen. Zeitbezüge können auch durch andere Mittel (*im Jahr 1952, bald, morgen* usw.) ausgedrückt werden.

Zeit-stufen / Tempora	Vergangenheit	Gegenwart	Zukunft
Präsens	*Ein junger Mann geht im Jahr 1952 durch den Park*	*Er isst ein Eis.*	*Bald schmilzt das Eis.*
Futur I		*Er wird jetzt vor einer Bank stehen bleiben.*	*Das Eis wird gleich herunterfallen.*
Präteritum	*Er lutschte am Eis.*		
Perfekt	*Er ist losgegangen.*	*Er ist stehen geblieben. (jetzt steht er).*	*Morgen ist alles vergessen.*
Plusquamperfekt	*Er war gegangen.*		
Futur II			*In 3 Stunden wird er losgegangen sein.*

Konjunktiv – Indirekte Rede

Folgende Formen des Konjunktivs werden unterschieden und haben unterschiedliche Funktionen:

Konjunktiv I	Konjunktiv II
– in der indirekten Rede: *Der Kommissar sagte, er löse den Fall sicherlich bald.*	– um die Irrealität des Vorgestellten zu zeigen: *Es wäre schön, wenn ich kommen könnte.*
– in Wunsch- und Ausrufesätzen: *Lange möge sie leben!*	– um Zweifel am Gesagten auszudrücken: *Solltest du Recht haben?*
– in bestimmten Redewendungen: *Man nehme 6 Eier, 250 g Zucker, 250 g Butter, 500 g Mehl …*	– um zu verdeutlichen, dass etwas wenig wahrscheinlich ist: *Wenn ich Glück hätte, gewänne ich.*
	Außerdem wird der Konjunktiv II gebraucht, wenn die Form des Konjunktivs I mit der des Indikativs identisch ist. (siehe unten)

So werden die Formen gebildet:

Zeitstufe	Indikativ	Konjunktiv I	Konjunktiv II
Vergangenheit	*er hat/hatte geschrieben* *er schrieb* *sie sind/waren gekommen* *sie kamen*	*er habe geschrieben* *sie seien gekommen*	*er hätte geschrieben* *sie wären gekommen*
Gegenwart	*er schreibt* *sie kommen*	*er schreibe* *sie kommen*	*er schriebe/würde schreiben* *sie kämen/würden kommen*
Zukunft	*er wird schreiben* *sie werden kommen*	*er werde schreiben* *sie werden kommen*	*er würde schreiben* *sie würden kommen*

Die **indirekte Rede** wird verwendet, um ganz deutlich werden zu lassen, dass eine Aussage, die man wiedergibt, nicht die eigene, sondern die wörtliche eines Anderen ist: *Der junge Mann fragte, was der Mann jetzt denke.*

Die Verwendung der indirekten Rede ist bei der Textwiedergabe zu Sachtexten, speziell zu meinungsäußernden Texten (*Kommentar, Bericht* etc.) von besonderer Bedeutung, um die eigene Meinung von der des Verfassers abzugrenzen. *Inhaltsangabe – Textwiedergabe* (→ S. 66 ff.)

Die indirekte Rede wird mit den Formen des Konjunktivs I (Präsens und Perfekt) gebildet. Wenn dabei eine Übereinstimmung mit der Indikativform vorliegt, werden Formen des Konjunktivs II (Präteritum und Plusquamperfekt) verwendet.

So nicht!	Sondern so!
Im ersten Teil seiner Rede fordert der Vorsitzende, dass künftig mehr Geld für den Umweltschutz bereitgestellt werden muss. Ein größeres finanzielles Engagement ist heute so wichtig wie nie zuvor. Wirtschaft und Forschung müssen gemeinsam neue Wege finden.	*Im ersten Teil seiner Rede fordert der Vorsitzende, dass künftig mehr Geld für den Umweltschutz bereitgestellt werden müsse. Ein größeres finanzielles Engagement sei heute so wichtig wie nie zuvor. Wirtschaft und Forschung müssten gemeinsam neue Wege finden.*

Flektierbare Wortarten – Adjektiv

Adjektive nennen Eigenschaften und Merkmale von Lebewesen, Dingen, Sachverhalten oder Vorgängen. Sie treten in der Regel an zwei Stellen im Satz auf:

Der junge Mann lutscht ein Eis. → attributiver Gebrauch
Der Mann ist jung. → prädikativer Gebrauch

Die meisten Adjektive können *gesteigert* werden, wodurch unterschiedliche Grade einer Eigenschaft bezeichnet werden:

Grundstufe	**Positiv**	*hoch, tief*
1. Vergleichsstufe (Höherstufe)	**Komparativ**	*höher, tiefer*
2. Vergleichsstufe (Höchststufe)	**Superlativ**	*am höchsten, am tiefsten*

Bei einigen Adjektiven ist die Steigerung unregelmäßig. Die Formen unterscheiden sich, je nachdem, ob sie *eingliedrig* oder *zweigliedrig* oder *zusammengesetzt* sind:

Positiv	**Komparativ**	**Superlativ**
gut	*besser*	*am besten*
nah(e)	*näher*	*am nächsten*

INFO

Einige Adjektive sind nicht steigerbar. Dazu gehören Adjektive, deren Bedeutung die Bildung von Vergleichformen ausschließen: *rund, ledig, absolut, maximal, schwanger, leblos* usw.

Der Wortbaustein *-mäßig* (Suffix) ist z. B. bei der Adjektivbildung in Mode gekommen: *turbomäßig, spaßmäßig* ... Vor allem in geschriebenen Texten sollte man solche Formen vermeiden, da sie als stilistisch unangemessen gelten. Das gilt nicht für Adjektive mit dem Suffix *-mäßig*, die zum festen Bestand der deutschen Sprache gehören: z. B. v*erhältnismäßig, behelfsmäßig, unmäßig* usw.

Flektierbare Wortarten – Pronomen

Pronomen (Fürwörter) sind Stellvertreter für ein Substantiv/Nomen. Folgende Pronomen lassen sich aufgrund ihrer Funktion unterscheiden:

Personal-pronomen	*ich, du, er, sie, es, wir ...*	Personalpronomen stellen Beziehungen zu Personen her.
Reflexiv-pronomen	*Er wäscht sich. Ich schäme mich.*	Reflexivpronomen haben rückweisende Funktion und beziehen sich in der Regel auf das Subjekt des Satzes.
Possessiv-pronomen	*mein, dein, sein, ihr, unser, euer ...*	Possessivpronomen zeigen Besitzverhältnisse oder allgemein die Zugehörigkeit zu etwas an.

Demonstra-tivpronomen	*dieser, diese, dieses; jene, jener, jenes ...* *Diese Bank ist besetzt, jene dort drüben nicht.*	Demonstrativpronomen verweisen mit Nachdruck auf eine Person oder Sache. Sie werden wie die Artikel als *Begleiter* eines Substantivs/Nomens verwendet oder wie ein Pronomen als *Stellvertreter* eines Substantivs/Nomens.
Relativ-pronomen	*der, die, das; welcher, welche, welches; wer, was ...* *Der ältere Herr, der ruhig auf der Bank sitzt, wird gestört.*	Relativpronomen leiten Relativsätze ein.
Interrogativ-pronomen	*wer, was, wem, wen, welcher, welche, welches ...*	Interrogativpronomen leiten Fragen ein.
Indefinitpro-nomen	*einige, etwas, jemand, kein, niemand, ein wenig, ein paar, jeder, jedermann ...*	Indefinitpronomen werden verwendet, wenn Personen oder Sachen nicht näher bezeichnet oder wenn Mengen und Maße unbestimmt ausgedrückt werden sollen.

Pronomen tragen zur Ökonomie und damit zur Qualität des Stils bei, weil durch ihre Verwendung häufig Wiederholungen vermieden werden können.

Statt: *Ein junger Mann geht durch eine Grünanlage. In einer Hand trägt der junge Mann ein Eis. Der junge Mann lutscht.*

Besser: *Ein junger Mann geht durch eine Grünanlage. In einer Hand trägt er ein Eis. Er lutscht (oder ... an dem er lutscht.)*

Pronomen sollten in der Regel dann verwendet werden, wenn ein Bezug zu Personen, Dingen oder Sachverhalten hergestellt wird, über die bereits vorher gesprochen wurde.

TIPP

Viele Fehler in Arbeiten, die in der Regel mit Bz (für *Beziehungsfehler*) am Rand angestrichen werden, lassen sich vermeiden, wenn überprüft wird, ob bei der Verwendung eines Pronomens der Bezug eindeutig ist.
Der junge Mann trägt ein buntes Hemd und lutscht ein Eis. In der Sonne schimmert es grünlich. →
Schimmert das Hemd oder das Eis grünlich?
Besonders häufig treten solche Fehler bei Relativsätzen auf. Dieser Fehler lässt sich vermeiden, wenn das Relativpronomen unmittelbar hinter dem Bezugswort steht.
Also nicht: *Der junge Mann trägt ein buntes Hemd und lutscht ein Eis, das vorne schon Flecken hat.*
Sondern: *Der junge Mann trägt ein buntes Hemd, das vorne schon Flecken hat, und lutscht ein Eis.*

Unflektierbare Wortarten – Konjunktionen

Konjunktionen verbinden Wörter oder Sätze miteinander. Von nebenordnenden Konjunktionen spricht man, wenn Wörter oder Sätze gleichrangig miteinander verknüpft werden. Unterordnende Konjunktionen leiten Nebensätze ein (Satzgefüge → S. 141).

Konjunktionen

nebenordnend	reihend (kopulativ)	*und, oder, sowohl, sowie …*	*Der ältere Herr liest eine Zeitung <u>und</u> der junge Mann stört ihn.*
	ausschließend (disjunktiv)	*oder …*	*Regt sich der Herr auf <u>oder</u> bleibt er ruhig?*
	einschränkend (restriktiv)	*aber, obwohl …*	*Jung, <u>aber</u> schon frech.*
	entgegengesetzt (adversativ)	*aber, allein, doch, nur …*	*Der Herr würde gerne in Ruhe lesen, <u>aber</u> der junge Mann verhindert das.*
	begründend (kausal)	*denn (verbindet Hauptsätze)*	*Der junge Mann benimmt sich frech, <u>denn</u> er ist nicht gut erzogen.*
unterordnend	zeitlich (temporal)	*als, bis, ehe, nachdem, sobald, während, wenn …*	*Der Herr schaut auf, <u>als</u> das Eis in den Sand fällt.*
	die Art und Weise betreffend (modal)	*als, wie, insofern …*	*Der junge Mann wirkt, <u>als</u> suche er Kontakt.*
	begründend (kausal)	*da, zumal, weil, nachdem …*	*Er spricht nicht, <u>weil</u> er seine Ruhe haben will.*
	die Folge betreffend (konsekutiv)	*dass, sodass, als dass …*	*Er spricht schnell, <u>sodass</u> der Herr ihn kaum unterbrechen kann.*
	die Bedingung betreffend (konditional)	*falls, sofern, soweit, wenn …*	*Er kann erst etwas sagen, <u>wenn</u> der junge Mann eine Pause macht.*
	einräumend (konzessiv)	*obwohl, obgleich, wiewohl …*	*Der Herr versucht ruhig zu bleiben, <u>obwohl</u> er gestört wird.*
	den Zweck, die Absicht betreffend (final)	*dass, damit …*	*Der junge Mann spricht so schnell, <u>damit</u> er nicht unterbrochen werden kann.*

Die Auswahl der richtigen Konjunktion ist besonders in argumentativen Texten von großer Bedeutung, weil durch sie logische Verknüpfungen hergestellt werden.

Der ältere Herr liest ganz ruhig in seiner Zeitung,
aber er wird gestört.
obwohl er gestört wird.
als er gestört wird.

INFO

Der sprachliche Stil und damit die Qualität der → Darstellungsleistung (speziell in Erörterungen oder Stellungnahmen) kann erheblich dadurch verbessert werden, dass anstatt der einfachen Reihung von Einzelaussagen durch die Verwendung neben- oder unterordnender Konjunktionen aussagekräftige Bezüge zwischen den Sätzen hergestellt werden.

Sichere Kenntnisse bezüglich der Konjunktionen tragen auch dazu bei, Fehler in der Zeichensetzung zu vermeiden (→ S. 143 ff.)

Grammatik: Der Satz

Satzglieder und Satzgliedteile (Attribute)

- **Sätze** sind sprachliche Einheiten, aus denen sich Texte zusammensetzen. Sätze lassen sich in weitere Einheiten unterteilen, die Satzglieder.
- **Satzglieder** sind relativ selbstständige Einheiten im Satz, die regelhaft gebaut sind. Satzglieder können aus einem Einzelwort oder einer Wortgruppe bestehen und lassen sich durch die Umstell- bzw. Ersatzprobe bestimmen, da sie nur gemeinsam umgestellt oder ersetzt werden können.

Umstellprobe (→ S. 27)	*Ein älterer Herr / sitzt / auf einer grünen Bank / im Park.* *Auf einer grünen Bank / sitzt / ein älterer Herr / im Park.* *Im Park / sitzt / auf einer grünen Bank / ein älterer Herr.*
Ersatzprobe (→ S. 28)	*Das Eis / fällt / in den Sand.* *Das Eis / tropft / in den Sand.* *Das Eis / schmilzt / am Stiel.*

- **Satzgliedteile** oder **Attribute** sind Beifügungen. Sie bestimmen Substantive/Nomen oder Pronomen näher. Sie sind nur Teile von Satzgliedern und daher auch keine eigenständigen Satzglieder.

Satzglieder	Beispiel	Erkennungsfrage
Subjekt (Satzgegenstand)	*Der Mond scheint.*	Wer oder was scheint?
Prädikat (Satzaussage)	*Der Mond scheint.*	Was tut der Mond?
Objekte (Satzergänzungen)		
– Genitivobjekt	*Katzen bedürfen der Zuneigung.*	Wessen bedürfen die Katzen?
– Dativobjekt	*Die Katze hilft dem Hund.*	Wem hilft die Katze?
– Akkusativobjekt	*Die Katze frisst den Vogel.*	Wen oder was frisst die Katze?
– Präpositionalobjekt	*Die Katze spielt mit dem Goldfisch.*	Mit wem spielt die Katze?
prädikative Ergänzung	*Die Katze ist reinlich.* *Die Katze wird ein Monster.*	Was? Wie?
Adverbiale (Umstandsbestimmungen)		
– temporal	*Die Katze schläft tagsüber/drei Stunden.*	Wann? Wie lange?
– lokal	*Die Katze liegt im Korb.*	Wo? Wohin?
– modal	*Die Katze schnurrt zufrieden.*	Wie?
– kausal	*Der Löwe brüllt vor Angst.*	Warum? Aus welchem Grund?
– final	*Zum Umbau der Hütte nahm er sich viel Zeit.*	Wozu? Zu welchem Zweck?
– konzessiv	*Trotz der Größe des Hundes hatte die Katze keine Angst.*	Trotz welchen Umstands?
– konsekutiv	*Den Futtertrog füllte sie zur Zufriedenheit der Katze.*	Mit welcher Folge?
– konditional	*Nur durch Schnelligkeit konnte die Katze entkommen.*	Unter welcher Bedingung?

Satzgliedteile (Attribute)		
– Adjektivattribut	Der *zahme* Wolf heißt Ede.	
– Genitivattribut	Das sind die Zähne *des Wolfs*.	Wie? Was? Wessen? ...
– Präpositionalattribut	Dort ist der Wolf *aus dem Wald*.	
– ...		

Satzarten

Es lassen sich drei Satzarten aufgrund der *Sprechabsicht* und der *Stellung des finiten Verbs* unterscheiden:

Satzart		Stellung der finiten Verbform
Aussagesatz	Der junge Mann *lutscht* ein Eis.	normalerweise an der zweiten Stelle im Satz
Fragesatz	*Möchten* sie etwas von mir? *(Entscheidungsfrage)* *Was* denken sie von mir? *(Ergänzungsfrage)*	an erster Stelle an zweiter Stelle
Aufforderungssatz	*Geben* sie endlich Ruhe!	an erster Stelle

Satzreihe und Satzgefüge

Eine **Satzreihe** besteht aus zwei oder mehreren Hauptsätzen. Zwischen ihnen besteht ein bestimmter inhaltlicher Zusammenhang. Sie können durch → Komma voneinander getrennt oder durch → Konjunktionen miteinander verbunden werden.

Ein **Satzgefüge** besteht aus mindestens einem Haupt- und einem oder mehreren Nebensätzen. Zwischen den Sätzen eines Satzgefüges besteht ein Abhängigkeitsverhältnis, denn Nebensätze sind zwar vom Satzbau her auch vollständige Sätze, können aber *nicht allein* stehen, sondern sind vom Hauptsatz (oder einem anderen Nebensatz) abhängig und diesem untergeordnet.
Ein Nebensatz ist außerdem daran zu erkennen, dass in ihm die finite Verbform an letzter Stelle steht:

Ich lese ein Buch, während du Musik hörst.
Hauptsatz   *Nebensatz*

Es gibt verschiedene Möglichkeiten, Nebensätze einzuteilen, nämlich:

→ **funktional** als Satzglieder bzw. Satzgliedteile (Attribute). Nur Nebensätze, die Satzglieder/Attribute ersetzen, sind Gliedsätze!		
	Erläuterung	**Beispiel**
Gliedsatz	entspricht einem Satzglied.	
• Subjektsatz	entspricht dem Subjekt. *(wer oder was?)*	*Ob das Eis schmilzt, ist völlig ungewiss.* Wer oder was ist völlig ungewiss?
• Objektsatz	entspricht einem Genitiv-, *(wessen?)* Dativ-, *(wem?)* Akkusativ- *(wen?)* Präpositionalobjekt *(mit/von wem? ...)*	*Der Herr erwartet schon, dass das Eis schmilzt.* Wen oder was erwartet der Herr schon?

141

• Adverbialsatz	entspricht einem Adverbiale	*Er schaute hinab,*
– Temporalsatz	– der Zeit *(wann, wie lange, seit wann?)*	*während das Eis herabtropfte.*
– Lokalsatz	– des Ortes *(wo, wohin, woher?)*	Wann schaute er hinab? (Temporal-
– Modalsatz	– der Art und Weise *(wie?)*	satz)
– Kausalsatz	– des Grundes *(warum?)*	
– Finalsatz	– des Zwecks *(wozu?)*	
– Konditionalsatz	– der Bedingung *(unter welcher Voraussetzung?)*	
– Konzessivsatz	– der Einräumung *(trotz welchen Umstands?)*	
– Konsekutivsatz	– der Folge *(welche Folge, welche Wirkung?)*	
Attributsatz	entspricht einem Attribut (Satzglied-teil)	*Das Eis, das er gekauft hat, tropft herab.* Welches Eis tropft herab?

→ formal nach der Art der Einleitung des Nebensatzes.

	Erläuterung	**Beispiel**
Konjunktionalsatz	wird durch eine unterordnende Konjunktion eingeleitet: *als, weil, obwohl, wenn, nachdem, während, sobald, dass …*	*Er wurde nervös, **weil** das Eis herabtropfte.*
Relativsatz	wird durch ein Relativpronomen *(der, die, das, welche …)* oder ein Fragewort in Relativfunktion *(was, wo …?)* eingeleitet.	*Das Eis, **das** gerade herabtropft, klebt an seinen Fingern.*
uneingeleiteter Nebensatz	wird ohne Einleitewort konstruiert.	*Findet er es lecker, möchte der Herr auch ein Eis.*
satzwertige Infinitivgruppe	hat die Funktion eines Nebensatzes.	*Er kaufte ein Eis, um es dem Herrn zu schenken.*
satzwertige Partizipialgruppe	hat die Funktion eines Nebensatzes.	*Völlig verärgert, verließ der Herr die Parkbank.*
indirekter Fragesatz	wird durch die Konjunktion *ob* oder ein interrogatives W-Wort *(wer, was, wie, welche …)* eingeleitet.	*Der Herr fragte ihn, wer er eigentlich sei.*

→ nach der **Stellung zum Hauptsatz**. Der Nebensatz ist

– vorangestellt	*Als das Eis herabtropfte, wurde er nervös.*
	Nebensatz *Hauptsatz*
– nachgestellt	*Der Herr wurde ungeduldig, weil das Eis ständig herabtropfte.*
	Hauptsatz *Nebensatz*
– eingeschoben	*Er lutschte, obwohl es herabtropfte, nicht weiter am Eis.*
	Hauptsatz *Nebensatz* *Hauptsatz*

→ nach dem **Grad der Abhängigkeit** vom Hauptsatz.

Nebensatz gleichen Grades	*Der Herr fragt sich, <u>ob das Eis nur tropft oder ob es gleich ganz auf den Boden fällt.</u>*
Nebensatz 1. Grades	*Das Beispiel zeigt, <u>wie wichtig es ist, ...</u>*
Nebensatz 2. Grades	*... dass man sein Eis in der Sonne schnell isst, ...*
Nebensatz 3. Grades	*... damit es nicht schmilzt.*
...	

Für das Verstehen und Analysieren von literarischen Texten und von Sachtexten ist es wichtig, die unterschiedlichen **Satzstrukturen** erkennen und präzise bestimmen zu können. Das ist so,
– weil die Wirkung eines Satzes, eines Textabschnittes oder auch eines ganzen Textes wesentlich von der Art der Sätze und dem Satzbau abhängig ist.
– weil besonders in argumentativen Texten die logische Verknüpfung von Aussagen und Gedanken durch die Gestaltung der Satzgefüge und die Art der Adverbialsätze bestimmt wird.

Der junge Mann bleibt stehen,
  als sein Eis in den Sand fällt.
  weil sein Eis in den Sand fällt.
  obwohl sein Eis in den Sand fällt.

3 Vergleiche die drei verschiedenen Varianten mit dem Originalanfang der Kurzgeschichte *Eis* (→ S. 93) unter dem Aspekt des Satzbaus.

4 Beschreibe und erkläre die Besonderheiten der Überschrift *Eis* für die Kurzgeschichte von Helga M. Novak unter semantischen (inhaltlichen) und grammatikalischen Aspekten.

5 Vergleiche schriftlich alle drei abgedruckten Varianten (→ S. 133) mit dem Originalanfang der Kurzgeschichte, indem du grammatikalische Besonderheiten beschreibst und für die Interpretation auswertest.

6 Wähle andere Texte aus *Finale* aus, um sie unter Berücksichtigung der grammatikalischen Strukturen zu beschreiben und zu deuten.

Selbstdiagnose: Rechtschreibung

Wenn du deine Rechtschreibung und Zeichensetzung verbessern willst, musst du wissen, wo deine Schwierigkeiten liegen. Denn häufig machen Schreibende gleichartige Fehler. Dementsprechend ist es sinnvoll, die Rechtschreib- und Zeichenfehler bestimmten Bereichen zuzuordnen, z. B. Groß- und Kleinschreibung, einfacher oder doppelter Konsonant usw. Wenn du diese Kennzeichnung der Fehler vorgenommen hast, kannst du gezielt trainieren, was du verbessern willst. So verringerst du auf Dauer die Zahl deiner Fehler immer weiter.

1 Lies den folgenden Text aufmerksam und streiche die Wörter durch, die nach deinem Sprachgefühl falsch geschrieben sind.

2 Vergleiche deine Lösung mit der Lösung auf S. 147. Kennzeichne in den Fällen, in denen dein Sprachgefühl nicht den Regeln der Rechtschreibung entsprach, den entsprechenden Bereich in der Randspalte. Auf diese Weise erhältst du eine erste Übersicht über die Bereiche, an denen du arbeiten solltest.

Lebensraum Stadt – Wo zahlreiche Tierarten zu Hause sind

Die meisten/meißten Städte verfügen über eine so große Vielfalt an Lebensräumen, dass man sie in dieser Hinsicht/in dieser hinsicht sogar mit Korallenriffen und Regenwäldern vergleichen kann. In den letzten Jahrzehnten haben sich die natürlichen Lebensbedingungen vieler Wildtiere

5 stark verschlechtert. Immermehr/Immer mehr Tiere weichen in die Städte aus. Als Faustregel gilt: Je größer/grösser die Stadt, desto mehr Tierarten werden gesichtet. In Berlin zum Beispiel/zum beispiel leben inzwischen 180 Vogelarten und 50 verschiedene Säugetiere. Mitten in der Stadt kann einem/Einem schon mal ein Wildschwein oder ein Waschbär über den

10 Weg laufen. Selbst der seltene Wanderfalke ist im Inneren der Stadt/im inneren der Stadt seit kurzem/seit Kurzem heimisch geworden. Wer heutzutage/heut zutage in New York City lebt, kann immer wieder Zeuge eines atemberaubenden/Atem beraubenden/atem beraubenden Schauspiels werden: Wanderfalken stürzen/stürtzen sich mit Geschwin-

15 digkeiten von bis zu 300 Kilometern pro Stunde von den Dächern der Wolkenkratzer in die Straßenschluchten hinab. Für andere gefiederte Stadtbewohner bedeutet das höchste Gefahr: Denn Wanderfalken fangen ihre Beute im Fluk/im Flug. Ganz oben/Oben auf ihrem Speisezettel stehen die Stadttauben. Großstädte bieten dem Wanderfalken geradezu/gerade

20 zu paradiesische Lebensbedingungen: unerschöpfliche/unerschöffliche Nahrungsquellen, sichere Plätze für die Aufzucht der Jungen/jungen und keine natürlichen Feinde.
In Deutschland gehört der Wanderfalke zu den seltensten/seltendsten Tieren überhaupt/überhaubt. Bereits in den 70er Jahren stand er kurz

25 vor dem Aussterben: Damals war das Pestizid/Pestizit DDT noch erlaubt, das/dass über die Nahrungskette von Insekten über Kleinvögel bis zu den Falken gelangte. Das DDT störte ihren Kalkhaushalt so stark, das/dass die Schalen ihrer Eier zu dünn wurden. Kaum eine Brut/Bruht war noch erfolgreich, da die Eierschalen meist früzeitig/frühzeitig/früh zeitig zerbra-

30 chen. Inzwischen gibt es wieder ungefähr 450 Brutpaare in Deutschland. Und es laufen viele Versuche, den Wanderfalken in deutschen Städten anzusiedeln.
Wenn in den Häusern seiner unfreiwilligen Mitbewohner die Lichter ausgehen, wird er munter: der Waschbär. Aus Löchern, die er ins Dach genagt

35 hat, aus Kaminen/Kamienen oder Gartenlauben klettert er ins Freie/ins freie und geht auf Nahrungssuche. Waschbären sind sehr Anpassungsfähige/anpassungsfähige, neugierige und sympathische/sympatische Tiere. Außerdem sind sie Allesfresser/alles Fresser/Allesfreßer – eine gute Voraussetzung für das Leben in der Stadt. In Nordamerika sind die kleinen

40 Bären längst zur Plage/plage geworden: Sie verwüsten Dächer, Gärten, Obst- und Gemüsepflanzungen. Mit Vorliebe durchwühlen sie Mülltonnen. Abgesehen von dem Lärm, den sie dabei veranstalten, hinterlassen sie den Anwohnern meist ein regelrechtes/Regel rechtes Schlachtfeld.

Kennzeichnung
s-Laut
Groß- und Kleinschreibung

Getrenntschreibung
s-Laut
...

Um deine Rechtschreibung zu verbessern, musst du über folgende Kenntnisse und Fähigkeiten verfügen:

- **Rechtschreibstrategien**, um gezielt die richtige Rechtschreibung zu überprüfen, z. B. Stammprinzip, Verlängerung von Wörtern, Bedeutungen hinterfragen, Ableitungen von Fremdwörtern etc.

- **Umgang mit dem Wörterbuch**, insbesondere Nachschlagen, Nutzung der Rechtschreibüberprüfung am PC

- grundlegende **Rechtschreibkenntnisse** in folgenden Bereichen:
  - Groß- und Kleinschreibung
  - Getrennt- und Zusammenschreibung
  - Schreibung des s-Lauts
  - Schreibung nach kurzen Vokalen
  - Schreibung von Fremdwörtern

Rechtschreibstrategien kennen und anwenden

Rechtschreibstrategien helfen dir in Zweifelsfällen zu entscheiden, wie ein Wort richtig geschrieben wird. Folgende Rechtschreibstrategien solltest du kennen und anwenden:

- Wörter verlängern

Wenn du nicht sicher bist, wie ein Wort am Ende geschrieben wird, ist es oft hilfreich, das Wort zu verlängern, indem du

- ein Adjektiv vor ein Substantiv/Nomen setzt: *freiwillig, freiwillige Helfer*
- bei Verben den Infinitiv bildest: *das Schiff sinkt, sinken; gelang, gelingen*
- bei Substantiven/Nomen den Plural bildest: *der Flug, die Flüge*
- bei zusammengesetzten Wörtern das Wort in seine Teile zerlegst und die Teile entsprechend verlängerst: *frühzeitig = früher + zeitig*

- den Wortstamm überprüfen

Häufig kannst du die richtige Schreibweise aus Wörtern erschließen, die auf denselben Wortstamm zurückzuführen sind: *Brut, brüten, Brutplatz; stürzen, Sturz, gestürzt*

- Wortbedeutungen in den Blick nehmen

erwidern meint, etwas einer Aussage entgegensetzen und nicht etwas wiederholen

- Fremdwörter ableiten
- Bei Wörtern, die aus dem Griechischen übernommen wurden, findest du häufig die Schreibweise *th* und *rh*: *Sympathie, These, Rhythmus*
- Fremdwörter erkennt man häufig an ihren Suffixen (Endsilben):
  …-iv (innovativ, aktiv), …-age (Blamage, Spionage), …-eur/eurin (Friseur/Friseurin), …-tion (Kapitulation, Faszination), …ik (Hektik, Akrobatik), …ine (Vitamine, Apfelsine), …ur (Tastatur, Registratur), …ie (Philosophie, Theologie)

Mit dem Wörterbuch umgehen

Wörterbücher helfen dir, richtig zu schreiben. Dafür musst du dich im Umgang mit Wörterbüchern üben, um sie dann gezielt einsetzen zu können.
Die meisten Wörterbücher enthalten einen Regelteil und ein Wörterverzeichnis.
Folgende Grundkenntnisse benötigst du dafür:

Im **Regelteil** findest du Hinweise zu allgemeinen Regeln der Rechtschreibung und Zeichensetzung. Hier kannst du unter bestimmten Stichwörtern nachsehen, wenn du ein Problem hast, welches sich durch das Nachschlagen eines Wortes allein nicht klären lässt, z. B.: *Wann schreibt man Adjektive groß? Werden zwei Verben, die aufeinanderfolgen, immer auseinandergeschrieben?*

145

Im **Wörterverzeichnis** findest du die einzelnen Wörter in ihrer jeweils richtigen Schreibweise. Das Wörterverzeichnis ist alphabetisch sortiert. Darüber hinaus erhältst du hier Angaben zu folgenden Fragen:
– Wie funktioniert die Silbentrennung?
– Wie wird das Wort ausgesprochen?
– Wie wird der Plural gebildet?
– Wie werden einzelne Kasus (Fälle) gebildet?
– Welches Genus (Geschlecht) hat das Wort?
– Aus welcher Sprache stammt das Wort?

Beispiel: **Charakter**

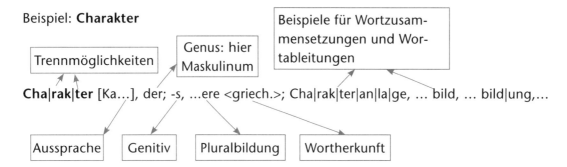

Cha|rak|ter [Ka...], der; -s, ...ere <griech.>; Cha|rak|ter|an|la|ge, ... bild, ... bild|ung,...

① Kläre, wie du folgende Wörter richtig schreibst. Schlage im Zweifelsfall in einem Wörterbuch nach: Inventar/Inwentar, Rhythmus/Rythmus, die Jogurte/die Jogurths

---

TIPP

Immer wenn du dir unsicher bist, wie ein Wort geschrieben wird, und die dir bekannten Rechtschreibstrategien nicht helfen, solltest du im Wörterbuch nachschlagen. Das fördert dein Sprachgefühl und du wirst mit der Zeit immer sicherer in der Rechtschreibung werden.

Die Rechtschreibung am PC überprüfen

Die gängigen Textverarbeitungsprogramme verfügen über Möglichkeiten zur Überprüfung der Rechtschreibung. Wenn du am PC eine Arbeit anfertigst, solltest du die Rechtschreibüberprüfung aktivieren, um mögliche Fehler zu vermeiden bzw. direkt korrigieren zu können.
In Zweifelsfällen, z. B. bei bestimmten Formen der Getrennt- und Zusammenschreibung und der Groß- und Kleinschreibung, solltest du aber nicht allein auf die Rechtschreibüberprüfung vertrauen, sondern weitere Rechtschreibstrategien oder ein Wörterbuch hinziehen. Die digitale Rechtschreibüberprüfung kann z. B. nicht unterscheiden, ob es sich um *sitzenbleiben* in der Bedeutung von „nicht versetzt werden" oder *sitzen bleiben* im Sinne von „auf einem Stuhl sitzen bleiben" handelt.

Lernstrategien – Groß- und Kleinschreibung

• Signalwörter einsetzen:
Vor Wörtern, die großgeschrieben werden, kannst du Signalwörter einsetzen. Signalwörter sind:
– bestimmte oder unbestimmte Artikel: *das Einmalige, ein Auserwählter*
– Pronomen: *dieses Lernen, jenes Nachdenken*
– Numerale (Zahlwörter): *fünf Reiche, allerlei Bedenken, kein Geringerer*
– Präpositionen mit und ohne Artikel: *im Allgemeinen, zum Beispiel, in dem Bereich, ohne Hilfe*
– Adjektive: *lautes Lachen, kurzes Aufschreien, sehnsüchtige Blicke*
• Grundregeln merken:
– Großgeschrieben werden Substantive/Nomen und alle Wörter, die wie Substantive gebraucht werden.

Lernstrategien: Getrennt- und Zusammenschreibung

- Grundregeln merken

Wenn die Wortzusammensetzung eine neue Bedeutung annimmt, die über die Bedeutung der einzelnen Wörter hinausgeht, handelt es sich zumeist um eine Zusammensetzung, die zusammengeschrieben wird (*bitterböse, standhalten*).

- Fugenelemente erkennen

Bei Adjektiven kannst du viele Zusammensetzungen an der Verwendung eines Fugenelements erkennen, zum Beispiel: *altersschwach, sonnenarm*.

Lösung von S. 144:

Lebensraum Stadt – Wo zahlreiche Tierarten zu Hause sind

Die meisten Städte verfügen über eine so große Vielfalt an Lebensräumen, dass man sie in dieser Hinsicht sogar mit Korallenriffen und Regenwäldern vergleichen kann. In den letzten Jahrzehnten haben sich die natürlichen Lebensbedingungen vieler Wildtiere stark verschlechtert. Immer mehr Tiere weichen in die Städte aus. Als Faustregel gilt: Je größer die Stadt, desto mehr Tierarten werden gesichtet. In Berlin zum Beispiel leben inzwischen 180 Vogelarten und 50 verschiedene Säugetiere. Mitten in der Stadt kann einem schon mal ein Wildschwein oder ein Waschbär über den Weg laufen. Selbst der seltene Wanderfalke ist im Inneren der Stadt seit kurzem heimisch geworden. Wer heutzutage in New York City lebt, kann immer wieder Zeuge eines atemberaubenden Schauspiels werden: Wanderfalken stürzen sich mit Geschwindigkeiten von bis zu 300 Kilometern pro Stunde von den Dächern der Wolkenkratzer in die Straßenschluchten hinab. Für andere gefiederte Stadtbewohner bedeutet das höchste Gefahr: Denn Wanderfalken fangen ihre Beute im Flug. Ganz oben auf ihrem Speisezettel stehen die Stadttauben. Großstädte bieten dem Wanderfalken geradezu paradiesische Lebensbedingungen: unerschöpfliche Nahrungsquellen, sichere Plätze für die Aufzucht der Jungen und keine natürlichen Feinde.

In Deutschland gehört der Wanderfalke zu den seltensten Tieren überhaupt. Bereits in den 70er Jahren stand er kurz vor dem Aussterben: Damals war das Pestizid DDT noch erlaubt, das über die Nahrungskette von Insekten über Kleinvögeln bis zu den Falken gelangte. Das DDT störte ihren Kalkhaushalt so stark, dass die Schalen ihrer Eier zu dünn wurden. Kaum eine Brut war noch erfolgreich, da die Eierschalen meist frühzeitig zerbrachen. Inzwischen gibt es wieder ungefähr 450 Brutpaare in Deutschland. Und es laufen viele Versuche, den Wanderfalken in deutschen Städten anzusiedeln.

Wenn in den Häusern seiner unfreiwilligen Mitbewohner die Lichter ausgehen, wird er munter: der Waschbär. Aus Löchern, die er ins Dach genagt hat, aus Kaminen oder Gartenlauben klettert er ins Freie und geht auf Nahrungssuche. Waschbären sind sehr anpassungsfähige, neugierige und sympathische Tiere. Außerdem sind sie Allesfresser – eine gute Voraussetzung für das Leben in der Stadt. In Nordamerika sind die kleinen Bären längst zur Plage geworden: Sie verwüsten Dächer, Gärten, Obst- und Gemüsepflanzungen. Mit Vorliebe durchwühlen sie Mülltonnen. Abgesehen von dem Lärm, den sie dabei veranstalten, hinterlassen sie den Anwohnern meist ein regelrechtes Schlachtfeld.

Selbstdiagnose: Zeichensetzung

Lies den Text und markiere die Zeichenfehler.

Mein Leipzig. Liebeserklärung an eine besondere Stadt

In Anlehnung an Claudius Nießen

Wenn wir einen Tag richtig gut anfangen wollen hier in Leipzig dann gehen mein Hund ein zweijähriger Mischling und ich ins Café Grundmann. Ich trinke dann einen Milchkaffee und ein Glas Quittenschorle mein Hund liegt unter dem Tisch den Kopf auf die Pfoten gelegt und wir beobachten das Kaffeehaus-Treiben. Max uns geht es doch richtig gut sage ich dann oft zu
5 ihm und streichle ihm über den Kopf. Max liebt es gestreichelt zu werden. Im Grundmann geht es schon morgens hoch her. Und wir sind nicht die Einzigen in Leipzig die das Wiener-Kaffee-haus-Ambiente die flinke Bedienung das Frühstück die verschiedenen Kaffeesorten die leckeren Kuchen und die kleinen Speisen zu schätzen wissen. Nirgendwo freut sich mein Hund so auf sein Wasser wie hier. Vom Grundmann kommen wir wenn wir einen kleinen Bogen gehen auf dem
10 Weg zum Literaturinstitut durch den Clara-Zetkin-Park. Mein Hund liebt den Park genauso wie ich. Vor Freude läuft er am liebsten ohne nach links und rechts zu schauen jedem Jogger vor die Füße. Der tut nix rufe ich dann und füge noch hinzu der will nur spielen. [...]
Mitten im Park liegt die alte Pferderennbahn Scheibenholz. Das Gebäude ist deutlich in die Jahre gekommen. Es hat seit dem Sommer einen neuen Anstrich das Dachgerüst aus alten genieteten
15 Stahlträgern und den hölzernen Bänken strahlt aber immer noch einen Charme aus, der anders-wo längst tot saniert worden ist. Zum Aufgalopp am 1. Mai werden wir hier Ferngläser vor die Augen pressend sitzen mit seltsamen englischen Kopfbedeckungen und im Tweedsakko um die Atmosphäre zu genießen. Wir werden keine Ahnung davon haben wie gut die Pferde eigentlich laufen oder wie Pferdewetten eigentlich funktionieren aber Rotkäppchen aus mitgebrachten
20 Wassergläsern trinken. [...] Ich habe mal ein bisschen in Münster gewohnt und mir damals geschworen nur noch in einer Stadt zu wohnen die einen schönen Bahnhof hat. Alles andere ist ein Ding der Unmöglichkeit. Leipzig hat den größten Kopfbahnhof Europas. Manchmal setze ich mich mit so einem Pappbecher Kaffee auf den Bahnsteig um einfach nur zuzuschauen wie die Leute um mich herumwuseln. Manchmal muss ich auch selbst wuseln weil ich einen Zug nach
25 hierhin oder dorthin erwischen muss. Leipzig ist die beste Homebase die es gibt. Man kann gut wegfahren und ist schnell überall. [...]
Es gibt im Rheinland wo ich herkomme diese altbekannte Rivalität zwischen Köln und Düsseldorf. Wobei natürlich alle – das ist nur allzu verständlich – Köln ein bisschen lieber mögen als Düssel-dorf auch die Düsseldorfer aber das geben die nur wirklich ungern zu. Hier in Sachsen verhält es
30 sich ganz ähnlich. Da gibt es Leipzig und da gibt es Dresden. Und natürlich mögen alle Leipzig ein bisschen lieber. Aber das ist auch ganz in Ordnung so. Schließlich kann man sich hier auch als Rheinländer mehr als zu Hause fühlen sage ich zu meinem Hund.

① Vergleiche deine Lösung mit dem Original auf S. 150.

② Schreibe die Sätze, in denen du die Zeichenfehler nicht erkannt hast, mit richtiger Zeichensetzung auf kleine Karteikarten.

③ Sortiere die Karten nach der Art der Zeichenfehler: Aufzählungen, Satzreihe (Hauptsatz/Haupt-satz), Satzgefüge (Hauptsatz/Nebensatz), Ergänzungen, Zeichenfehler bei der wörtlichen Rede etc. Du kannst jetzt gezielt in den Bereichen üben, in denen du Zeichenfehler gemacht hast.

Funktion der Zeichensetzung

Satzzeichen haben die Funktion, einen geschriebenen Text übersichtlich zu gestalten und ihn dadurch für den Lesenden überschaubar zu machen. Darüber hinaus hast du mit den Satzzeichen die Möglichkeit, besondere Aussageabsichten hervorzuheben. Grundsätzlich unterscheidet man Satzzeichen,
– die den Schluss von Ganzsätzen markieren:
  Punkt, Ausrufezeichen, Fragezeichen.
– die Sätze in sich gliedern:
  Komma, Semikolon, Doppelpunkt, Gedankenstrich, Klammern.
– die wörtliche Rede oder Textstellen bzw. Wörter besonders hervorheben: **Anführungszeichen.**

Zeichensetzung in Satzreihen

Die Sätze in einer Satzreihe werden durch Komma voneinander getrennt: **HS, HS.** (→ Satzreihe S. 141)
Bei der Reihung von selbstständigen Sätzen, die durch *und, oder, beziehungsweise* bzw. *entweder – oder, nicht – noch* oder durch *weder – noch* verbunden sind, kann man ein Komma setzen, um die Gliederung des Ganzsatzes deutlich zu machen: *Da gibt es Leipzig(,) und da gibt es Dresden.*

Zeichensetzung in Satzgefügen

In einem Satzgefüge trennst du die einzelnen Sätze durch Komma voneinander ab. → Relativpronomen *(der, die, das, …)* und → Konjunktionen *(weil, obwohl, dass …)* können als Hinweise für die Zeichensetzung genutzt werden (→ Satzgefüge S. 141):
Leipzig ist die beste Homebase, die es gibt. Wenn ich mal nicht zu Fuß gehe oder mit dem Rad fahre, dann warte ich an der Haltestelle so lange, bis so ein Ungetüm angerumpelt kommt. Es gibt im Rheinland, wo ich herkomme, diese altbekannte Rivalität zwischen Köln und Düsseldorf.

Bei **formelhaften Nebensätzen** kannst du das Komma weglassen:
Wie bereits gesagt (,) verhält sich die Sache anders. Ich komme (,) wenn nötig (,) bei dir noch vorbei.

Zeichensetzung bei Aufzählungen

Aufzählungen werden durch Komma voneinander getrennt. Das gilt sowohl für die Aufzählung einzelner Wörter und Wortgruppen als auch für die Aufzählung gleichrangiger Teilsätze.
Sind die Bestandteile einer Aufzählung durch *und, oder, beziehungsweise/bzw., sowie* (= und), *wie* (= und), *entweder – oder, nicht – noch, sowohl – als (auch), sowohl – wie (auch)* oder durch *weder – noch* verbunden, setzt du kein Komma:
Das Ambiente, die flinke Bedienung, die verschiedenen Kaffeesorten, die leckeren Kuchen und die kleinen Speisen …
Achtung: Werden gleichrangige Wörter, Wortgruppen oder Sätze durch die Konjunktionen *aber, doch, jedoch* oder *sondern* voneinander abgegrenzt, wird ein Komma gesetzt:
Im Bahnhof war es zumeist laut, stickig und voll, aber nie uninteressant.

Zeichensetzung bei Ergänzungen

Ergänzungen in Form von Zusätzen oder Nachträgen, die den Fluss eines Satzes hemmen, grenzt du mit Komma ab. Dies betrifft u. a. Appositionen (Substantivgruppen als Nachträge), Anreden, das Datum:
– **Apposition:** *Mein Hund, <u>ein zweijähriger Mischling</u>, …*
– **Anrede:** *„Max, uns geht es doch richtig gut!"*
– **Nachgestellte Erläuterungen,** die mit *also, besonders, das heißt (d. h.), das ist (d. i.), genauer, insbesondere, nämlich, und das, und zwar, vor allem, zum Beispiel (z. B.)* eingeleitet werden, werden mit Komma abgetrennt: *Der Bahnhof, <u>besonders der Bahnhof von Leipzig</u>, …*
Partizipialgruppen können, müssen aber nicht mit Komma abgetrennt werden:
Zum Aufgalopp am 1. Mai werden wir hier (,) Ferngläser vor die Augen pressend (,) sitzen …

Zeichensetzung bei Infinitivgruppen

Infinitivgruppen grenzt du in folgenden Fällen mit Komma ab:

- Die Infinitivgruppe ist mit *um, ohne, statt, anstatt, außer, als* eingeleitet: *Manchmal setze ich mich mit so einem Pappbecher Kaffee auf den Bahnsteig, <u>um</u> einfach nur zuzuschauen.*
- Die Infinitivgruppe bezieht sich auf ein vorangehendes Substantiv/Nomen oder wird durch ein vorhergehendes Verweiswort angekündigt:
Max liebt <u>es</u>, gestreichelt zu werden. Max wartete <u>darauf</u>, eine Schüssel Wasser zu bekommen.

Zeichensetzung bei wörtlicher Rede

Die wörtliche Rede wird in Anführungszeichen gesetzt. Dabei bekommt der Aussagesatz keinen Schlusspunkt, wenn ein <u>Begleitsatz</u> folgt:

„Mein Hund spielt gern", <u>sagte ich</u>.

Frage- und Ausrufezeichen bleiben aber erhalten:

„Der tut doch nichts?", fragte er. „Der tut nix!", rief ich zurück.

Der eingeschobene <u>Begleitsatz</u> wird durch Kommas eingeschlossen:

„Der tut keinem etwas", <u>beruhigte ich ihn</u>, „besonders Freunden nicht."

Lösung von S. 148:

Wenn wir einen Tag richtig gut anfangen wollen hier in Leipzig, dann gehen mein Hund, ein zweijähriger Mischling, und ich ins Café Grundmann.

Ich trinke dann einen Milchkaffee und ein Glas Quittenschorle, mein Hund liegt unter dem Tisch (,) den Kopf auf die Pfoten gelegt (,) und wir beobachten das Kaffeehaus-Treiben.

„Max, uns geht es doch richtig gut", sage ich dann oft zu ihm und streichle ihm über den Kopf. Max liebt es, gestreichelt zu werden. Im Grundmann geht es schon morgens hoch her. Und wir sind nicht die Einzigen in Leipzig, die das Wiener-Kaffeehaus-Ambiente, die flinke Bedienung, das Frühstück, die verschiedenen Kaffeesorten, die leckeren Kuchen und die kleinen Speisen zu schätzen wissen. Nirgendwo freut sich mein Hund so auf sein Wasser wie hier. Vom Grundmann kommen wir, wenn wir einen kleinen Bogen gehen, auf dem Weg zum Literaturinstitut durch den Clara-Zetkin-Park. Mein Hund liebt den Park genauso wie ich. Vor Freude läuft er am liebsten (,) ohne nach links und rechts zu schauen (,) jedem Jogger vor die Füße. „Der tut nix!", rufe ich dann und füge noch hinzu, „der will nur spielen." […]

Mitten im Park liegt die alte Pferderennbahn Scheibenholz. Das Gebäude ist deutlich in die Jahre gekommen. Es hat seit dem Sommer einen neuen Anstrich, das Dachgerüst aus alten genieteten Stahlträgern und den hölzernen Bänken strahlt aber immer noch einen Charme aus, der anderswo längst tot saniert worden ist. Zum Aufgalopp am 1. Mai werden wir hier sitzen, Ferngläser vor die Augen pressend, mit seltsamen englischen Kopfbedeckungen und im Tweedsakko, um die Atmosphäre zu genießen. Wir werden keine Ahnung davon haben, wie gut die Pferde eigentlich laufen oder wie Pferdewetten eigentlich funktionieren, aber Rotkäppchen aus mitgebrachten Wassergläsern trinken. […] Ich habe mal ein bisschen in Münster gewohnt und mir damals geschworen, nur noch in einer Stadt zu wohnen, die einen schönen Bahnhof hat. Alles andere ist ein Ding der Unmöglichkeit. Leipzig hat den größten Kopfbahnhof Europas. Manchmal setze ich mich mit so einem Pappbecher Kaffee auf den Bahnsteig, um einfach nur zuzuschauen, wie die Leute um mich herumwuseln. Manchmal muss ich auch selbst wuseln, weil ich einen Zug nach hierhin oder dorthin erwischen muss. Leipzig ist die beste Homebase, die es gibt. Man kann gut wegfahren und ist schnell überall. […]

Es gibt im Rheinland, wo ich herkomme, diese altbekannte Rivalität zwischen Köln und Düsseldorf. Wobei natürlich alle – das ist nur allzu verständlich – Köln ein bisschen lieber mögen als Düsseldorf, auch die Düsseldorfer, aber das geben die nur wirklich ungern zu. Hier in Sachsen verhält es sich ganz ähnlich. Da gibt es Leipzig und da gibt es Dresden. Und natürlich mögen alle Leipzig ein bisschen lieber. Aber das ist auch ganz in Ordnung so. „Schließlich kann man sich hier auch als Rheinländer mehr als zu Hause fühlen!", sage ich zu meinem Hund.

150

Stichwortverzeichnis

Adjektiv 134, 137
Adverb 134
Adverbiale 140
AIDA-Formel 125
Alliteration 83, 128
Anapäst 82
Anapher 128
Anrede 149
Antithese 116, 128
Antonomasie, bildliche 127
Anzeigentext 127 ff.
Apposition 149
Arbeitsorganisation 7 f.
Argument/argumentieren 32, 70 ff.
Artikel 134
Attribut 140 f.
Attributsatz 24, 142
Aufgabenformate 10
Aufgabentypen 6
Aufhänger 116
Aufzählung 149

Basiskompetenzen 7, 21
Bearbeitungszeit 10
Bedeutung 86 ff.
Begründung 32, 70
Behauptung 32, 70
Beispiel 32, 70
Beobachtungsbogen 91
Bericht 30
Betonung 83 ff.
Bild, sprachliches 86 ff.
Bildanalyse 125 ff.
Bildebene 126
Bildelemente 126 f.
Bild-Text-Kombination 129 f.

Charakterisierung 95

Daktylus 82
Darstellungsleistung 20
Diagramm 122 f.
Dialektik 70

Einleitung 80, 130, 132
Einleitungssatz 66 f.
Ellipse 128
Enjambement 82, 85
epische Texte 93 ff.
Ergänzungsprobe 27
erlebte Rede 95
Erörtern/Erörterung 70
Ersatzprobe 28, 127, 140
Erzählanalyse 94 f., 98 ff.
Erzähler 99
Erzählerrede 94, 102
Erzählform 94, 100 f.
Erzählhaltung 94, 100 f.
Erzählperspektive 94, 100 f.
Erzählstandort 94
erzählte Zeit 95, 102
erzählter Raum 102
Erzählzeit 95, 102
Erzählverhalten 94
Euphemismus 128
Exkurs 116
Eyecatcher 113

Figuren, bildliche 126 f.
Figurenrede 95, 102
Formulierungshilfen 119
Fugenelement 147
Futur 135

Gedichtanalyse 82 f., 88 f.
Gedichtvergleich 90 ff.
Gegenargument 128
Genus 146
Genus verbi 135
Gesamtpunktzahl 20
Geschehen 95 f.
Gestaltungsmittel, sprachliche 117
Getrennt- und Zusammenschreibung 147
Gliederung 80, 116, 130, 132
Gliedsatz 24, 141
Grafiken 121 ff.
Groß- und Kleinschreibung 146

Hauptteil 80, 130, 132
Hauptsatz 24, 141 f.
Hebungen 82 ff.
Hyperbel 126, 129

Indikativ 136
Indirekte Rede 136
Infinitiv 135
Infinitivgruppe 150
Inhaltsangabe 66 ff.
Innerer Monolog 95, 104
Interview 30

Jambus 82
Journalistische Stilformen 30 ff.

Kasus 146
Klimax 129
Kommentar 31
Komparativ 137
Konjunktion 134, 138
Konjunktiv 136
Kritik 31
Kurzgeschichte 103

Layout 31, 128
Lesemethoden 109 ff.
Leseverstehen 10 ff., 21 ff.
Litotes 129
lyrische Texte 81 ff.
lyrisches Ich 83

Makrostruktur 116 f.
medialer Text 124 ff.
Meldung 30
Metapher 82, 86 ff.
Metapher, bildliche 126
Metonymie, bildliche 126
Metrum 82, 83 f.
Mikrostruktur 116 f.
Modus 135

Nachricht 30
Nebenordnung 24, 139
Nebensatz 24, 142
Negationswort 134
Nominalstil 134
Novelle 104
Numerus 135

Objekt 140
Operatoren 8 f.

Parabel 104
Partikel 134
Partizip 135
Perfekt 135
Personifikation 82, 87 f.
Personifikation, bildliche 126

Plusquamperfekt 135
Positiv 137
Prädikat 140
Prädikative Ergänzung 140
Präposition 134
Präsens 135
Präteritum 135
Pronomen 134, 137 ff.
Punktsystem 14 f.

Rahmenthema 6
Rechtschreibung 143 ff.
Rechtschreibstrategien 144 ff.
Reim/Reimschema 82, 85 f.
Reportage 30
Rhetorische Figuren 128 f.
Rhetorische Frage 129
Rhythmus 84
Roman 104
Sachtext 109 ff.
Sachtextanalyse 115 ff.
Satire 104
Satzarten 141
Satzbau (parataktisch, hypotaktisch) 24, 103, 128, 141 f.
Satzgefüge 24, 141
Satzglied 24, 27, 140
Satzreihe 24, 141
Schluss 80, 130, 132
Schlüsselwörter 65, 129
Schreibplan 115
Sonett 88, 91
Stellungnahme 80, 116
Stilformen (journalistische) 30 ff.
Strophe 82
Subjekt 140
Substantiv/Nomen 128, 134
Superlativ 137
Symbol 129

Tabelle 121 f.
Tempus 135
Textanalyse 115 ff., 127 f., 131 ff.
Textsorte 6
Textwiedergabe 66, 69
These 70, 116
Trochäus 82

Überleitungen 119
Umstellprobe 27, 140
Unterordnung 24, 103

Verb 134 ff.
Verbalstil 134
Vergleich 82, 87 f., 127
Vers/Versmaß 83 ff.

Weglassprobe 27
Werbeanzeige/Werbeanalyse 124 ff.
Werbeanalyse 130 f.
Wortart 134 ff.
Wörterbuch 145
Wortfeld 134
Wörtliche Rede 150
Wortwahl 103, 113, 128, 134

Zeichensetzung 148 ff.
Zeilensprung 82, 85
Zeitform 67, 135
Zeitgestaltung 102
Zeitstufe 135
Zeitungstext 28, 124
Zitat/Zitieren 65

Quellenverzeichnis

22 Michaela Seul, *Allmorgendlich;* aus: Abseits der Eitelkeiten. Hg. von Kristiane Allert-Wybranietz, Heyne Verlag, München 1987

25 f. Peter Bichsel, *Die Tochter;* aus: Peter Bichsel, Eigentlich möchte Frau Blum den Milchmann kennenlernen. 21 Geschichten. © Suhrkamp Verlag, Frankfurt a. M. 1993

28 *Mitschüler mobbten Mädchen krank;* aus: Ruhr Nachrichten (Dortmund), 08.04.2006

32 *Alltäglicher Rassismus;* aus: Informationen zur politischen Bildung (Heft 271 – Vorurteile), hg. von der Bundeszentrale für politische Bildung, Bonn 2005

35 f. Heinrich Böll, *Haus ohne Hüter. Roman;* aus: Heinrich Böll, Werke. Romane und Erzählungen 2, 1953–1959. Hg. Von Bernd Balzer. © Verlag Kiepenheuer & Witsch, Köln 1977, 1987

38 Ingeborg Bachmann, *Reklame;* aus: Ingeborg Bachmann, Werke, Bd.1, Hg. v. C. Koschel, I. v. Weidenbaum und C. Münster, Piper, München, Zürich 1978, S. 114

40 f. Jan Henrik Thiemann, *Karrierekiller Internet. Wie man verhindert, dass Online-Präsenz zum Bumerang wird;* aus: http://www.unicum.de/evo/10684_1

47 f. Carola Beck und Britta Pawlak, *Mit härteren Strafen gegen Jugendgewalt;* aus: www.helles-koepfchen.de/artikel/2452.html

50 ff. Max von der Grün, *Kinder sind immer Erben;* aus: Max von der Grün, Fahrunterbrechung und andere Erzählungen, Europäische Verlagsanstalt, Frankfurt am Main 1965, S. 38–42

54 f. Heinrich Heine, *Die schlesischen Weber;* aus: Karl Otto Conrady, Das große deutsche Gedichtbuch, Athenäum, Kronberg/Ts. 1977, S. 477 f.

55 Bertolt Brecht, *Fragen eines lesenden Arbeiters,* aus: Karl Otto Conrady, Das große deutsche Gedichtbuch, Athenäum, Kronberg/Ts. 1977, S. 832 f.

62 f. *Vorfahrt der Gerechtigkeit!* Beispiel für eine Werbeanzeige von Helmut Lindzus

79 Franz-Josef Kniola, *Herabsetzung des Wahlalters auf 16 Jahre;* aus: http://www.standardsicherung.schulministerium.nrw.de/lehrplaene/upload/AufgabenbeispieleDeutsch.pdf

81 Alfred Wolfenstein, *Städter;* aus: Silvio Vietta (Hg.), Die Lyrik des Expressionismus, Deutsche Texte, Verlag Max Niemeyer, Tübingen 1990, S. 46

84 Novalis, *Walzer;* aus: Novalis. Werke in einem Band, hg. von Hans-Joachim Mähl und Richard Samuel, Hanser Verlag, München/Wien 1981, S. 108

84 f. Johann Wolfgang von Goethe, *Auf dem See;* aus: Goethes Werke, Hamburger Ausgabe, hg. v. Erich Trunz, Band 1, C.H. Beck, München 1986

84 Johann Wolfgang von Goethe, *Prometheus* (Auszug), a. a. O.

85 Alfred Lichtenstein, *Die Stadt;* aus: Wilhelm Große (Hg.), Expressionismus – Lyrik, Klett, Stuttgart 1980, S. 32 f.

86 Matthias Claudius, *Abendlied;* aus: Matthias Claudius, Werke, hg. v. U. Roedl, 6. Aufl., Cotta, Stuttgart 1965

87 Conrad Ferdinand Meyer, *Zwei Segel;* aus: Sämtliche Werke, Bd. 1, hg. v. H. Zeller u. A. Zäch, Benteli, Bern 1963

87 f. Bertolt Brecht, *Die Liebenden;* aus: Bertolt Brecht, Werke. Große kommentierte Berliner und Frankfurter Ausgabe, Band 2, Stücke 2, © Suhrkamp, Frankfurt a. M. 1988

89 Friedrich Rückert, *Du bist mein Mond;* aus: Gesammelte Gedichte von Friedrich Rückert, 4. Bd., Carl Heyder, Erlangen 1837, S. 399

90 Alfred Lichtenstein, *Der Winter;* aus: Gesammelte Gedichte, hg. v. K. Kanzog, Arche, Zürich 1962

90 Georg Trakl, *Ein Winterabend;* aus: Dichtungen und Briefe, hg. v. W. Killy u. H. Szklenar, Bd. 1, Otto Müller, Salzburg 1969

91 Eduard Mörike, *Um Mitternacht;* aus: Sämtliche Werke, Bd. 1, hg. v. J. Perfahl, Winkler, München 1967

91 Rose Ausländer, *Nachtzauber;* aus: dies., Und preise die kühlende Liebe der Luft. Gedichte 1983–1987. © S. Fischer Verlag, Frankfurt a. M. 1988

92 Johann Wolfgang von Goethe, *Rastlose Liebe;* aus: Goethes Werke, Hamburger Ausgabe, hg. v. Erich Trunz, Band 1, C.H. Beck, München 1986

92 Sarah Kirsch, *Meine Worte gehorchen mir nicht;* aus: Sarah Kirsch, Sämtliche Gedichte. © 2005 Deutsche Verlags-Anstalt, München, in der Verlagsgruppe Random House GmbH

93 Helga M. Novak, *Eis;* aus: Aufenthalt in einem irren Haus. Gesammelte Prosa, Schöffling & Co, Frankfurt a. M. 1995, S. 83 ff.

96 *Geschichte (Vergangenheit);* aus: Raymond Queneau, Stilübungen. Deutsch von Ludwig Harig und Eugen Helmlé, © der deutschen Ausgabe Suhrkamp Verlag, Frankfurt a. M. 1961

96 ff. Kurt Kusenberg, *Ein verächtlicher Blick;* aus: Winfried Ulrich (Hg.), Deutsche Kurzgeschichten 9.–10. Schuljahr, Reclam, Stuttgart 2002, S. 33–37

99 *Jemand musste Josef K. verleumdet haben …;* aus: Franz Kafka, Der Prozeß, Suhrkamp, Frankfurt a. M. 2005

99 *Die Geschichte Hans Castorps …;* aus: Thomas Mann, Der Zauberberg. © S. Fischer Verlag, Berlin 1924. Alle Rechte vorbehalten S. Fischer Verlag GmbH, Frankfurt a. M.

99 f. *Sie haben mir eine Strafarbeit gegeben;* aus: Siegfried Lenz, Deutschstunde, Copyright © 1968 by Hoffmann und Campe Verlag, Hamburg

100 Franz Hohler, *Eine kurze Geschichte;* aus: Theorie und Praxis des Erzählens, Stuttgart 1993, S. 78

101 Heinrich Mann, *Abdankung;* aus: Heinrich Mann, Liebesspiele. © S. Fischer Verlag GmbH, Frankfurt a. M. 1996

105 ff. Erich Junge, *Der Sieger;* aus: Westermanns Monatshefte 5 (1958), Westermann, Braunschweig 1958

111 f. Wolfgang Benz, *Ausländerfeindlichkeit;* aus: Argumente gegen rechtsextreme Vorurteile, Informationen zur politischen Bildung aktuell, hg. von der Bundeszentrale für politische Bildung, Bonn 2001

124 HL-Sportförderung: Collage Helmut Lindzus (Originalbeitrag)

144 *Lebensraum Stadt – Wo zahlreiche Tierarten zu Hause sind;* nach: www.weltderwunder.de/archiv/2002/04/wdw/Tiere/WeltDerTiere/LebensraumStadt/waschbaerendienachtaktivenBanditen/index.html

148 *Mein Leipzig. Liebeserklärung an eine besondere Stadt;* in Anlehnung an: Claudius Nießen; aus: Journal Leipziger Buchmesse, Friedrich Mediengestaltung, Seelze 2006, S. 10

Alle nicht genannten Texte sind allgemeine Redensarten, Volksgut oder Originalbeiträge der Verfasserin und der Verfasser.